汪欢欢 / 著

中国式现代化道路中的服务业高质量发展
以 杭 州 为 例

High-Quality Development

of Service Industry

in the Chinese Path

to Modernization

A Case Study of Hangzhou

上海社会科学院出版社
SHANGHAI ACADEMY OF SOCIAL SCIENCES PRESS

本书系杭州市社会科学院资助出版项目

目 录

引言　中国式现代化道路指引服务业向高质量发展迈进　　1
第一章　杭州服务业进入高质量发展阶段　　15
　　一、杭州服务业发展脉络　　15
　　二、城市现代化进程决定服务业高质量发展　　22
第二章　创新发展：数字经济视角　　32
　　一、服务业创新发展的主要趋势　　32
　　二、数字经济与杭州服务业创新发展　　49
　　三、杭州服务业创新发展存在的问题　　58
　　四、杭州服务业创新发展的典型案例　　61
第三章　协调发展：三次产业视角　　67
　　一、服务业协调发展的主要趋势　　67
　　二、杭州服务业在三次产业中的协调发展　　78
　　三、杭州服务业协调发展存在的问题　　88
　　四、杭州服务业协调发展的典型案例　　95
第四章　绿色发展："双碳"目标视角　　108
　　一、服务业绿色发展的主要趋势　　108
　　二、"双碳"目标下杭州服务业绿色发展　　118
　　三、杭州服务业绿色发展存在的问题　　130

四、杭州服务业绿色发展的典型案例 135

第五章 开放发展：城市国际化视角 144
一、服务业开放发展的主要趋势 144
二、城市国际化战略与杭州服务业开放发展 156
三、杭州服务业开放发展存在的问题 166
四、杭州服务业开放发展的典型案例 168

第六章 共享发展：共同富裕视角 175
一、服务业共享发展的主要趋势 175
二、杭州服务业共享发展推动共同富裕 190
三、杭州服务业共享发展存在的问题 204
四、杭州服务业共享发展的典型案例 210

第七章 杭州实践的价值贡献与政策优化 216
一、杭州以服务业高质量发展探索中国式现代化道路的价值贡献 216
二、现代化进程中推动杭州服务业高质量发展的政策建议 233

参考文献 255

后记 261

引 言
中国式现代化道路指引服务业向高质量发展迈进

党的二十大报告指出:"在新中国成立特别是改革开放以来长期探索和实践基础上,经过十八大以来在理论和实践上的创新突破,我们党成功推进和拓展了中国式现代化。从现在起,中国共产党的中心任务就是团结带领全国各族人民全面建成社会主义现代化强国、实现第二个百年奋斗目标,以中国式现代化全面推进中华民族伟大复兴。"现代化是指18世纪工业革命以来人类文明的一种深刻变化,是现代文明的形成、发展、转型和国际互动的复合过程,是文明要素的创新、选择、传播和退出交互进行的复合过程,是不同国家追赶、达到和保持世界先进水平的国际竞争。现代化进程在全球范围内发生,几乎所有的国家和地区都在向不同的现代化阶段与目标奋斗,必然呈现出各种具有差异化与不平衡性的现代化道路。

从世界现代化的一般内涵看,中国式现代化具有一般性。按照现代化理论来看,世界范围内由农业时代向工业时代的转移过程及其深刻变化为第一次现代化,由工业时代到知识时代的转移及其深刻变化的过程是第二次现代化。[①]第一次现代化是第二次现代化的

---

① 何传启.第二次现代化——人类文明进程的启示[M].北京:高等教育出版社,1999.

基础,第二次现代化则是第一次现代化的部分继承和部分转向、提升。两次现代化的协调发展则衍生出了综合现代化的概念,综合现代化表现为新型工业化、新型城市化、知识化、信息化和民主化。进入21世纪以来,综合现代化逐渐成为后发国家和地区实现第一次现代化和受到第二次现代化环境、目标影响的路径选择。中国的现代化当然也具有这样的一般性,尤其是我国现代化起步较晚,在并未完成第一次现代化的过程中同步受到第二次现代化的影响,出现了两次现代化同步推进的格局,既大力促进新型工业化、新型城市化,又借助知识化和信息化(尤其是数字化)实现由第一次现代化向第二次现代化目标的转变和提升。这样的现代化道路推动我国逐步实现从农业社会向工业社会、知识和信息社会的转型,未来还可能转向更加先进的社会形态。

从中国特色社会主义看,中国式现代化则具有特殊性。党的二十大报告明确指出中国式现代化的中国特色,即"中国式现代化是人口规模巨大的现代化,是全体人民共同富裕的现代化,是物质文明和精神文明相协调的现代化,是人与自然和谐共生的现代化,是走和平发展道路的现代化"。中国式现代化是独特的,这种独特表现为"本质上不同于已经实现现代化的'北方'(OECD国家)模式,道路上也不同于正在现代化的'南方'(其他发展中国家)模式,是最适合中国国情的现代化道路,即不断探索开拓创新的中国特色社会主义现代化道路"[①]。"是中国共产党思想解放所形成的精神传统的逻辑结果,赋予了现代化的新内涵、新的结构功能和新的精神境界,正在成

---

① 胡鞍钢.中国式现代化道路的特征和意义分析[J].山东大学学报(哲学社会科学版),2022(1):21-38.

为一种新的文明形态。"①"突破了西方现代化模式的唯一性,为发展中国家提供了现代化模式借鉴。"②有学者进一步研究了中国式现代化道路在实践逻辑上的独特性,指出中国共产党推进中国式现代化的实践实现了三个转变:从被动现代化走向主动现代化,从外源式现代化走向内生性现代化,从单一现代化走向全面高质量现代化。③有学者则进一步阐释了中国式现代化的本质特征,即坚持人民主体、实现共同富裕,坚持独立自主、适合中国国情,坚持开放合作、维护世界和平,坚持绿色发展、保护生态环境,具有欧美资本主义现代化无可比拟的本质特征和显著优势。④部分学者从某一视角对中国式现代化的特色进行考察,如洪银兴从经济维度考察了中国式现代化,他认为中国式现代化道路在经济现代化方面的中国特色非常鲜明,具体表现为共同富裕的社会主义特色、"四化同步"的内容特色、人与自然和谐共生和创新发展的道路特色、市场现代化和政府现代化同时发力的制度特色。⑤再如,任保平、迟克涵则在数字经济背景下对中国式现代化特色进行拓展,认为数字经济使中国式现代化的模式、动能以及优势都得以更新,现代化目标也在数字经济的背景下得以拓展。⑥可见,现代化不只有西方现代化一种模式,中国作为世界最大

---

① 孙代尧.论中国式现代化新道路与人类文明新形态[J].北京大学学报(哲学社会科学版),2021,58(5):16-24.
② 曹亚斌,刘芳丽.中国式现代化道路:生成逻辑、显著优势及时代价值[J].学术探索,2023(2):22-30.
③ 张占斌,王学凯.中国式现代化:理论基础、思想演进与实践逻辑[J].行政管理改革,2021(8):4-12.
④ 李龙强,罗文东.中国式现代化新道路:历程、特征和意义[J].马克思主义与现实,2021(5):21-28,195-196.
⑤ 洪银兴.论中国式现代化的经济学维度[J].管理世界,2022,38(4):1-15.
⑥ 任保平,迟克涵.数字经济背景下中国式现代化的推进和拓展[J].改革,2023(1):18-30.

的社会主义发展中国家,走出了符合国情实际并引领中华民族走向伟大复兴的现代化道路。

但从全球范围来看,我国的现代化水平还有待提高,中国科学院中国现代化研究中心发布的《中国现代化报告2020》显示,截至2017年,全世界只有20个现代化国家,数量较少且占比稳定,中国综合现代化指数在世界排名第64位,与中等发达国家的差距比较小,但与发达国家的差距仍然较大,还有较大提升空间,现代化道路任重道远。在我国一系列现代化短板中,服务业高质量发展是迫切需要解决的重要问题。

首先,中国式现代化具备的五个基本特征,决定了服务业高质量发展在我国现代化进程中的重要地位。党的二十大提出中国式现代化具有五个基本特征。其一,人口规模巨大的现代化是我国与其他现代化强国的根本区别,庞大的人口基数诞生的大规模就业人口决定了必须充分发挥服务业就业"蓄水池"功能,以为广大人民群众提供更多高质量就业岗位,进而提高居民收入水平,扩大中等收入群体规模。其二,全体人民共同富裕的现代化是社会主义的本质要求,是中国共产党的重要使命,是广大人民群众的共同期盼,而显著缩小城乡区域发展差距和居民收入、生活水平差距及基本公共服务实现均等化是实现共同富裕的重要突破口,这无不是服务业承担的重要功能。其三,物质文明和精神文明相协调的现代化是对人民日益增长的美好生活需要的最好诠释,"精神共富"成为中国式现代化的新内涵和新目标,这表明随着居民消费需求不断升级,人民群众需要更优质更个性化的服务产品,旅游、文化、体育、健康、养老等服务业发展将成为热点。其四,人与自然和谐共生的现代化是可持续发展的基本要求,也是经济社会发展的一场系统变革,服务业能耗相对于制造业较低,节能环保、生态旅游、绿色金融等现代服务业又是推动人与自然和谐共生的绝佳手段。其五,走和平发展道路的现代化,这点也是我国与西方国家通过"暴力与血腥"开启现代化进程的根本不同之处,我国这条和平发展与合作共赢之路是对西方国家现代化道路的超越,这必然要求我们要继续坚持对外开放战略,且在对外开放的进程中与其他国家一道实现共赢。然而,我国在服务业领域的开放进程一直较为滞后,推进服务业高水平对外开放是应对全球变革,推进我国建设更高水平开放型经济新体制,走和平发展之路、合作共赢之路的关键领域和重要突破口。

其次,建设现代化经济体系是基本实现现代化的总体性布局,服务业是其中的重要战略变量。党的十九大提出:"我国经济已由高速增长阶段转向高质量发展阶段,正处在转变发展方式、优化经济结构、转换增长动力的攻关期,建设现代化经济体系是跨越关口的迫切要求和我国发展的战略目标。"建设现代化经济体系不仅是基本实现现代化的目标指向,也是由小康社会建设转向现代化建设新征程的总体性、基础性安排。涵盖服务业发展的现代产业体系是现代化经济体系的核心内容。从现实来看,当前我国服务业已成为三次产业中增加值占比最高、吸纳就业最多、利用外资规模最大的行业,对经济增长、社会发展、保障就业、参与全球竞争的作用日益突出。[①] 2021年,服务业增加值占国内生产总值比重为53.3%,对经济增长的贡献率为54.9%,拉动国内生产总值增长4.5个百分点,此三项数值分别高出第二产业13.9、16.5和1.4个百分点。[②] 但无论从比重还

[①] 洪群联.中国服务业高质量发展评价和"十四五"着力点[J].经济纵横,2021(8):61-73,137.
[②] 李锁强:服务业以韧克难开新局 新动能乘势而上育先机[EB/OL]. (2022-01-18). http://www.stats.gov.cn/xxgk/jd/sjjd2020/202201/t20220118_1826606.html.

是结构来看,服务业都仍然是我国构建现代化经济体系的短板,高生产率特征的生产性服务业发展长期不足,传统服务业改造提升步伐缓慢,且尚未形成由基于全球价值链(GVC)的制造业全球化转向嵌入全球创新链(GIC)的服务业全球化的新格局。①发展服务业不仅与经济增长不矛盾,而且是我国经济未来继续保持中高速增长和发挥结构效应的最重要的战略变量。②这个重要变量将推动制造业、农业效率和质量提升,提高人民群众的福利水平与生活质量,增强我国现代化经济体系的全球竞争力。

最后,中国式现代化是高质量发展的现代化,服务业高质量发展是题中应有之义。党的十九大以来,我国经济已由高速增长阶段转向高质量发展阶段,高质量发展是能够很好满足人民日益增长的美好生活需要的发展,是体现新发展理念的发展,是创新成为第一动力、协调成为内生特点、绿色成为普遍形态、开放成为必由之路、共享成为根本目的的发展。③中国式现代化必然是高质量发展的现代化,创新、协调、绿色、开放、共享的新发展理念将引领我国现代化新征程,引领经济社会发展的方方面面。高质量发展也成为服务业在中国式现代化道路中的重要命题。当前,服务业发展环境面临重大变化,抢抓机遇,直面挑战,服务业高质量发展将成为中国式现代化的重要推动力和战略突破口。第一,国际经贸规则重构倒逼服务业改革开放。世界百年未有之大变局正在向纵深发展,东升西降是未来大趋势。区域全面经济伙伴关系协定(RCEP)、中欧贸易协定等多边

---

① 刘志彪.从全球价值链转向全球创新链:新常态下中国产业发展新动力[J].学术月刊,2015,47(2):5-14.
② 张月友,董启昌,倪敏.服务业发展与"结构性减速"辨析——兼论建设高质量发展的现代化经济体系[J].经济学动态,2018(2):23-35.
③ 牢牢把握高质量发展这个根本要求[N].人民日报,2017-12-21.

和区域投资贸易谈判的焦点转向服务领域,国际经贸规则重构加速,国际分工格局与服务业全球化面临深度调整。我们要主动适应全球产业链重塑和国际经贸规则重构新趋势,深化服务业重点领域改革开放,提升服务业的国际竞争力和整体发展水平。第二,新一轮科技革命驱动服务业供给侧变革。人工智能、云计算、大数据、5G 网络、4K/8K 等新一代信息技术加速推广,新产业、新业态、新模式持续涌现,平台经济、共享经济、体验经济蓬勃发展,传统服务行业改造升级步伐加快,新兴服务业发展规模不断壮大,服务经济发展新动能不断增强。未来一段时期,这个趋势将继续螺旋式增强,抢抓新一轮科技革命和产业变革机遇,让服务创新和模式创新的源泉充分涌流,将赋予服务业高质量发展新动能。第三,产业深度融合激发服务业发展活力。区域产业竞争正从单个产业竞争、产业链竞争演进至产业生态竞争,价值链以制造为中心正向以服务为中心转变。制造业企业不断提高服务要素在投入和产出中的比重,生产过程由以加工组装为主转型为"制造+服务",产出形式由单纯的实物产品转型为"产品+服务"。制造业服务化、服务衍生制造、工业互联网创新应用、总集成总承包、全生命周期管理、供应链管理等新业态新模式层出不穷,先进制造业与现代服务业融合程度加深。顺应产业融合发展趋势,将形成有利于提升中国制造核心竞争力的服务能力和服务模式。第四,居民消费升级呼唤高质量服务供给。中国已成为世界第二大经济体,人均 GDP 超过 1 万美元,正在迈入高收入国家行列,拥有全球规模最大、最具成长性的中等收入群体,人民对美好生活的需要日益增长,居民消费加快升级,个性化、体验式、互动式等服务消费市场具有巨大潜力、强大韧劲和旺盛活力。传统消费向新型消费转型,实物消费向服务消费转型,以数字化消费为引领的消费升级趋势进一步显现。在构建"双循环"新发展格局的背景下,服务业对我国经济增长模式向消费驱动转型及满足人民日益增长的美好生活需要的作用凸显,也将是国内大循环的强劲动力源和国内国际双循环的强大连接点。

因此,在中国式现代化道路中推进服务业高质量发展重要且紧迫。关于服务业高质量发展的理论内涵,目前并没有固定的回答,但已有研究给予了本书分析框架的理论灵感。有学者认为,服务业高质量发展主要体现为服务业发展能够有效适应、创造和引领市场需求,凸显坚持创新、协调、绿色、开放、共享新发展理念的系统性、整体性和协同性。[①]产业融合、服务创新、传统服务业转型升级是推进服务业高质量发展的主要任务。[②]服务业高质量发展主要体现在"两高两强"四个方面:服务满意度高,能够提供满足市场需求的高品质服务;支撑能力强,与一二产业深度融合、良性互动,能够有力支撑产品附加值提升;产出效率高,以较少的生产要素投入获得更多的产出,以创新带动劳动生产率提升;国际竞争力强,在全球服务贸易中具有较强竞争力,形成一批具有全球知名度和影响力的服务品牌。[③]有学者进而对我国服务业高质量发展情况开展评价,角度有以创新、协调、绿色、开放、共享五大新发展理念为指导,从上述五个维度进行评价;[④]也有从结构高质量、效益高质量、规模高质量、品牌高质量四大维度开展评价。[⑤]借鉴学者们的研究思路与方法,笔者认为,在中国

---

① 姜长云.服务业高质量发展的内涵界定与推进策略[J].改革,2019(6):41-52.
② 刘奕,夏杰长.推动中国服务业高质量发展:主要任务与政策建议[J].国际贸易,2018(8):53-59.
③ 国家发展和改革委员会产业经济与技术经济研究所.中国产业发展报告 2019—2020——推动"十四五"时期产业高质量发展[M].北京:中国财政经济出版社,2020.
④ 洪群联.中国服务业高质量发展评价和"十四五"着力点[J].经济纵横,2021(8):61-73,137.
⑤ 张明志,刘红玉,李兆丞,张英.中国服务业高质量发展评价与实现路径[J].重庆工商大学学报(社会科学版),2022,39(3):24-37.

式现代化新道路背景下,服务业高质量发展可以理解为:服务业适应新发展阶段特征,体现创新、协调、绿色、开放、共享五大新发展理念,更好地满足人民日益增长的美好生活需要。因此,本书以新发展理念为指引来构建研究中国式现代化道路中的服务业高质量发展的基本框架,具体而言:

创新发展。创新是引领发展的第一动力。传统视角下服务业被看作创新有限和技术落后的部门。数字技术快速崛起,为服务业部门的加速创新带来了革命性的催化效应。在数字技术为引领、多技术群相互支撑的链式变革背景下,服务业的创新发展是全方位的,在技术支撑、商业模式、组织架构等各个层面,服务业都更加智能化、系统化、柔性化。服务业的创新发展至少包含以下主要内容:一是加快服务业数字化转型,推动服务业技术创新与模式创新,对服务业进行全方位、全角度、全链条变革,拓展数字化场景应用,增强发展新动能。二是针对服务业发展种种障碍开展改革创新,以体制突破和机制完善为着力点,解决制约服务业发展的深层次难题,不断进行适应新业态新模式发展的政策创新。

协调发展。协调是持续健康发展的内在要求。数字经济时代产生的全新经济模式,其特点包括合作、扁平化、网络化、利益共享、可持续发展等。这些转变使一二三产业之间的边界越来越模糊,产业融合创新成为趋势。从产业融合的视角来理解服务业的协调发展,一方面,保持服务业内部行业的协调发展尤其是运用现代技术改造部分传统服务行业,积极发展生产性服务业;另一方面,推动服务业与一二产业实现协调发展,深化业务关联、链条延伸、技术渗透,推动现代服务业与先进制造业、现代农业深度融合,培育产业融合新业态新模式,促进产业相融相长、耦合共生。

绿色发展。绿色是可持续发展的必要条件。我国已明确提出2030年"碳达峰"与2060年"碳中和"目标,这是经济社会领域一场广泛而深刻的系统性变革,将对经济增长、需求结构、产业结构、区域格局和人民生活产生广泛而深刻的影响。服务业的绿色发展之于我国建立绿色高效产业体系地位至关重要。其一,服务业自身要坚持绿色低碳、集聚集约发展导向,尤其是在旅游、餐饮、物流等行业倡导绿色发展新风尚,推动服务业绿色化发展。其二,积极发展那些自身就有助于提高生产活动投入产出率或是减少资源能源消耗,从而获得价值回报的服务行业,即真正的"绿色服务业",例如节能环保服务等,将有助于提升制造业与农业的资源利用效率,有助于推动全社会绿色发展。其三,充分发挥服务业的集聚特性,从空间上推动集约高效利用土地资源和能源资源,推动经济发展方式转变。

开放发展。开放是国家繁荣发展的必由之路。当前世界面临百年未有之大变局,国际局势跌宕起伏,但正如习近平总书记在多个场合承诺:"中国开放的大门不会关闭,只会越开越大。"同时,数字技术使远距离连接服务生产和消费成为可能,消费者能够在全球范围内选择合适的服务供应商,服务提供者也可以面向全球消费者提供服务。因此,服务业的开放发展潮流只会越来越澎湃,其内涵包括:第一,大力培育服务贸易领域技术、人才、品牌、质量、市场网络等核心竞争优势,探索数字化时代服务贸易业态创新、模式创新。第二,吸引更多的服务业外商直接投资与鼓励更多本土服务企业"走出去"并举,创新服务资源全球化配置方式,尽快形成嵌入全球创新链(GIC)的服务业全球化新格局。第三,通过提供多样化、特色化、高质量的服务来吸引更大服务半径的人群来本地消费,通过城市的高宜居性吸引投资者、创业者,形成在地生活国际化氛围。

共享发展。共享是中国特色社会主义的本质要求。服务业的高质量发展是对坚持以人民为中心发展思想的最好诠释,服务业兴,则人民日益增长的美好生活需要才能得以满足。尤其是在全面建设社会主义现代化国家新征程上,扎实推进全体人民共同富裕成为我们的战略任务,习近平总书记于2021年10月16日在《求是》杂志发表的《扎实推动共同富裕》一文中指出:"我们说的共同富裕是全体人民共同富裕,是人民群众物质生活和精神生活都富裕,不是少数人的富裕,也不是整齐划一的平均主义。"按此要求,服务业的共享发展将体现在:第一,通过吸纳更多就业,创造更多就业岗位,带动人民群众共享高质量发展成果。尤其是要将数字经济催生的新就业形态作为吸纳大量就业人口、缓解就业压力、有效配置劳动资源的重要途径之一。第二,顺应居民不断升级的服务消费需求,大力发展旅游、文化、体育、健康、养老等幸福产业与促进基本公共服务均等化兼顾,推动公共服务高质量发展,为人民群众提供更优质更个性化的服务产品,更好地助推"精神共富"实现。第三,服务业的共享发展体现在空间上则是区域的协同发展和城乡的均衡发展,值得注意的是,共享发展并不是趋同发展或同质发展,而是根据服务业的产业特质和空间分布规律,充分实现地区自身特质与服务业特色的匹配发展。

在上述背景下,本书将以杭州市为案例对象,对中国式现代化道路中的服务业高质量发展进行系统研究。选择杭州市为案例对象,既因为笔者是对杭州发展实践进行长期观察的地方社科工作者;更因为杭州作为新一线城市,近些年突飞猛进的发展受人关注,经济高质量发展态势愈加显著。2021年,杭州GDP达18 109亿元,居全国城市第8位;一般公共预算收入2 387亿元,居全国城市第5位;有效发明专利拥有量9.5万件,居全国省会城市第一;民营企业500强数量连续19年蝉联全国第一,上市企业累计达262家,居全国城市第4位。服务业的高质量发展是推动杭州近年来经济高质量发展的重要因素。2016年,杭州就成为全国第4个GDP过万亿元且服务业占比超60%的大中城市[①]。2021年,杭州服务业实现增加值12 287亿元,居全国城市第7位;占GDP比重攀升至67.9%,居副省级及以上城市第4位;服务业市场主体超130万户,占全市总量近九成;对全市经济增长和税收收入的贡献率达七成;服务业从业人员占全社会就业比重超六成。本书以杭州市为案例对象,研究其服务业高质量发展的实践经验与痛点难点,以期能对中国式现代化道路的地方路径提供一些参考。

由此,本书的基本思路是:以杭州市为案例对象,从创新、协调、绿色、开放、共享5个维度对中国式现代化道路中的服务业高质量发展进行全面分析,研究每个维度的发展趋势、杭州经验、问题症结以及典型案例;从具体到抽象,提炼总结杭州以服务业高质量发展探索中国式现代化道路的价值贡献,对未来杭州服务业高质量发展的路径进行政策探讨。具体内容安排如下:

引言部分从理论上梳理中国式现代化与服务业高质量发展的关系,并提出服务业高质量发展的分析框架与研究视角,进而引出全书的基本思路与内容架构。

第一章从历史视角以及发展阶段视角对杭州服务业的发展脉络与发展特征进行整体回顾梳理,指出杭州目前所处的现代化进程决定了服务业必须向服务半径扩张、产业地位彰显、功能定位提升、服务内容升级的高质量发展阶段迈进。

---

① 另外3座城市为北京、上海、广州。

第二章从数字经济视角研究服务业创新发展的主要趋势、杭州服务业创新发展的主要做法、目前存在的问题,并列举了三个杭州服务业创新发展的典型案例。数字经济视角是基于技术—经济范式考虑,这是新产业革命中服务业创新发展最大的技术因素和内容支撑,同时数字经济对经济社会变革的影响也是全面颠覆式的。

第三章从三次产业视角研究服务业协调发展的主要趋势、杭州服务业协调发展的主要做法、目前存在的问题,并列举了五个杭州服务业协调发展的典型案例。三次产业视角是基于构建现代化经济体系考虑,只有跳出服务业看服务业,站在与其他产业的关系中看服务业,才能使服务业产业"黏合剂"的作用得以最大限度发挥。

第四章从"双碳"目标视角研究服务业绿色发展的主要趋势、杭州服务业绿色发展的主要做法、目前存在的问题,并列举了三个杭州服务业绿色发展的典型案例。"双碳"目标视角是基于产业发展的约束条件考虑,"双碳"目标对经济社会发展提出了更高要求,服务业也必须在这个约束条件之下来寻求可持续发展之路。

第五章从城市国际化视角研究服务业开放发展的主要趋势、杭州服务业开放发展的主要做法、目前存在的问题,并列举了两个杭州服务业开放发展的典型案例。城市国际化视角是基于全球视野考虑,城市发展必然不能是孤立于世界的,服务业的开放发展必然与城市国际化战略紧密联系,二者互相作用、互为影响。

第六章从共同富裕视角研究服务业共享发展的主要趋势、杭州服务业共享发展的主要做法、目前存在的问题,并列举了三个杭州服务业共享发展的典型案例。共同富裕视角是基于中国式现代化的终极目标考虑,服务业的共享发展是全体人民共同富裕的必然要求,也是全体人民共同富裕的必经之路。

第七章提炼总结了杭州以服务业高质量发展探索中国式现代化道路的价值贡献:以服务业创新发展作为技术—经济范式创新的主要领域,以服务业协调发展作为构建现代化经济体系的桥梁纽带,以服务业绿色发展作为资源环境约束条件下的突围策略,以服务业开放发展作为置身于世界城市网络的重要抓手,以服务业共享发展作为实现全体人民共同富裕的有力支撑,这样的地方探索是对中国式现代化道路的生动诠释。最后,从补短板的角度,对未来杭州服务业高质量发展的方向提出八大政策建议。

第一章
杭州服务业进入高质量发展阶段

一、杭州服务业发展脉络

杭州高度重视服务业发展工作始于2004年,当年服务业增加值刚突破1 000亿元(达1 099亿元)①,服务业增加值占比42.8%,而二产增加值占比达52.0%。2005年,杭州召开首次全市服务业发展大会,正式提出实施"服务业优先"发展战略。2009年,服务业比重超过50%,首次呈现"三、二、一"产业结构。2016年,杭州GDP过万亿元且服务业比重超过60%,成为全国继北京、上海、广州后第4座达到该水平的城市。2019年,服务业增加值突破万亿元,达到10 255亿元,超越苏州,在长三角地区仅次于上海。2021年,服务业增加值超1.2万亿元,比重攀升至67.9%,三次产业结构达1.8∶30.3∶67.9。将三次产业结构变化历程绘制如图1-1所示,据此,可以把杭州服务业的发展脉络从2004年划分为三个阶段:

---

① 本章数据如无特别说明,均来自《2022年杭州统计年鉴》和《2021年杭州市国民经济和社会发展统计公报》。

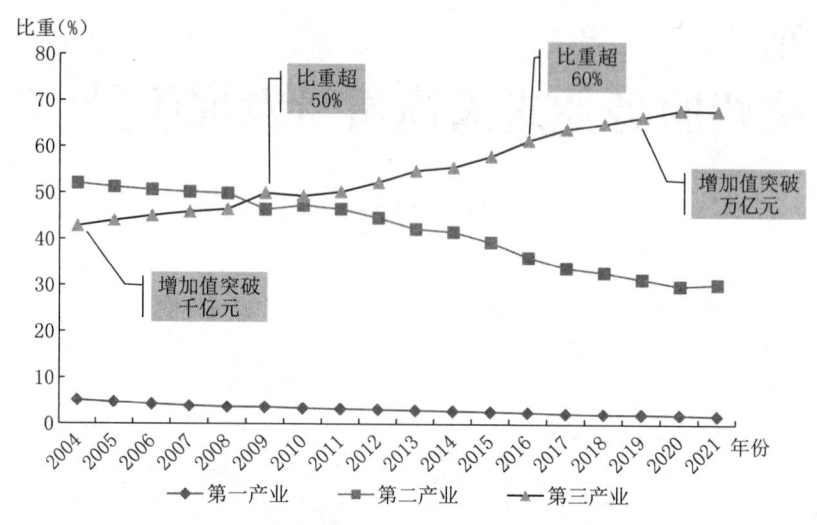

图 1-1　杭州三次产业结构变动及服务业发展重要节点

（一）第一阶段：2004—2008 年

2009 年以前，杭州的产业结构在很长一段时期都是"二、三、一"的工业化中期产业结构典型形态，但从 2004 年服务业增加值过千亿元大关开始，杭州市开始实施"服务业优先"发展战略，于 2005 年在省人民大会堂召开盛大的服务业发展大会，提出了建设"服务业大市"的奋斗目标。服务业开始进入高速增长阶段。如表 1-1 所示，2004 年，服务业增速 14.3%，分别低于第二产业和 GDP 增速 2.4 和 0.7 个百分点；2005 年，其增速就反超第二产业和 GDP 增速 4.9 和 3.4 个百分点；其后几年，服务业增长就一直快于第二产业和 GDP。值得注意的是，2007 年杭州服务业增加值首次超过工业增加值，宣告了从 1958 年起杭州工业作为第一经济的 50 年历史终结，服务业开始取代工业，成为杭州经济的主要支撑。在这个阶段，三次产业结构由 2004 年的 5.2∶52.0∶42.8 调整为 2008 年的 3.7∶49.9∶46.4，服务业比重5年提高了3.6个百分点。

表1-1　2004—2008年杭州GDP及三次产业增速

年　度	GDP增速（%）	第一产业增速（%）	第二产业增速（%）	第三产业增速（%）
2004	15.0	5.1	16.7	14.3
2005	13.1	3.4	11.6	16.5
2006	14.3	4.1	12.5	17.4
2007	14.7	2.8	14.4	16.3
2008	11.0	3.8	8.8	14.0

其间,围绕建成"服务业大市"这个目标,杭州提出要重点发展八大门类:大旅游产业、文化创意产业、金融服务业、商贸物流业、信息服务与软件业、中介服务业、房地产业以及社区服务业。如表1-2所示,到2008年,八大重点服务业中,文化创意产业以实现增加值579.86亿元和占GDP比重12.1%,位居第一;商贸物流业和金融服务业分别位居第二和第三,实现增加值529.41亿元和390.43亿元,占GDP比重分别为11.1%和8.2%。信息服务与软件业、文化创意产业、金融服务业增速位居前三,分别达23.6%、17.6%和16.6%,领先于全市GDP增速12.6、6.6和5.6个百分点。

表1-2　2008年杭州市服务业八大重点产业增加值情况表

	2008年增加值（亿元）	可比价比上年增长（%）	占GDP比重（%）
GDP	4 781.16	11.0	100
文化创意产业	579.86	17.6	12.1
大旅游产业	260.96	7.3	5.5
商贸物流业	529.41	9.1	11.1

续表

	2008年增加值（亿元）	可比价比上年增长（%）	占GDP比重（%）
金融服务业	390.43	16.6	8.2
信息服务与软件业	204.95	23.6	4.3
中介服务业	60.79	16.1	1.3
房地产业	289.40	−3.4	6.1
社区服务业	6.05	10.1	0.1

数据来源：杭州市统计局公开数据。

（二）第二阶段：2009—2015年

2009年，杭州市出台《关于实施"服务业优先"发展战略进一步加快现代服务业发展的若干意见》，同年，杭州产业结构正式进入"三、二、一"的工业化中后时期产业结构典型形态，服务业成为首位产业，进入跨越式发展时期。其间，服务业增长继续保持高于GDP和一、二产业的速度，尤其是2015年，服务业增速高于第二产业增速9.1个百分点，达到了2004年以来的历史新高（表1-3）。服务业增加值占GDP的比重更是由2009年的50%上升至2015年的58%，6年提高了8个百分点。

表1-3　2009—2015年杭州GDP及三次产业增速

年　度	GDP增速（%）	第一产业增速（%）	第二产业增速（%）	第三产业增速（%）
2009	10.0	3.1	6.0	14.7
2010	12.0	2.5	11.2	13.5
2011	10.1	2.5	8.5	12.2

续表

年　度	GDP增速(%)	第一产业增速(%)	第二产业增速(%)	第三产业增速(%)
2012	9.0	2.5	6.9	11.3
2013	8.0	1.4	6.7	9.5
2014	8.2	1.9	7.8	8.8
2015	10.2	1.8	5.5	14.6

这一阶段,结合"十二五"规划,杭州深入实施"服务业优先"战略,提出了从"服务业大市"向"服务业强市"跨越的发展新目标,重点发展领域拓展为十大门类——文化创意产业、旅游休闲业、信息与软件服务业、金融服务业、现代物流业、现代商贸业、科技服务业、中介服务业、房地产业、社区服务业,并明确了"一基地四中心"[①]的服务业功能定位。到2015年,十大重点服务业中,文化创意产业成绩斐然,实现增加值2 232.14亿元,比2010年增长117.5%,年均增长16.8%;旅游休闲业实现增加值719.68亿元,比2010年增长74.3%,年均增长11.8%;"电子商务之都"享誉国内外,电子商务产业实现增加值826.54亿元,比2010年增长5.2倍,年均增长达44.1%;金融服务业实现增加值978.03亿元,比2010年增长70.5%,年均增长11.3%。[②]

(三)第三阶段:2016年至今

2016年,杭州服务业增加值占GDP比重突破60%大关,服务业

[①] 即高技术产业基地和国际重要的旅游休闲中心、全国文化创意中心、电子商务中心、区域性金融服务中心。杭州市"十二五"现代服务业发展规划[EB/OL].(2021-10-20). https://www.hangzhou.gov.cn/art/2021/10/20/art_1229541472_3953775.html.

[②] 杭州市现代服务业发展"十三五"规划[EB/OL].(2016-12-12). https://www.hangzhou.gov.cn/art/2016/12/12/art_1241171_3947.html.

占比从50%到60%仅用了7年时间。对比国内服务业占比率先进入60%的上海与广州（图1-2），上海1999年服务业占比超过50%，达51.1%，2009年达60%，但2010年和2011年又下滑至60%以下，直至2012年才稳定升至60%以上（61%），经历了13年；广州1998年服务业占比超过50%，达51.93%，2009年超过60%，达60.47%，其后一直保持比重上升态势，从50%到60%广州经历了11年。可见，杭州服务业占比跃升至60%时间短、速度快，服务业进入全面跃升期，产业结构进入新阶段。

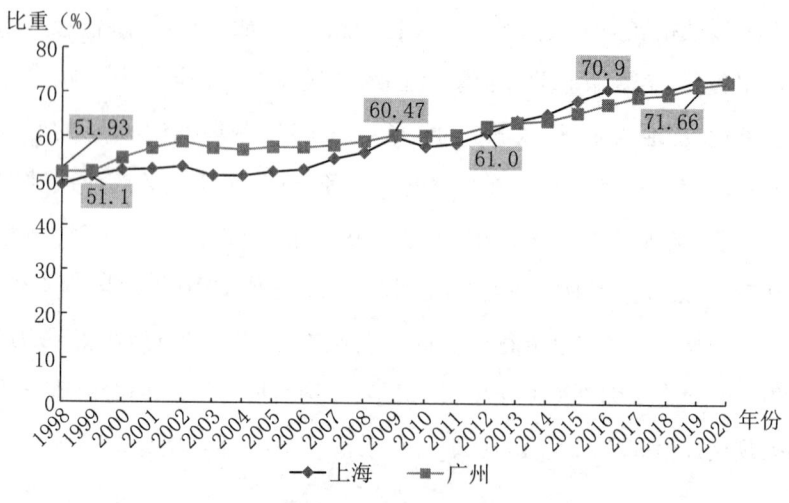

图1-2 上海、广州服务业比重变化趋势

数据来源：《2021年广州统计年鉴》《2021年上海统计年鉴》。

进入新阶段（表1-4），杭州服务业于2016年、2017年快速增长，增速2016年位居全国第一，2017年位居全国第二，此后进入从数量扩张向质量提升转变的新常态。2018年开始，服务业增速保持在8%左右，仍然高于GDP以及第二产业增速，尤其在2020年面对新冠肺炎疫情严重冲击时,服务业发展表现出强大韧性,仍然保持了5%的增速。到2021年,杭州服务业市场主体超130万户,占全市总量近九成;对全市经济增长和税收收入的贡献率达七成。服务业从业人员占全社会就业比重超六成,服务业已成为吸纳社会就业的主要渠道。

表1-4 2016—2021年杭州GDP及三次产业增速

年度	GDP增速(%)	第一产业增速(%)	第二产业增速(%)	第三产业增速(%)
2016	9.7	1.4	4.5	13.6
2017	8.2	1.7	4.8	10.6
2018	6.7	1.8	5.8	7.5
2019	6.8	1.9	4.7	8.1
2020	3.9	−0.6	2.3	5.0
2021	8.5	1.8	8.6	8.7

这一阶段,杭州服务业的内部结构发生了较大变化。数字服务强势引领,2021年数字经济核心产业增加值近5 000亿元,占GDP比重达27.1%;软件业务收入近7 000亿元,位居副省级城市第二,仅次于深圳。新型商贸成为经济引擎新动力,网络零售额保持每年20%左右的增长率,并于2019年底超过社会消费品零售总额,总额占浙江全省近四成。文化产业稳定增长,2021年文化产业增加值2 500多亿元,同比增长8.7%,增速居全国前列。金融实力持续提升,2021年金融业增加值超2 000亿元,居全国第七,10年年均增速近10%,是服务业快速增长的主力军之一。

二、城市现代化进程决定服务业高质量发展

我国正处在由中等收入国家总体迈向高收入国家,由中高速增长转向高质量发展,开启社会主义现代化建设新征程的新发展阶段。在这样的宏观背景下,杭州也进入新的发展阶段,2019 年杭州取得 3 个标志性突破——常住人口超千万,经济总量超 1.5 万亿元,人均 GDP 超 2 万美元,已达到高收入国家(地区)发展水平,迈向千万人口级发达城市,这在杭州发展史上具有里程碑式的意义,标志着杭州正迈入加快打造世界一流的社会主义现代化国际大都市新征程,在中国城市的现代化进程中也是位居前列的。如表 1-5 所示,在代表现代化发展水平的一系列指标对比中,杭州的 GDP、服务业增加值、非农产业比重、人均 GDP 在 19 个副省级及以上城市排名均居第 7 位,研发经费占 GDP 比重居第 5 位,城乡收入比居第 3 位,这意味着杭州经济现代化水平较高,创新能力较强,城乡居民共同富裕程度较高。这样的现代化进程要求服务业必须呈现出与其契合的高质量发展态势。

表 1-5　2021 年 19 个副省级及以上城市现代化发展代表性指标

城　市	GDP（亿元）	服务业增加值（亿元）	非农产业比重	人均 GDP（万元）	研发经费占 GDP 比重	城乡收入比
北京	40 270	32 890	99.7%	18.40	6.53%	2.45
天津	15 695	9 615	98.6%	11.32	3.66%	1.84
上海	43 215	31 666	99.8%	17.36	4.21%	2.14

续表

城 市	GDP（亿元）	服务业增加值（亿元）	非农产业比重	人均GDP（万元）	研发经费占GDP比重	城乡收入比
重庆	27 894	14 787	93.1%	8.69	2.16%	2.40
南京	16 355	10 149	98.2%	17.45	3.54%	2.25
深圳	30 665	19 300	99.9%	17.37	5.49%	1.00
宁波	14 595	7 242	97.6%	15.39	2.76%	1.72
杭州	**18 109**	**12 287**	**98.2%**	**14.99**	**3.68%**	**1.75**
广州	28 232	20 203	98.9%	15.04	3.12%	2.15
武汉	17 717	11 064	97.5%	13.53	3.51%	2.03
青岛	14 136	8 596	96.7%	13.78	2.40%	2.31
厦门	7 034	4 122	99.6%	13.32	2.80%	2.25
济南	11 432	7 059	96.4%	12.25	2.60%	2.54
大连	7 826	4 011	93.4%	10.50	3.02%	2.13
成都	19 917	13 220	97.1%	9.46	3.17%	1.81
西安	10 688	6 794	97.1%	8.37	5.18%	2.70
沈阳	7 250	4 353	95.5%	7.97	2.97%	2.33
长春	7 103	3 619	92.6%	7.82	2.05%	2.34
哈尔滨	5 352	3 484	88.3%	5.35	2.29%	1.99
杭州排名	7	7	7	7	5	3

注：青岛、长春、哈尔滨的研发经费占GDP比重为2020年数据。
城乡收入比值越小排名越高。

（一）全球城市位次提升与服务半径扩张

随着全球化的兴起，世界城市体系出现了"等级化"现象。凯迈格尼（Camagni）于1993年提出的"城市网络阶层（the hierarchy of city-networks)"构想是最早的全球城市网络设想,他构建了包含三个层级的城市网络阶层。第一层次:核心。如纽约、伦敦、东京等"超级信息中心",它们是整个区域乃至全球层面的经济、文化、金融和信息中心,对跨国公司总部和其他重要部门具有强大的吸引力。第二层次:节点。由专业化的国家城市组成的网络,这些城市目前尚不具备第一层次的全球城市那样的世界影响力,属于崛起中的全球城市,主要吸引区域总部以及技术创新与生产部门。每一个国家城市都联系着一个国家或经济体,如北京、莫斯科、悉尼、里约热内卢等。第三层次:次节点。由专业化的区域城市组成的网络,这些城市大多承担着对前两个层次城市网络信息的承接与分解功能。但在进入信息社会后,城市的等级结构并非呈现不可改变的固定模式,世界城市体系的等级结构开始瓦解,城市是世界城市可变体系中的一个节点,通过加强与世界上其他城市的连接性,提升城市能级、竞争力和影响力,区域性城市完全有可能成为世界城市体系中的顶端城市。

城市国际化是杭州一直以来的城市发展战略,近年来国际影响力显著增强。在全球化与世界级城市研究小组和网络组织(Globalization and World Cities Study Group and Network,GaWC)发布的世界城市排名中,前几年杭州一直没有进入其编制的三个等级中,2017年首次进入Gamma+级(三线城市),2018年又升至Beta+级(二线城市),全球城市排名达到第75位。在科尔尼全球城市指数(Global Cities Index,GCI)排名中,杭州2015年初次进榜,排名第113位,2019年已升至第91位,2021年又升至第80位。杭州在全球城市网络中的位次快速提升,与服务业的高质量发展密不可分,尤其是服务业的服务半径由服务本地或区域拓展至服务全球,使得杭州拥有了更广范围的用户,面向全球输送服务。这点在会展业发展上体现得淋漓尽致,2016年G20峰会的召开为杭州以重大会议展览事件为突破口提升城市国际化水平创造了条件,加之第19届亚运会的成功申办,在国际大会及会议协会(ICCA)发布的全球会议目的地城市排行榜中,杭州2019年举办国际会议38次,排名跃居全球第74位,亚太第17位,中国城市第3位,仅次于北京和上海。跨境电商也是杭州服务业助推城市地位提升的又一金名片,作为全国首个跨境电商综试区城市,杭州已成为跨境电商龙头企业全球布局的首选城市,跨境电商制造生产、平台营销、风险投资、金融信保、仓储物流、综合服务等产业链企业汇聚杭州。

(二) 城市群整体位势抬升与产业地位彰显

以大城市为引领的区域一体化发展格局是世界城市化发展的趋势。发达国家城市化一般都经历了从城镇化到以大城市为引领的城市群都市圈的发展历程。因此,全球城市通常并不是一个城市,而是范围很广的都市圈,具有连绵的城市区域和统一的劳动力市场,通常以城市群的形式出现。这种城市群是工业化、城市化进程中能够产生巨大能量的经济集聚效益的地带,是由多个城市聚合形成的对所在国家甚至世界经济都有重大贡献的城市化地带。基于此,大城市、城市群作为资源配置枢纽的作用将持续增强,国家与国家之间的竞争本质上将成为少数大城市和城市群之间的竞争。长三角是我国经济发展最活跃、开放程度最高、创新能力最强的区域之一。2021年经济总量已达4.18万亿美元,占全国经济总量24%,已超过全球第五大经济体——英国,将很快超越2021年经济总量4.22万亿美元的全球第四大经济体——德国。长三角地区有能力代表中国参与全球城市群竞争,形成世界级超大市场。

在城市群中,产业的空间分布形式也随之发生变化,以生产性服务业为主的高端职能将布局在中心区位城市,以加工制造业为主的生产功能将布局在外围中小城市,从而出现了以多厂、多部门的现代化大型企业为龙头,若干专业化中小企业围绕而成的产业发展格局。分工和专业化程度的加深在提高生产效率的同时,使企业之间网络化经济联系逐步增强,并传导至城市之间的经济联系上,促成了城市群合力的形成。城市群内各城市作为独立的行政区域,由于经济联系与产业分工而逐渐成为一体化区域。

这种产业分布格局在长三角地区业已形成,以 2021 年服务业增加值为横轴,服务业占 GDP 比重为纵轴建立城市散点图,以服务业增加值 5 000 亿元和服务业占比 55% 设立新的坐标系。如图 1-3 所示,长三角 41 座城市大致可以分为 4 种类型:第 I 象限是服务业增加值高、服务业占比高的城市,分别为上海、杭州、南京和合肥,这 4 座城市是长三角中当之无愧的中心区位城市,已基本形成服务经济结构,并通过服务业加深与城市群其他城市的联系,杭州以服务业增加值 12 287 亿元及服务业占比 67.9% 均排在第 2 位,仅次于上海。第 II 象限是服务业增加值高,但服务业占比不到 55% 的城市,分别为苏州、无锡、宁波和南通,这 4 座城市也是长三角 GDP 超万亿元城市(图 1-4),它们经济总量高,工业发展水平高,服务业的引领作用没有第 I 象限城市强大,在城市群中属于承担重要制造功能以及相关服务功能的中坚力量。第 III 象限是服务业增加值较低,服务业占比不到 55% 的城市,长三角绝大多数城市位于这个区间,它们布局以制造业为主的生产功能以及为当地需求服务的服务功能,并在 I、II 象限城市的带领下加入更大范围的全球价值链中,形成了城市群合力。第 IV 象限是服务业增加值较低,但服务业占比超过 55% 的城市,分

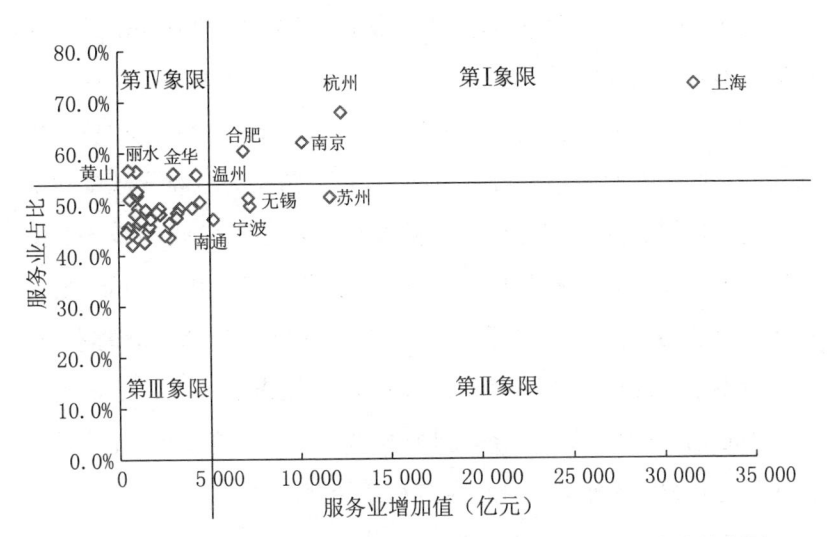

图 1-3　2021 年长三角 41 座城市服务业增加值与服务业占比散点图

数据来源:各城市 2021 年统计公报。

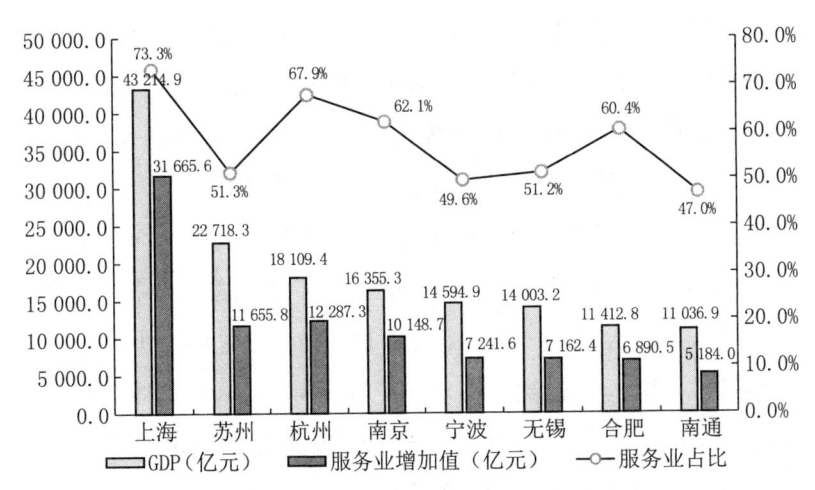

图 1-4　2021 年长三角 GDP 超万亿元城市服务业发展情况

数据来源:各城市 2021 年统计公报。

别是温州、金华、丽水和黄山,这几座城市较为特殊,尽管经济结构在向服务经济结构靠拢,但经济总量实力没有跟上,需要进一步在城市群中发挥出自身的特色优势。可见,位于第Ⅰ象限的杭州在长三角城市群中的服务业中心城市地位凸显,长三角超大型经济体量和市场容量为杭州提供巨大的市场红利和国际化红利,杭州的服务业中心城市地位又通过为城市群大中小城市提供高水平服务产品,推动城市群在国际产业分工体系中提升能级,实现全球价值链的攀升。服务业不仅在杭州经济发展中处于主导,在城市群中也是处于城市网络中心,通过承担高端服务功能加快城市间的经济联系,杭州也必然向具有强大集聚辐射功能的服务枢纽转型。

(三) 工业化、城镇化阶段转换与功能定位提升

工业化经典理论中一般以人均地区生产总值作为研究经济体经济发展阶段的主要依据。20世纪70年代中期,世界银行在其年度报告中开始以人均国民生产总值(GNP)对国家进行分类,后改为按照人均国民总收入(GNI)分类,世界银行的分类指标较为通用,可作为判断一个国家或地区所处的经济发展阶段的重要依据之一。根据世界银行2022年7月发布的最新标准,人均GNI低于1 085美元为低收入经济体,人均GNI在1 086美元到4 255美元之间为中等偏下收入经济体,人均GNI在4 256美元到13 205美元之间为中等偏上收入经济体,人均GNI达到13 205美元以上为高收入经济体。由于人均GNI与人均GDP在数值上差异不大,因此人均GDP也通常被学界拿来作为经济发展阶段划分的参考标准。杭州2019年人均GDP已超2万美元,2021年已达2.3万美元,远超高收入经济体的标准,加之三次产业结构中服务业比重已达67.9%,杭州已进入传统工

化理论中的后工业化时代。

再从城镇化发展阶段来看,美国地理学家诺瑟姆于1979年提出了反映世界城市化发展一般规律的诺瑟姆"S"形曲线。该曲线描述了一个国家和地区的城镇化进程可分为起步期、加速期、成熟期三个阶段,是一条稍被拉平的"S"形曲线。在起步期,农业在国民经济中占较大比重,推动城镇化发展的动力不足,城镇化水平低,发展缓慢;当城镇化水平超过30%,城镇化发展呈加速状态,农业劳动生产率提高,工业发展迅速并开始在国民经济中占主导地位,大量劳动力进入城镇,城镇化发展进入加速期;城镇人口大约超过70%时,农业剩余劳动力转移基本完成,城镇发展质量更加被关注,城镇化进入成熟发展期。从杭州第七次全国人口普查数据看,全市常住人口已达1 193.6万人,城镇化率达83.29%;与2010年第六次全国人口普查相比,城镇化率上升10.04个百分点。也就是说,杭州从2010年开始就进入了城镇化率超70%的城镇化成熟期。

工业化、城镇化进入下半场,将催生出大量新兴的市场需求,产业之间将呈现出相互渗透、融合发展的演变态势,这将更加推动服务业的功能定位迈向高端化,传统服务业改造升级成为趋势,新兴业态、新兴模式大量崛起,资源配置、标准制定、运筹决策、创新策源、消费引领等国际化高端化功能显著增强。例如杭州牢牢抓住自身产业优势,创新实施新产业新动能标准领航工程,积极主导国际标准制定修订工作。2016年,全国电子商务质量管理标准化技术委员会(SAC/TC563)正式成立,秘书处落户杭州,杭州牢牢抢占全国电子商务质量管理标准话语权;2019年,国际标准化组织电子商务交易保障标准化技术委员会(ISO/TC321)设立,秘书处落户杭州,这标志着中国成为ISO/TC321秘书国,杭州成为全球电子商务交易保障标准研制"策源地"。

（四）居民收入位居前列与服务内容升级

"十四五"时期是中国经济由中等收入阶段迈向高收入阶段的关键时期，消费将成为推动经济高质量发展的主动力。当前，我国拥有超 4 亿人的世界上最大规模的中等收入群体，消费市场优势明显，人民对美好生活的向往也将加快促进信息、教育、养老、医疗、健康、文化、休闲等方面的消费升级。杭州居民收入水平位居国内同等城市前列，如表 1-6 所示，2021 年，城镇居民人均可支配收入 74 700 元，农村居民人均可支配收入 42 692 元，在 19 个副省级及以上城市中均位居第三，更具说服力的是，杭州城乡居民的收入比仅为 1.75∶1，这个比重仅高于深圳和宁波。这说明，杭州的城乡居民收入水平在全国均位居前列，且差距不大，城乡居民的消费能力都比较强，消费结构持续升级，消费需求将成为驱动产业升级的主要动力。在这样的背景下，服务业提供的服务产品要更加迎合消费需求，其内容就需要不断升级，必须在满足人的多样化、多层次的需求上做文章，加快发展有品质的消费服务功能，个性化、体验式、互动式等服务消费市场具有巨大潜力、强大韧劲和旺盛活力。

表 1-6　2021 年 19 个副省级及以上城市居民可支配收入情况

城　　市	城镇居民人均可支配收入(元)	农村居民人均可支配收入(元)	城乡收入比
上海	82 429	38 521	2.14
北京	81 518	33 303	2.45
杭州	**74 700**	**42 692**	**1.75**
广州	74 416	34 533	2.15

续表

城　市	城镇居民人均可支配收入(元)	农村居民人均可支配收入(元)	城乡收入比
宁波	73 869	42 946	1.72
南京	73 593	32 701	2.25
深圳	70 847	70 847	1.00
厦门	67 197	29 894	2.25
青岛	60 239	26 125	2.31
济南	57 449	22 580	2.54
武汉	55 297	27 209	2.03
成都	52 633	29 126	1.81
天津	51 486	27 955	1.84
沈阳	50 566	21 662	2.33
大连	50 531	23 763	2.13
西安	46 931	17 389	2.70
重庆	43 502	18 100	2.40
长春	43 281	18 473	2.34
哈尔滨	42 745	21 512	1.99
杭州排名	**3**	**3**	**3**

注：深圳城镇化率为100%，故无城镇、农村分开统计的居民可支配收入数据，城乡收入比为1。

数据来源：各城市2021年统计公报。

第二章
创新发展:数字经济视角

一、服务业创新发展的主要趋势

在传统理论中,服务业不仅创新有限、技术落后,而且基本上是工业技术"供给驱动"的部门。然而,服务业尤其是生产性服务业的兴起,正在使创新过程发生着越来越广泛的变化,服务部门的技术创新出现加速发展的趋势。1990—2003年间,在经合组织(OECD)成员国中,服务部门的研发开支以每年平均12%的速度增长,而制造业部门只有3%。[①]即使在制造业内部,服务业作为中间投入的作用愈加重要,制造业的生产、组织、营销与产品创新中无不伴随着服务创新。服务创新正在成为经济增长的新引擎,不断颠覆着传统的产业组织与运营模式,推动全方位的流程、管理和制度变革。21世纪,数字技术快速崛起,为服务业部门的加速创新带来了革命性的催化效应。第一,"数字化"衍生的巨量信息服务,极大地改变了资讯和知识的传播沟通方式,例如网络搜索服务,为消费者提供了几乎无成本的信息

---

① 张祥.转型与崛起:全球视野下的中国服务经济[M].北京:社会科学文献出版社,2012:70.

服务。第二,服务生产过程被重组,在"数字化"条件下,生产过程被分解成许多专业化环节,利用不同地点在人力资本、成本、市场、规模经济等方面的优势在全球各地生产,又通过信息技术连成一个有机整体。第三,知识生产过程被重组,信息技术使知识能够编码化和标准化,研发、设计、编程等以知识为基础的服务可以分解为模块或片段分散进行,同时通过网络即时连接和同步推进。第四,网络能远距离连接服务生产和消费,消费者能够在全球范围内选择合适的服务供应商,服务提供者也可以面向全球消费者。[①]

在新一轮科技革命的背景下,服务业企业开展的创新活动更加频繁。表2-1数据显示,2020年我国规模以上服务业企业中开展创新活动的企业占比29.7%,实现创新的企业占比28.5%。创新活动最为明显的是信息传输、软件和信息技术服务业,该行业2020年开展创新活动和实现创新的企业占比高达74.9%和67.3%,且同时实现四种创新[②]的企业占比达17.7%,为各行业之首;其次是科学研究和技术服务业,该行业2020年开展创新活动和实现创新的企业占比达53.8%和48.7%,同时实现四种创新的企业占比达8.9%。同期,从表2-2可以看出,制造业中开展创新活动和实现创新的企业占比最高的行业部门依次为仪器仪表制造业(86.0%、82.7%),医药制造业(81.3%、76.2%),计算机、通信和其他电子设备制造业(79.7%、76.1%),专用设备制造业(77.2%、73.8%),烟草制品业(77.1%、71.4%),电气机械和器材制造业(74.6%、71.0%)。尽管服务业企业

---

① 江小涓,等.网络时代的服务型经济:中国迈进发展新阶段[M].北京:中国社会科学出版社,2018:215.
② 四种创新指产品创新、工艺创新、组织创新、营销创新,其中产品创新和工艺创新合称为技术创新。

表 2-1　2020 年我国规模以上服务业企业开展创新活动情况

	开展创新活动企业占比(%)	实现创新企业占比(%)	同时实现四种创新企业占比(%)	既实现产品或工艺创新，也实现组织或营销创新的企业占比(%)	实现产品或工艺创新，未实现组织或营销创新的企业占比(%)	实现组织或营销创新，未实现产品或工艺创新的企业占比(%)
服务业	**29.7**	**28.5**	**3.7**	**9.5**	**2.9**	**16.2**
批发和零售业	25.4	25.2	2.5	6.5	1.2	17.5
交通运输、仓储和邮政业	20.3	19.7	1.6	5.3	2.1	12.4
信息传输、软件和信息技术服务业	74.9	67.3	17.7	40.9	14.3	12.1
租赁和商务服务业	25.8	24.7	2.4	6.8	2.2	15.7
科学研究和技术服务业	53.8	48.7	8.9	24.4	12.1	12.2
水利环境和公共设施管理业	34.1	32.1	3.6	10.9	4.9	16.3

数据来源：《全国企业创新调查年鉴 2021》。

表 2-2 2020年我国规模以上制造企业开展创新活动情况（前十行业）

	开展创新活动企业占比(%)	实现创新企业占比(%)	同时实现四种创新企业占比(%)	既实现产品或工艺创新，也实现组织或营销创新的企业占比(%)	实现产品或工艺创新，未实现组织或营销创新的企业占比(%)	实现组织或营销创新，未实现产品或工艺创新的企业占比(%)
制造业	61.5	57.9	15.1	32.7	16.3	8.9
仪器仪表制造业	86.0	82.7	27.9	56.3	21.5	4.9
医药制造业	81.3	76.2	21.9	49.1	18.0	9.2
计算机、通信和其他电子设备制造业	79.7	76.1	24.2	50.1	20.2	5.8
专用设备制造业	77.2	73.8	22.8	47.4	20.1	6.4
烟草制品业	77.1	71.4	14.3	44.8	21.9	4.8
电气机械和器材制造业	74.6	71.0	22.4	45.3	19.1	6.6
通用设备制造业	73.0	69.3	20.0	42.3	20.8	6.2
铁路、船舶、航空航天和其他运输设备制造业	70.0	66.2	17.0	38.3	20.0	7.9
汽车制造业	69.9	66.0	17.7	38.8	20.8	6.4
化学原料和化学制品制造业	67.0	63.0	16.1	36.4	18.2	8.5

数据来源：《全国企业创新调查年鉴2021》。

开展创新活动占比(29.7%)总体低于制造业企业(61.5%),但部分行业正在追赶甚至赶超制造业创新的步伐。

(一) 技术创新

诚如前文提到,在传统理论中服务业是技术滞后部门,所以会出现著名的"鲍莫尔成本病"。这是由新古典经济学家鲍莫尔(Baumol)于1967年在经典论文《非均衡增长的宏观经济学:一个关于城市危机的解剖》中提出,他认为服务业属于技术停滞部门,由于生产过程本身就是最终产品,这种工作过程基本上没有引入资本和新技术的空间,劳动生产率也就没有提高的可能,因此依赖服务业的增长将最终使经济增长逐渐停滞。他提出最经典的例子:"乐队五重奏半个小时的表演要求2.5个小时的人工费用,而任何试图提高生产率的打算都会受到在场观众的批判。"[1]而随着生产性服务业的崛起以及信息技术等新技术的爆发,服务业技术创新成为可能。一方面,生产性服务业将人力资本和知识资本引入生产过程中,从而对技术进步和创新产生重要影响。人力资本和知识资本进入生产过程绝大部分是通过使用高技术人力资本和科学技术知识的厂商来实现的,这些厂商基本属于生产性服务业领域,他们以人力资本和知识资本作为中间投入,产出自然也体现了人力资本和知识资本。另一方面,信息与通信技术(ICT)既是服务业的重要行业与服务业创新的活跃领域,又几乎是所有服务业门类进行技术创新的重要手段,是当之无愧的服务业创新的共性关键技术。20世纪80年代以来,不断增加的ICT投资快速推动了服务业的创新活动,ICT应用也成为服

---

[1] BAUMOL W. Macroeconomics of unbalanced growth: the anatomy of urban crisis [J]. American Economic Review, 1967, 57(6):415-426.

务业持续提高生产率的主要途径。

从世界范围来看,服务业企业开展技术创新活动也愈加频繁,据欧盟创新调查(CIS)显示,比利时、德国、法国、卢森堡、葡萄牙、瑞士等国家服务业企业超过半数开展创新活动,且开展技术创新活动的服务业企业占比基本超过四成(表2-3)。从我国来看,2020年我国规模以上服务业企业开展创新活动的占比29.7%,但开展技术创新活动的仅为14.6%[1],和发达国家仍有较大差距。不过,技术创新被越来越多的服务业企业重视,2016—2019年,我国服务业有效发明专利拥有量增长了183.4%,单位企业发明专利拥有量从0.33件提高至0.76件。[2] 软件著作权登记量突破148万件,增速连续5年保持

表2-3 2014—2016年部分欧洲国家服务业企业创新活动情况

	开展创新活动企业占比(%)	开展技术创新活动企业占比(%)
比利时	64.3	58.0
丹麦	51.5	35.1
德国	59.0	44.0
法国	56.2	39.8
意大利	48.2	35.0
卢森堡	63.4	42.8
荷兰	57.6	49.6
葡萄牙	71.3	59.9
瑞典	53.3	40.3
瑞士	71.6	44.2

数据来源:《全国企业创新调查年鉴2021》。

---

[1] 数据来源:《全国企业创新调查年鉴2021》。
[2] 洪群联.推动服务业创新发展的政策建议[J].开放导报,2021(3):65-71.

在30%以上,通信领域软件企业国际专利申请量已居全球前列。①

为鼓励服务企业技术创新,我国自2009年开始启动技术先进型服务企业认定工作。技术先进型服务企业是指国家为了扶持高端技术性服务业的发展,对从事外包、业务外包和知识外包服务的企业进行税收等多项支持的企业类型。技术先进型服务企业是我国服务业中技术创新与技术服务能力最强,最具发展活力与全球竞争力的群体之一。最初该政策主要面向服务外包示范城市,2017年国务院决定将该项政策推广到全国。但各省市认定技术先进型服务企业的类型仍然以服务外包企业为主,且认定条件、认定范围、优惠政策各有不同。例如深圳市技术先进型服务企业认定内容包括信息技术外包服务(ITO)、技术性业务流程外包服务(BPO)、技术性知识流程外包服务(KPO)、计算机和信息服务、研究开发和技术服务、文化技术服务、中医药医疗服务;技术先进型服务业务收入总和占本企业当年总收入的50%以上,其中国际(离岸)外包服务业务收入占本企业当年总收入的35%以上;具有大专以上学历的员工占企业职工总数的50%以上;等等。杭州市则由浙江省统一认定,认定标准包括从事《技术先进型服务业务认定范围(试行)》内的一种或多种技术先进型服务业务;技术先进型服务业务取得的收入占企业当年总收入50%以上,其中离岸外包服务业务收入不低于企业当年总收入的35%,或者年离岸服务外包业务合同执行额超过100万美元;企业已设立市级以上(含市级)高新技术企业研发中心、工程技术中心、企业研究院等研发机构及创新载体,应用技术先进,或具备较强的研发能力;等

---

① 工业和信息化部. 2020年中国软件和信息技术服务业综合发展指数报告[EB/OL]. (2021-01-29). https://www.miit.gov.cn/gxsj/tjfx/rjy/art/2021/art_e5c12100377646b69df045de28ac9806.html.

等。可见,技术先进型服务企业发端于服务外包领域,技术创新活动密集,并代表我国服务业参与国际竞争,是服务业技术创新的典范。

(二) 模式创新

数字技术等新技术对催生服务业新业态新模式的作用日趋显著,已经从后台支撑变为前台引领。尤其是以人工智能、云计算、大数据、5G 等为代表的已成为国际竞争新热点的新技术,为服务业提供了更强的发展动能和更大的发展空间。基于新技术而出现的新的商业模式由于解决了用户痛点,满足了新的消费需求而获得快速发展。例如直播电商就由于直播信息的实时输出、明星网红的流量效应、对营销链路的缩短以及更为丰富深入的用户体验等优势,成了异军突起的新业态。再例如,以阿里巴巴为代表的现代服务业领军企业,开启了从模式创新到产业创新再到理论创新的新零售变革,从电商的商业模式创新开始,到产业生态的全面创新——线上经济与线下实体不再竞争对立,而呈现互相融合共赢的状态。线上线下融合主要有三种形式:一是基于消费者体验重构的融合,该类融合主要通过线上运营与线下商店结合,优化消费者到店体验,如盒马鲜生、京东七鲜(7FRESH)、小米之家。二是基于消费场景拓展延伸的融合,主要表现形式有"最后一公里"配送、跑腿服务、线上预约门店自提等,这种融合旨在打破消费者下单交易与取得商品的空间限制,并满足消费者的即时消费需求,使消费场景得以无边界拓展,实现"万物到家",如京东到家。三是基于供应链效率提升与渠道下沉的融合,该类融合主要运用数字技术和互联网的技术手段,对传统线下门店甚至品牌商进行零售赋能,解决渠道分割问题,如阿里零售通赋能全产业链。

数字技术还进一步推动服务的自动化与无人化,从而代替诸如客服、教师、家政等传统服务业。机器视觉、模式识别等技术的发展,催生了无人货架、无人超市、无人配送等服务模式,解放了烦琐、低效、重复性工作上的人力,使生活服务走向自助化、无人化。同时,无人服务在高难度清洁任务、车底检查、防疫等场景也有广泛应用前景。尤其是新冠肺炎疫情暴发后,无人服务获得发展契机,该类服务以人工智能、大数据等信息技术为支撑,以减少人员参与和依赖为导向,通过改造或创新生产方式、服务模式而形成。例如人工智能客服就是一个典型案例,人工智能客服的优势在于:可以回答一些简单、重复、易解决的问题,这可以提高人工客服的服务效率;24 小时人工智能客服在线,对客户需求能够即时响应;通过建立人工智能客服数据库,机器人开展深度学习并自动回复同类问题;后台对实时数据进行统计汇总进而进行数据挖掘与分析,并对用户评价实现有效管理等。艾媒咨询(iMedia Research)数据显示,在客户服务领域应用了人工智能的企业比例达到 20.2%,截至 2021 年 9 月,中国人工智能客服相关企业数量已经超过 900 家;同时,我国使用过人工智能客服的用户比例已高达 98.1%,最常见场景是手机业务办理(62.4%),其次则是在电商平台购物(42.3%)、办理银行业务(40.0%)与违章等交通业务(36.4%)。[①]

新技术促进服务业的产业组织形式发生革命性变化,平台企业成为新的市场关系主体。平台是通过将不同的用户群体纳入同一个网络以创造价值的一种商业模式。与实体平台不同,数字经济时代的平台依托信息通信技术与海量大数据,使其用户以低成本连接,编

[①] 数据来源:艾媒研究院《2021 年中国智能客服满意度调查报告》。

织构成的巨大网络能够打破时空限制,显著降低交易成本。这些平台企业不是凭借自身内部资源来创造价值,而是通过连接和协调巨型网络中的生产者和消费者来创造价值,消费者的重要性再次凸显,将与企业共同创造价值。企业之间的关系也由强调上下游分工转变为平台上企业之间的大规模扁平化协同关系。例如淘宝平台的上亿消费者与千万商户,共同构成了一个前所未有的大规模柔性共同体,这个共同体中的每一方都受益于其他方的存在。扁平化的生产消费组织方式通过节约交易成本、弱化规模经济约束和减少信息成本,拓展了协同合作的空间与机会,极大地提高了资源配置效率。因此,平台经济在自身规模、价值创造、影响力、包容性等方面均超出传统的跨国公司范畴,已经成为当前乃至今后经济发展的重要模式之一。2017—2020年,全球市值前10位企业中数字平台的数量为7家,包括美国苹果、微软、亚马逊等,以及中国的腾讯和阿里巴巴。[1]我国抓住本轮产业革命契机,平台经济快速发展(图2-1),截至2020年底,中国价值10亿美元以上数字平台的数量197个,较2015年增加133个;价值10亿美元以上数字平台的市场价值35 043亿美元,较2015年增加27 342亿美元。

此外,还诞生了另一种与平台经济密切相关并建立在其发展基础上的新兴形态——共享经济(Sharing Economy,或称分享经济),即随着数字技术、互联网产业的发展,诞生的以个体消费者之间的分享、交换、借贷、租赁等为基本特征的商业模式。共享经济是超越所有权获得产品与服务的活动,通过互联网几乎零成本地整合分散的碎片闲置资源,使资源利用效率最大化,并满足多样化市场需求,从

---

[1] 王磊,杨宜勇.数字经济高质量发展的五大瓶颈及破解对策[J].宏观经济研究,2022(2):107-114.

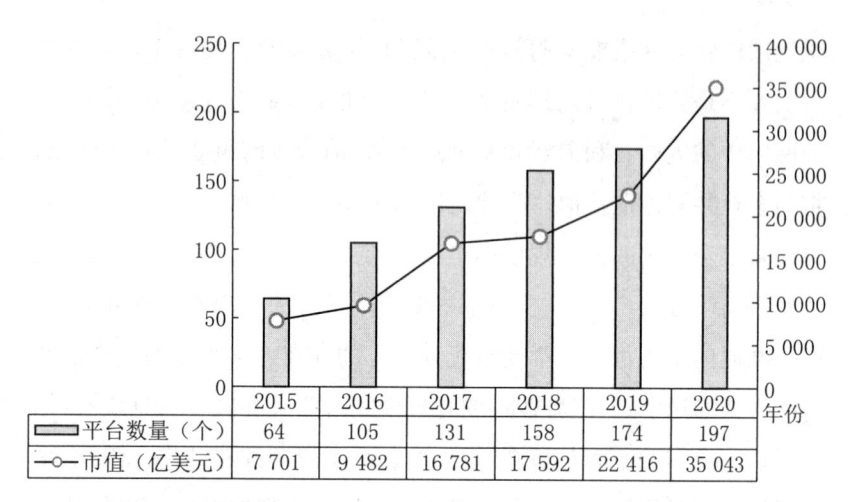

年份	2015	2016	2017	2018	2019	2020
平台数量（个）	64	105	131	158	174	197
市值（亿美元）	7 701	9 482	16 781	17 592	22 416	35 043

图 2-1　2015—2020 年中国价值 10 亿美元以上数字平台数量及市场价值

数据来源：中国信息通信研究院、智研咨询《2020 年全球及中国平台经济行业发展概况及发展趋势分析》。

交通工具、房屋、餐饮的共享到服饰鞋包的共享，共享模式已经成为人们新的生活和工作方式。共享经济的优势在于：能为消费者提供更低价的服务，因为是共享自己的物品、服务能力或闲暇时间，收费相对较低；[1]对传统消费模式产生革命性、颠覆性影响，给消费者带来差异化的创新性服务，提供更多的选择、更好的价格、更高的服务质量。[2]近年来，我国共享经济规模持续扩大（表 2-4），2022 年市场交易额已达 38 320 亿元，较 2017 年增长 84.5%。其中，生活服务领域市场规模占比最大，尽管比重有所下降，2022 年仍占 48.4%。以工业互联网为代表的生产能力领域发展态势加快，2022 年较 2017 年市场交易额增长了 2 倍，比重由 2017 年的 20.1% 提高至 2022 年的

---

[1]　江小涓.高度联通社会中的资源重组与服务业增长[J].经济研究,2017,52(3):4-17.
[2]　刘奕,夏杰长.共享经济理论与政策研究动态[J].经济学动态,2016(4):116-125.

32.7%。知识技能领域表现也较好,2022年较2017年市场交易额增长了2.48倍,比重由2017年的6.7%提高至2022年的12.5%。受近年多种复杂因素影响,交通出行、共享住宿、共享医疗、共享办公发展较为缓慢。提供这样个性化低成本的服务将成为服务业的未来发展趋势。

表2-4 2017—2022年我国共享经济发展概况

领 域	共享经济市场交易额(亿元)					
	2017年	2018年	2019年	2020年	2021年	2022年
交通出行	2 010	2 478	2 700	2 276	2 344	2 012
共享住宿	120	165	225	158	152	115
知识技能	1 382	2 353	3 063	4 010	4 540	4 806
生活服务	12 924	15 894	17 300	16 175	17 118	18 548
共享医疗	56	88	108	138	147	159
共享办公	110	206	227	168	212	132
生产能力	4 170	8 236	9 205	10 848	12 368	12 548
总计	20 772	29 420	32 828	33 773	36 881	38 320

数据来源:根据国家信息中心分享经济研究中心发布的历年《中国共享经济发展报告》整理。

总的来看,我国服务业的模式创新强于技术创新,从图2-2可以看出,2020年实现模式创新而未实现技术创新的企业占比16.2%,而实现技术创新而未实现模式创新的企业占比仅2.9%,两种创新兼有的企业占比也仅9.5%,技术创新滞后。分行业看,信息传输、软件和信息技术服务业,以及科学研究和技术服务业开展技术创新的企业占比较高,但在批发和零售业,交通运输、仓储和邮政业,租赁和商务服务业等领域的企业仍以模式创新为主,实现模式创新而未实现技术创新的企业占比分别为 17.5%、12.4%和 15.7%,但实现技术创新而未实现模式创新的企业占比分别仅为 1.2%、2.1%和 2.2%,同时开展两种创新的企业占比也分别只有 6.5%、5.3%和 6.8%。

行业	实现模式创新,未实现技术创新	实现技术创新,未实现模式创新	既实现技术创新,也实现模式创新
水利环境和公共设施管理业	16.3	4.9	10.9
科学研究和技术服务业	24.4	12.2	12.1
租赁和商务服务业	15.7	2.2	6.8
信息传输、软件和信息技术服务业	40.9	12.1	14.3
交通运输、仓储和邮政业	12.4	2.1	5.3
批发和零售业	17.5	1.2	6.5
服务业	16.2	2.9	9.5

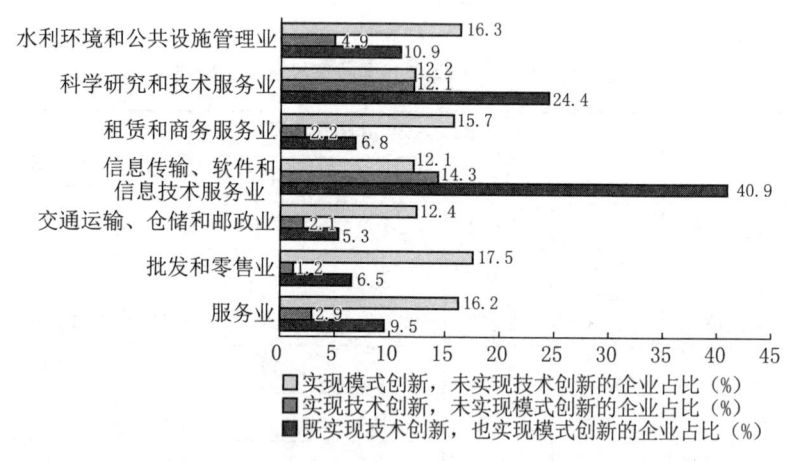

图 2-2 2020 年我国规模以上服务业企业开展创新活动分类占比

(三)改革创新

我国的改革是由中央计划经济向市场经济转轨,这样的改革沿革决定了经济领域是政府和市场关系调整的突破口,而其中首先需要回答的问题是,政府在产业发展中应当发挥什么样的作用。在计划经济条件下,政府直接对经济资源进行配置,以计划指令安排各地区、各城市的产业发展;在向市场经济转轨的过程中,政府对经济资源的控制逐步减弱,并且不再以计划指令强行安排,但在制度惯性及地方政府间的竞争压力下,政府在产业发展中仍然发挥着"主推手"的作用,包括确定产业定位、制定准入政策、具有歧视性的产业政策(即仅对某些产业进行扶持),以及招商引资政策等。然而,随着改革的深入推进,在这种具有明显"经营管理"取向的方式下,政府干预的正面效应越来越弱,逐步转变为对市场活力的抑制。

与制造业相比,服务业以提供无形产品为特征,其交易过程更需要一个公开、透明、稳定的可执行合同的制度环境,越开放的环境越容易吸引服务业发展所需的各种要素,因此服务业对制度环境开放性、规范性的要求高于制造业。由于金融业、科学研究、技术服务和地质勘查业等服务业涉及国民经济命脉,因此,这些行业更容易受政府管制,且受政府干预的影响更敏感;政府行政干预会促进制造业集聚,对服务业则一般起到阻碍作用。同时,过多的政府行为本身就构成一种对服务业尤其是生产性服务业的代替,一个大包大揽的政府会对生产性服务业发展产生抑制效果。基于这些认识,2010年国家发展改革委发布《服务业综合改革试点实施方案》,提出要破除服务业发展的体制机制约束和政策障碍,促进资源要素合理布局。特别是通过鼓励服务领域技术创新、加大资金支持力度及完善价格标准收费等配套政策,全面推进服务业空间布局优化,培养主体功能突出的服务业中心和集聚示范区,促进服务业企业或机构的集聚发展。[①]在服务业综合改革政策实施后,我国又密集出台了服务业相关政策,也出台了若干关于科技服务、大数据、健康、养老、体育、旅游、物流、电子商务等具体行业的单项促进政策,甚至出台了特定区域的服务业改革政策,例如《关于推动生活性服务业补短板上水平提高人民生活品质的若干意见》《全面深化服务贸易创新发展试点总体方案》《关于以新业态新模式引领新型消费加快发展的意见》《全面深化

[①] 刘胜,徐榕鑫,陈秀英.服务业综合改革政策的效果评估——兼论体制机制创新助力高质量发展启示[J].上海财经大学学报,2021,23(3):79-94.

前海深港现代服务业合作区改革开放方案》,等等。通过一系列改革,逐步扫除服务业高质量发展的"绊脚石",服务业发展中政府作用正逐步由"经营管理"向"规范规制"转变。

国家层面的服务业改革导向主要表现在以下几个方面(表2-5):第一,扩大国际开放。我国的改革向来与开放进程同步,这是中国式现代化不同于其他现代化的一个特色。服务业的改革自然也是与扩大开放紧密结合在一起的,甚至是改革的主要内容,这是对现实问题的及时响应。这个现实问题就是长期以来我国服务业的国际开放度以及市场开放度都较低,相比制造业开放已经相当落后。近年来,在扩大服务业国际开放方面,我国实施新的外资管理模式,全面推行准入前国民待遇和负面清单管理,扩大鼓励外商投资产业目录,推进自由贸易战略,开展服务业扩大开放综合试点示范。例如北京作为首个开展服务业扩大开放综合试点的城市,先后推出了科技、文化、电信等9个行业领域的近60项开放措施,以及高新技术产业发展、金融服务实体经济等方面的近70项政策创新;推动专业机构、基地平台以及新兴业态等领域140多个标志性项目落地,很多均是"全国首家"或者"全国首创"。第二,放开行业准入。党的十八大以后,经济发展进入新常态,服务业成为第一大产业,服务领域的供给不足成为制约中国居民幸福、产业转型升级的重要瓶颈,经济领域的改革重点已转移到服务业领域。[1]服务领域的供给不足亟须通过市场化方式来解决,既要引入更多市场主体和市场竞争机制,又要建立市场化的政府干预机制。我国通过进一步放宽服务业民营资本准入限制,在公共服务领域鼓励政府购买市场主体服务等措施持续放开服务业行

---

[1] 李勇坚.中国服务业改革40年:经验与启示[J].经济与管理研究,2018,39(1):23-32.

表 2-5 近年来国家服务业改革导向

改革导向	改革措施
扩大国际开放	1. 实施新的外资管理模式,全面推行准入前国民待遇和负面清单管理,简化外资审批程序,全国版负面清单由 2015 年的 93 项减至 2020 年的 33 项,其中在交通运输、增值电信、金融服务等服务业条目方面压减了 30 项,银行、保险、证券、电信、分销等服务部门均已向外资开放 2. 扩大鼓励外商投资产业目录。全国版鼓励条目由 2015 年的 349 项增至 2020 年的 480 项,其中服务业条目增加了 48 项,例如新增了研发设计、信息服务、技术服务等领域的条目[①] 3. 推进自由贸易战略,与 26 个国家和地区相继签署了 19 个自由贸易协定,加速我国与贸易伙伴国在服务贸易、投资等领域的双向自由化进程。从 2013 年上海自贸区成立至今,我国自贸区数量已达到 21 个,覆盖全部沿海省份,海南成为自由贸易港;2015 年以来,国务院已在北京开展了 3 轮服务业扩大开放综合试点,2021 年 4 月,服务业扩大开放综合试点首次扩容至天津、上海、海南、重庆 4 个省市[②]
放开行业准入	1. 进一步放宽服务业民营资本准入限制,包括原来被认为是公共服务或准公共服务领域的准入限制,如养老、教育培训等,截至 2019 年底,全国民办养老机构占比达 54.7%,床位数占比达 57.6% 2. 在公共服务领域鼓励政府购买市场主体服务等
商事制度改革	1. 缩短企业开办时间。实行名称自主申报改革,推行经营范围规范化表述,深化运用"电子证照",大力推动"一网通办""跨省通办"等 2. 简化行政审批。企业审批事项大幅缩减,审批业务流程优化,审批时间明显缩短。例如,在体育赛事领域,简政放权、放管结合,取消商业性和群众性体育赛事审批;申请设立养老服务类社会组织,不再经由业务主管单位审查同意,符合直接登记条件的可以直接向民政部门依法申请登记
降低企业税负	1. 增值税对货物和服务已全覆盖 2. 技术先进型服务业企业所得税优惠政策从 31 个服务外包示范城市正式推广至全国

---

① 祝君壁.外资依然青睐中国[N].经济日报,2021-04-30.
② 洪群联.推动服务业创新发展的政策建议[J].开放导报,2021(3):65-71.

业准入,例如2016年出台《国务院办公厅关于全面放开养老服务市场提升养老服务质量的若干意见》(国办发〔2016〕91号),2017年出台《国务院办公厅关于支持社会力量提供多层次多样化医疗服务的意见》(国办发〔2017〕44号)。第三,商事制度改革。商事制度改革是我国优化营商环境的主要举措之一,也是"放管服"改革的重要内容。近年来,我国商事制度改革取得显著成效,市场监管机制不断完善,市场主体繁荣发展,营商环境大幅改善,尤其在企业开办、行政审批等领域出台了一系列措施,在多证合一、先照后证、简易注销登记改革、企业开办网上办理、审批简化、加强事中事后监管、信用体系建设等方面进行了改革实践。①商事制度改革降低了企业进入市场的门槛,激发了创新创业活力,对新业态、新模式、新企业的涌现起到了不可估量的重要作用,尤其体现在信息技术、电子商务、文化、金融等新兴服务业领域。据商务部《中国市场主体发展活力研究报告(2021)》,2021年我国各类市场主体新增2 887万户,相比2012年底增长1.8倍;从各行业新增市场主体数量占比来看,批发和零售业以50.93%的占比排名第一,比重提高最快的3个行业分别是租赁和商务服务业、科学研究和技术服务业以及住宿和餐饮业,新增市场主体占比较2020年分别增长了35.92%、19.99%和12.81%。第四,降低企业税负。2011年,我国制定推进营业税改征增值税试点方案,2012年1月1日起,率先在上海交通运输业和部分现代服务业开展营改增试点,其后,又先后扩大了试点地区和试点行业。2016年5月1日起,营改增试点全面推开,建筑业、房地产业、金融业、生活服务业被纳入试点范围,实现增值税对货物和服务的全覆盖。

---

① 高妍蕊.深化商事制度改革:监管、服务应与放权同步[J].中国发展观察,2020(18):49-50,33.

2013年至2017年间,营改增试点改革已累计减税2.1万亿元,加上小微企业税收优惠、清理各种收费等措施,共减轻市场主体负担3万多亿元。

二、数字经济与杭州服务业创新发展

近年来,杭州将数字经济定位为"一号工程",不断推动实践创新、制度创新和理论创新,成为全国数字经济的开路先锋和数字化改革标杆。2016年成功承办G20杭州峰会,峰会通过的《G20数字经济发展与合作倡议》,首次将"数字经济"列为G20创新增长蓝图中的一项重要议题。"十三五"期间,杭州数字经济核心产业增加值保持两位数高速增长,对全市经济增长贡献率保持在50%左右。在数字经济发展研究小组、中国移动通信联合会区块链专委会以及数字岛研究院共同出品的《2019—2020中国城市数字经济发展报告》中,杭州和北上广深一起位居全国第一方阵,综合得分超过90分。在数字经济蓬勃发展的时代背景下,服务业面临新的动力变革、效率变革与质量变革,数字经济与服务业创新发展深度融合、互促共进。

先简单地看一下传统理论中的"鲍莫尔成本病"是否发生在杭州。以劳动生产率来看(图2-3),自2015年以来,杭州市的服务业劳动生产率就一直高于第二产业劳动生产率,尤其是2016年以来杭州的第二产业劳动生产率开始低于全员劳动生产率,换句话说,杭州全员劳动生产率的提高开始主要依赖于服务业,第二产业反而成了劳动生产率相对滞后的部门。到2021年,全员劳动生产率、第二产业劳动生产率、服务业劳动生产率分别为 23.84 万元/人、20.67 万元/人、26.49 万元/人,服务业劳动生产率与第二产业劳动生产率的差值由 2011 年的 −1.92 万元/人扩大至 5.82 万元/人,服务业劳动生产率与全员劳动生产率的差值由 2011 年的 0.24 万元/人扩大至 2.65 万元/人。可见,杭州的经济发展并没有陷入"鲍莫尔成本病",究其原因,这很大程度得益于以数字技术为代表的新技术在服务业中的引入。

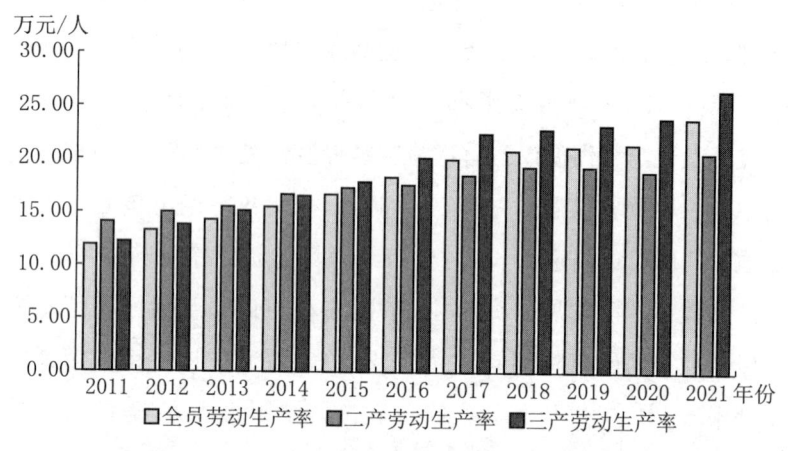

图 2-3　2011—2021 年杭州市全员、二产、三产劳动生产率

数据来源:根据《2022 年杭州统计年鉴》相关数据计算得出。

(一) 数字服务势头强劲

围绕打造"数字经济第一城",杭州将"数字""信息""数据"等一系列新要素进行产业化运作,新动能持续释放,数字服务竞争力强劲。云计算、大数据、视觉智能、电子商务、信息软件等领域具有全球领先优势,国际电子商务之都享誉国内外。2021 年,全市数字经济核心产业实现增加值 4 905 亿元,增长 11.5%,高于 GDP 增速

3个百分点,占 GDP 的比重为 27.1%,较 2020 年提高 0.5 个百分点。其中,2021 年,软件与信息服务业实现增加值 3 933 亿元,三年年均增长 12.7%;数字内容产业实现增加值 3 584 亿元,三年年均增长 12.5%;云计算与大数据产业实现增加值 1 615 亿元,三年年均增长 4.5%;电商服务业实现增加值 1 818 亿元,三年年均增长 4.5%(表 2-6)。

表 2-6 杭州数字服务行业发展情况

重点行业	2019 年 增加值(亿元)	2019 年 增速(%)	2020 年 增加值(亿元)	2020 年 增速(%)	2021 年 增加值(亿元)	2021 年 增速(%)	三年年均增速(%)
软件与信息服务业	2 889	15.7	3 441	12.9	3 933	10.1	12.7
数字内容产业	2 505	16.3	3 113	12.7	3 584	9.4	12.5
云计算与大数据产业	1 381	6.0	1 389	1.6	1 615	9.5	4.5
电商服务业	1 847	14.6	1 933	3.0	1 818	2.1	4.5

信息传输、软件和信息技术服务业是杭州服务业中当之无愧的首位产业,如图 2-4 所示,增加值占服务业比重已由 2013 年的 13.1% 升至 2020 年的 28.9%。明星企业云集,2021 年中国软件与信息技术服务综合竞争力百强企业榜单中,海康威视、网易、大华、新华三等 10 家杭州企业入围。表 2-7 为工信部公布的 2020—2022 年直辖市及排名前十的副省级城市的软件业务收入情况,杭州 2020 年实现软件业务收入 5 833 亿元,居全国第 5 位;2021 年和 2022 年分别实现软件业务收入 6 933 亿元和 8 259 亿元,均已超越南京,居全国第 4 位。

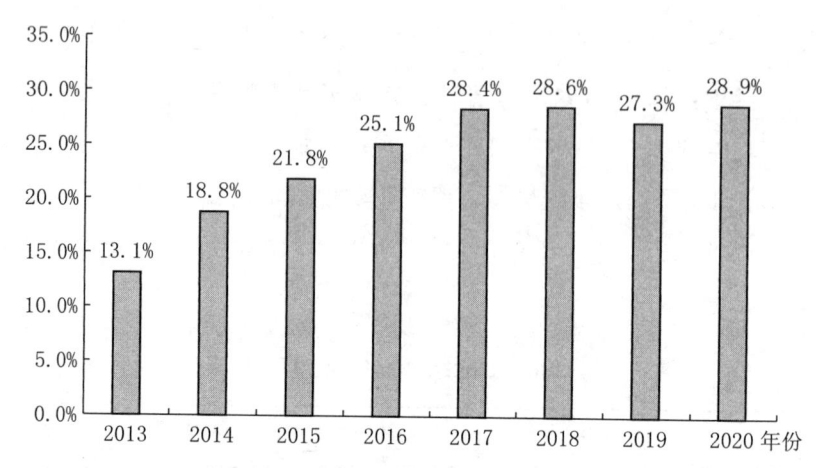

图 2-4 2013—2020 年杭州信息传输、软件和信息技术服务业增加值占服务业比重

表 2-7 2020—2022 年直辖市及排名前十的副省级城市软件业务收入

单位:亿元

城市	2020 年	城市	2021 年	城市	2022 年
北京	15 737	北京	18 661	北京	23 912
上海	6 571	上海	7 714	上海	8 457
天津	2 375	天津	2 634	天津	2 722
重庆	2 011	重庆	2 841	重庆	2 705
深圳	7 913	深圳	9 013	深圳	9 983
杭州	**5 833**	**杭州**	**6 933**	**杭州**	**8 259**
南京	5 962	南京	6 702	南京	7 408
广州	4 949	广州	5 857	广州	6 464
成都	4 015	成都	4 456	成都	4 732
济南	3 259	济南	3 803	济南	4 382
西安	2 832	西安	3 141	西安	2 219
青岛	2 386	青岛	2 900	青岛	3 672
武汉	1 907	武汉	2 159	武汉	2 519
厦门	1 242	厦门	1 369	沈阳	1 087

基于软件与信息服务业的坚实基础,杭州以云计算、大数据、物联网、人工智能等为代表的新一代信息技术产业发展迅速。例如大数据领域,龙头企业领军优势明显,阿里云是全球领先、全国首位的云计算服务平台,在国内公共云市场占有率近一半,计算能力全球第一,已经成长为全球第三大公共云计算服务商,AliOS 跻身全球三大移动终端系统;新华三的以太网交换机、安全硬件、企业路由器市场份额连续五年位居全国第一;海康、大华、宇视三大品牌领跑国内数字安防产业。中小企业深耕细分市场,加快服务模式创新和商业模式创新,涌现出泰一指尚、城云科技、数梦工场等一批核心竞争优势明显企业。移动、电信、华数、东方通信等运营商加速向大数据方向转型,以其大数据底层技术实力和云平台能力展现新动能。对标国内城市(表 2-8),北京大数据产业在上市公司、独角兽企业、瞪羚企业数量方面都高居榜首,而杭州发展水平仍居前位,上市企业 50 家、独角兽企业 9 家、瞪羚企业 68 家,分别居第 4、4、5 位。

表 2-8 2021 年大数据产业上市企业、独角兽企业、瞪羚企业分布

	上市企业	独角兽企业	瞪羚企业
北京	259	47	1 154
上海	78	11	73
深圳	71	15	55
杭州	**50**	**9**	**68**
广州	47	2	77
成都	27	1	29
南京	27	2	11
武汉	21	0	86
苏州	25	0	28
合肥	14	0	37

数据来源:大数据分析与应用技术国家工程实验室、北京大数据研究院《2021 年中国大数据产业发展指数白皮书》。

（二）数字赋能模式创新

数字经济还对杭州服务业进行了全方位、全角度、全链条改造，新业态新模式不断涌现，代表领域有：

新零售成为经济增长新引擎。2015—2021年，杭州市网络零售额由2 679.8亿元增加到9 951.5亿元，年均增速高达24.4%；与社会消费品零售总额相比（图2-5），杭州的网络零售额于2019年超越社会消费品零售总额，成为首个网络零售额超越社会消费品零售总额的城市，二者比重也由2015年的62.60%增长至2021年的147.57%，可见，以网络零售为代表的新零售已经成为商贸服务业的新增长点。同时，杭州紧抓直播电商热点，大力推动"直播＋"模式的广泛应用，直播企业累计注册超5 000家，直播平台30余家，头部MCN机构11家，成为杭州经济引擎新动力。

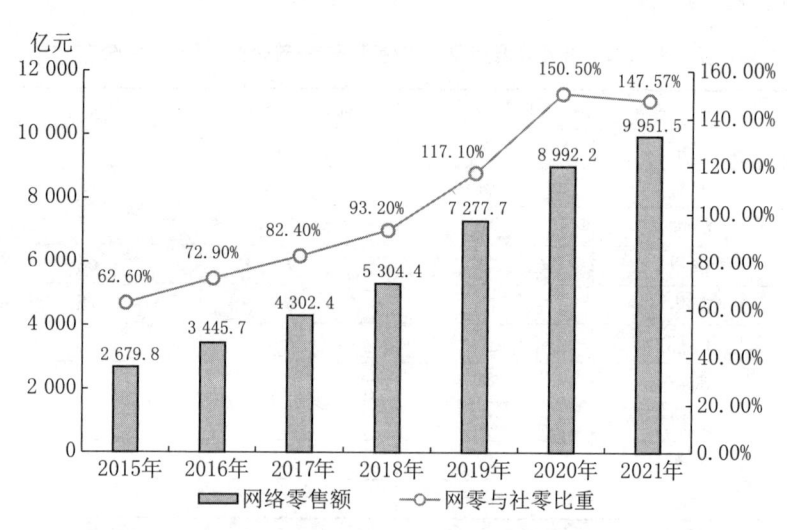

图2-5 杭州网络零售额及与社会消费品零售总额的比重

跨境电商成为杭州世界级金名片。作为全国首个跨境电商综试区城市，杭州已成为跨境电商龙头企业全球布局的首选城市，跨境电商制造生产、平台营销、风险投资、金融信保、仓储物流、综合服务等产业链企业汇聚杭州。据海关系统数据，杭州海关跨境进口业务量在全国海关中居第2位，约占全国总量的18%。在全国率先落地跨境电商出口9710和9810新模式，成功走通保税出口包裹退换货业务、特殊区域跨境电商出口海外仓零售业务和9610模式下包机出口包裹退货业务，实现正向物流和逆向物流的闭环。杭州还成立了全国首家互联网法院跨境贸易法庭，立足于数字化解纠纷机制创新，构建跨境贸易多元纠纷解决机制，填补了跨境电商案件在线诉讼规则空白。搭建首个世界电子商务平台（eWTP），参与跨境电商标准规则制定，发布《跨境电子商务平台商家信用评价规范》国家标准，起草跨境电子商务质量风险识别规范国家标准。

数字健康服务领先全国。从2012年以来，杭州就开始推广一系列智慧医疗应用，不仅改变居民就医体验，还提高医疗服务质量与效率。城市大脑赋能推行舒心就医"先看病后付费"，依托"健康码"，在全国率先推出"一码就医""健康证明""健康档案""心理援助""一键急救"等应用。率先建成市级家庭医生互联网诊疗平台，支持医保在线结算和药品配送上门。[①]电子健康医保卡、电子健康档案开放共享、电子母子健康手册、出生"一件事"联办、用血费用"一站式"服务、急救志愿者互联救治等项目成为国家试点或示范样本。

智慧物流水平快速提升。以智慧技术为代表的新技术在物流业推广应用，智慧物流中心成为杭州的一张城市名片，形成一批物

---

① 孙雍容.加快健康治理现代化　高质量打造健康之城[J].健康中国观察，2021(9)：70-72.

流新技术研发和应用的领先企业。菜鸟网络积极探索无人车、无人机配送,研发了统一、在线的电子面单,入选全国供应链创新与应用试点企业及国际物流运输重点联系企业。传化公路港率先提出打造"智慧物流公路港",成为国家交通物流融合发展重要内容,并获五部委发文推广。杭州迅蚁5G无人机物流获颁全国首个城市场景无人机物流特定类试运行批准函和经营许可。浙江菜鸟供应链管理有限公司、百世物流科技(中国)有限公司、杭州网易严选贸易有限公司等10家企业获批2020年浙江省物流新业态新模式发展试点。

(三)深入推进服务业综合改革

杭州自2010年获批国家服务业综合改革试点城市以来,围绕国家对服务业综合改革的指导要求,着力优化服务业发展营商环境,积极创造适宜服务业新产业、新业态、新模式成长的制度环境。

第一,服务贸易开放型体制不断优化。自开展服务贸易创新发展试点工作以来,杭州形成了诸多特色和亮点,在体制机制创新、政策体系优化、服务平台搭建等方面形成多项可复制可推广经验。入选国务院深化服务贸易创新发展试点的"最佳实践案例"数全国第一,超额完成了"争取全国前5位"的任务。首创"政策性信保+银行授信+政策风险担保"融资闭环模式,助力外贸企业解决"卡脖子"问题。搭建"浙江数字服务贸易云展会平台"创新在线数字展览模式,促进数字化服务出口。建立文化贸易境外促进中心,提升杭州市文化产业国际化水平。研究制定《杭州市加快服务贸易创新发展实施意见》,明确市级和区级财政按比例统筹安排资金,支持壮大市场主体、创新发展模式、开拓国际市场、建设公共平台、防范出口风险,对优秀市场主体和重点领域企业给予实质性支持。

第二,营商环境建设水平全国领先。杭州被国务院确定为国家营商环境创新试点城市,同时成为世行营商环境备选样本城市。在国家发展改革委发布的《中国营商环境报告2020》中,杭州营商环境总体排名位居全国第五,18项指标中,政务服务、保护中小投资者、获得信贷、企业开办、合同执行、办理破产、招标投标等16项被评为全国标杆,优化营商环境改革经验在全国推广。在全国工商联发布的2020年"万家民营企业评营商环境"评价结果中,杭州排名全国第一,成为"营商环境最佳口碑城市"。杭州在全国率先推出商事登记"1+N"+X多证合一、证照联办和"商事登记一网通"改革,入选"企业开办全程网上办"改革试点城市。"最多跑一次"改革跑出"杭州速度",在全省率先实现企业开办全流程"一日办结""全市通办",财产登记全流程"一个环节"。深化"一件事"改革系统集成,全力推进企业开办、出生、上学等高频办理事项"一件事"联办。全国首创开发"转供电费码",水电气报装便利化全国领先。"移动办事之城""移动办公之城"建设取得重大进展,涉企证照事项全部实现"多证合一、证照联办、一网通办",90%的个人事项凭身份证"一证通办"。全国首创"亲清在线"数字平台,惠企政策实现"端到端"兑现。

第三,服务业市场化改革初见成效。杭州持续推进民营企业减负降本,进一步落实民间资本准入平等待遇,"十三五"期间,市场主体从75.5万户增加到140.3万户,入选中国民营企业500强企业数量连续18年蝉联全国城市第一。投融资体制改革迈出坚实步伐,产业发展投资基金、信息产业投资基金相继设立,筹建城市发展基金和PPP支持基金,杭州金融综合服务平台(杭州e融)上线,中小企业贷款难有效缓解;首创"政策性信保＋银行授信＋政策风险担保"模式,"杭信贷"入选国务院深化服务贸易创新发展试点"最佳实践案例"。积极推动公共服务领域创新改革,例如以建设全国智慧健康养老基地示范项目、全国医养结合试点城市为抓手,在全国率先开展"1＋1＋X"医养结合联合体建设,即由1家市县级医院、1家社区卫生服务中心(乡镇卫生院)分别对接区域内X家养老服务机构。

三、杭州服务业创新发展存在的问题

(一)技术创新弱于模式创新

同全国情况一致,杭州服务业企业技术创新活动弱于以组织创新和营销创新等软创新为主的模式创新活动。杭州已经在数字安防、工业互联网、云计算与大数据等领域处于全国领先地位,但多数企业偏重于应用层开发和商业模式创新,而在人工智能、光电芯片、生物技术、智能制造、新材料、新能源等硬技术领域创新资源有限,创新能力欠佳,独角兽企业也较少涉猎先进制造领域。2021年,杭州数字经济中,电子信息产品制造产业增加值1 231亿元,集成电路109亿元,机器人产业42亿元,分别仅是软件与信息服务业的31.3%、2.8%、1.1%。仍以大数据产业为例,杭州300余家大数据企业机构涵盖数据采集汇聚、存储处理、挖掘分析、数据应用、大数据周边服务等全产业链条。但近三分之二大企业聚焦在大数据应用领域,基础架构企业、基础数据技术企业占比较低。频繁出现模式创新容易带来的突出问题就是"一哄而上"的模仿式创新,多数"后来者"

进行的商业活动并不是真正的创新活动,这会扰乱正常的市场秩序。例如 P2P 网贷平台的"暴雷"潮一度给杭州带来巨大的负面效应,也使杭州开始反思过度的商业模式创新对城市经济的损害,更坚定了杭州脱"虚"向"实"的决心。

(二) 服务业创新要素支撑不足

创新要素不足首先反映在人才要素缺乏,尤其是熟悉服务业行业特点、洞悉服务业创新趋势、把握先进技术方向的高端人才更是匮乏。以杭州跨境电商人才缺口为例,杭州跨境电商每年用人缺口在 20 万人以上,中高端复合型人才尤为缺失,其中,跨境电商企业独立站每年人才缺口在 5 000 人以上;跨境电商数据分析人才缺口预估在 1 万人以上;阿拉伯语、西班牙语、德语、葡萄牙语等小语种人才缺口在 5 000 人以上;熟悉海内外关、检、汇、税、法等专业服务人才预计缺口在 2 500 人以上;海外数字营销平台运营人才需求在 7 500 人以上;熟悉目标地的海外红人类直播人才,预计每年需求在 7 500 人以上。[①]此外,数据要素是服务业创新的主要推动力,但数据协同困境也成了制约服务业创新发展的重要因素,从企业界到政府管理部门,都在加快推进数字化改革,但这样也容易出现系统重复建设、互不兼容、数据孤岛等一系列问题,导致企业疲于应付,在各种系统里上传数据资料,反而降低了企业效率。

(三) 政策跟不上产业创新趋势

一是服务业标准缺失。截至 2020 年底,我国的专业标准化技

---

① 资料来源:杭州自贸委跨境电商综试处在 2022 年"潮起钱塘"第六届全球跨境电商峰会上的演讲材料《杭州跨境电商人才实践》。

术委员会中,第二产业占76.54%,第一产业占7.52%,第三产业仅占13.38%。尤其是房屋租赁、交通出行、生活服务等共享经济发展迅速,但缺少行业标准和规范来引导新兴领域发展。二是政策适应性不足。产业融合发展趋势日益加强,三次产业的边界日趋模糊,传统的三次产业理论及其相应的统计、评价和政策,已与之不相适应,亟待突破。如服务业企业中的高新技术企业、技术先进型服务企业等可以享受15%的优惠税率,但部分生产性服务业企业反映难以享受到该类政策优惠,比如互联网金融企业虽然雇用了大量的IT人才,但在高新技术企业认定上难度很大;物流企业每年有大量的研发投入,但因其产出仅表现为物流服务,难以被认定为高新技术企业。

(四) 监管滞后于新兴领域发展

服务业新技术、新业态、新模式快速涌现,许多新问题、新情况相继出现,给监管工作带来了新的挑战,如共享单车管理难题、视频直播平台对直播内容的监督审查问题、快递产业的野蛮分拣问题、私自换货的现象监管难题、加密货币场外交易监管手段缺失难题等。管理部门容易感到监管思路跟不上、监管手段不够用,导致对一些行业监管过严过死,而对另一些行业则监管缺位或监管不及时,跨部门协调机制亦是难点。鼓励发展和防范风险如何两全对监管机构来说是前所未有的挑战。目前,杭州服务业监管体系仍然不够健全,监管方式与手段不够及时科学;此外,统一的行政执法信息平台尚需建立,移动互联、大数据、云计算、物联网等先进技术与监管业务的全面融合格局还没形成。

四、杭州服务业创新发展的典型案例

（一）工业互联网：数字服务技术创新典范

工业互联网是互联网从消费领域向生产领域、从虚拟经济向实体经济拓展的重要载体，其通过工业大数据的连接，创新商业模式、生产模式、运营模式及决策模式，最终帮助企业实现产品质量提高、运营绩效优化、能耗降低、产品性能优化、客户满意度提升、企业盈利能力增强、产品上市周期缩短等业务目标。工业互联网平台在本质上是一种集成式智能化融合型生产性服务业，它改变了数字经济时代产业发展方式与路径，将制造业与服务业的界限彻底打破，也将传统企业边界进行扩展。凭借数字经济优势，杭州工业互联网生态体系趋于完善。杭州的主要做法有：

不断完善平台体系。近年来，杭州市充分发挥之江实验室、阿里云和中控等各方优势，倾力打造"1＋N"工业互联网平台体系。其中，"1"是指核心平台——阿里云工业互联网平台成功入选全国十大"双跨"平台；"N"是指例如蒲惠离散制造、传化智能物流、涂鸦智能家居产业链、明度智慧生物医药行业、中建水泥行业等N个专业性工业互联网平台，在算力支撑、大数据建模、人工智能、国标物联码等领域为全市制造业提供优秀的解决方案。截至2021年，已建设工信部工业互联网试点示范项目10个，占全省1/2。

加快发展标识解析。工业互联网标识解析是万物互联的基础，目前，杭州市分别拥有迈迪信息、川山甲两个二级节点，虽然在一、二级节点的数量上远不如兄弟城市，但在具体应用方面，迈迪信息积极布局机械资源整合和机械产品后服务工作,建设了面向机械装备制造业的工业互联网标识解析二级节点,注册量已超8 000万,在工业装备领域稳居全国第一。

打造高能级创新平台载体。中国(杭州)工业互联网小镇落地临平区,小镇以阿里云supET工业互联网创新中心和中国工业互联网研究院浙江分院为支撑,旨在建设工业互联网国家级平台。中国(杭州)工业互联网产业园落户萧山区,成为浙江省首个承载工业互联网人才汇聚、研发创新、成果转化的工业互联网产业平台。长三角(杭州)制造业数字化能力中心在萧山成立,致力于引进国内外优质的数字化转型服务机构。此外,国家工业互联网大数据浙江分中心、富士康工业互联华东运行中心相继落户杭州,创新平台集聚效应逐步显现。

创新工业互联网应用场景。以龙头企业为引领探索工业互联网解决方案,例如,传化智能供应链服务平台是供应链长链的基础服务平台,目标是围绕物流应用场景,打通供应链各环节,实现供应链端到端一单到底的业务场景,形成供应链闭环生态圈;恒逸化纤工业互联网平台面向化纤行业,采用"公共云+企业端"的混合模式,在云端构建数据平台,利用人工智能算法和工业知识模型对数据进行加工分析。

(二) 数字健康:健康服务发展模式创新

杭州市是国内最早进行健康城市建设的城市之一,人群健康水平、社会发展水平、卫生服务能力等都位居全国前列,在全国率先把"将健康融入所有政策"写入地方国民经济和社会发展"十三五"规划纲要,并于2019年通过印发《杭州市公共政策健康影响评价试点实施方案(试行)的通知》,实现"将健康融入所有政策"在城市治理体系中的法制化。在数字经济的发展浪潮中,健康领域也是杭州率先用数字经济赋能的创新场景,一系列数字健康服务成果在全国成为示范项目。

区域医学检查检验结果互认。医学检查检验互认共享一直以来都是医改的难题,主要原因在于:"不能认",医院互认的标准规范尚未形成;"不好认",检查检验结果无法实时调阅;"不愿认",医学检查检验是医院主要收入。利用数字化改革思维破题,杭州率先在富阳区试点推行"区域医学检查检验结果互认"取得成功,并在此基础上向全市推广,最终上升为全省浙医互认重大应用。按照"群众所需、高频应用、风险可控"的原则,杭州市构建互认标准体系,统一项目编码,统一互认机构,制定互认规则。治理端开展实时监测、智能预警、考核评价,实现精准治理,做到患者就诊消息"标识统一、数据同池、秒级共享"。服务端,医生端建立"结果互认智能匹配"模块,设置"规则引擎",互认提醒"智能推送、精确提示、快捷互认"。患者端,检查互认上线"浙里办",患者可以轻松查阅自己的互认报告单,掌握检查检验情况。杭州市 250 家市区两级医院和社区卫生服务中心(乡镇卫生院)、1 042 个社区卫生服务站(村卫生室)开展医学检查检验结果互认共享,实现省、市、县(市、区)、街道(乡镇)、村(社区)全贯通。医学检查检验互认有效推动了医疗卫生资源的合理高效使用,减轻了群众看病压力,提升了医疗服务质量。

市级家庭医生互联网诊疗平台。家庭医生(family physicians),是指在社区卫生服务机构执业,与居民建立签约服务关系的全科医师。杭州率先在全国建成市级家庭医生互联网诊疗平台,并实现了医保在线结算与药品配送上门。平台基于杭州健康通 App（患者端）、杭州医生（医生端）为居民提供互联网诊疗，集成了所有浙江省互联网医院的在线咨询、在线复诊、在线处方，所有在线诊疗业务受浙江省互联网医院监管平台监管。操作流程是，对诊断明确、病情稳定的慢性病复诊和申请续方病人，家庭医生将在签约居民发起申请的 24 小时内及时进行线上诊疗并线上开具处方，主城区居民的药品将由智慧云药房在 24 小时内完成配送。

智慧医疗企业云集。智慧医疗企业也在不断对传统医疗服务领域进行无限拓展，通过"互联网＋"连接医院、医生、医保和患者，进而提升医疗服务水平。微医集团推出互联网医院，开创了在线电子处方、延伸医嘱等先河，实现了医患间的在线诊疗与医医间的远程会诊。纳里健康支持打造的邵逸夫医院健康云平台，是集远程手术指导、手术直播、远程视频教学、多学科联合会诊、云药房、云影像、移动支付等多功能于一体的医疗新生态，促进了各级医疗机构的协同发展，为患者提供了优质高效、舒心便捷的服务。迪安诊断作为国内第三方医学诊断行业的代表，致力于精准医疗、远程医疗的创新技术研究与探索，成为杭州亚运会官方健康检测服务独家供应商，并根据赛事需求开发健康监测信息化系统，提供相关健康检测服务，保障杭州亚运会安全、顺利进行。

（三）杭信贷：贸易融资模式创新[①]

受全球新冠肺炎疫情影响，包括服务贸易企业在内的诸多中小微外贸企业面临资金周转困难，解决融资问题成为企业最迫切的需

---

① 本案例内容主要参考：刘娇，胡敏慧，赵义祯."最佳实践案例"数量居全国榜首位　服贸创新"杭州经验"再总结[J].服务外包，2020(8)：42-45。

求。杭州市打造"政策性信保＋银行授信＋政策风险担保"的融资闭环模式，进一步畅通金融血脉，为中小微企业提供纯信用、免抵押、成本低、速度快的融资服务。

政银企保四方联动，打造融资闭环。"杭信贷"由杭州市商务局、科技局、金融办等部门牵头，由中国出口信用保险公司浙江信保营业部（以下简称"浙江信保"）提供保险风险保障，引入政策性担保公司提供补充担保，由中国工商银行、浙商银行、杭州银行等合作银行快速放贷，形成融资闭环。

加强部门联动，打通关节卡点。有关部门积极响应"最多跑一次"改革要求，运用数字赋能手段，让企业"多走网路，少走马路"。依托杭州金融综合服务平台，企业可以通过"杭州 e 融"网站、"杭信贷"专题页或"杭州 e 融"App，向银行进行申请和递交材料。

加强银保合作，快速响应融资需求。不断提高银保联动水平，在已有银保合作基础上，畅通融资渠道。银行一次授信后，向中小微外贸企业发放出口信用保险项下的纯信用免抵押贷款，方便企业申请，单笔最快三天便可取得贷款。

引入政策性担保，推动纯信用贷款。引入政策性担保公司，对浙江信保赔付比例以外和免责赔付部分的贷款本金100%兜底担保，提高了资金安全保障。

降低申请门槛，控制融资成本。2019年度有出口实绩且进出口额在6 500万美元以下的企业可申请；银行贷款利率不超过央行基准利率上浮20%，担保机构向企业收取的担保手续费年化费率不高于0.5%，总体贷款成本年化率控制在5.5%以下。

"杭信贷"的特色在于，创新性地引入政策性担保公司，对浙江信保赔付比例以外和免责赔付部分的贷款本金进行担保，大大降低了各参与方的风险,鼓励银行提高额度,为符合申请条件的外贸企业提供纯信用、免抵押的贸易融资。这不仅破解了外贸企业融资难、融资贵问题,也推动了融资流程的简化与提速。

第三章
协调发展：三次产业视角

一、服务业协调发展的主要趋势

如图3-1所示，自2012年始，我国第三产业比重开始超过第二产业，2015年第三产业比重超50%，三次产业的比重变化基本呈现为第三产业比重逐年上升，一二产业比重逐年下降，到2021年，我国三次产业结构调整为7.3∶39.4∶53.3。仅从产业结构来看，我国已进入服务业主导的发展阶段；然而仅有产业结构并不能说明经济质量发展的高低，尤其是新产业革命背景下产业之间相互渗透、融合发展的趋势愈来愈明显，只有打破传统产业边界，彼此互相嵌入、衍生、转化、合成、赋能等，推动一二三产业协调协同发展，才能真正促进产业转型升级，提升产业竞争力，最终推动经济高质量发展。同时，服务业内部是异质的，这导致了服务业的构成极其庞杂，既包括家庭服务、餐饮等传统"纯劳动"型服务业，也包括航空服务、电信服务等资金、设备和技术高度密集的服务业等，还包括软件、咨询、研发、设计等知识含量很高的行业；既包括最具竞争特征的商贸服务、餐饮服务、会计律师专业服务等，也包括最具垄断性质的金融、电信和铁路

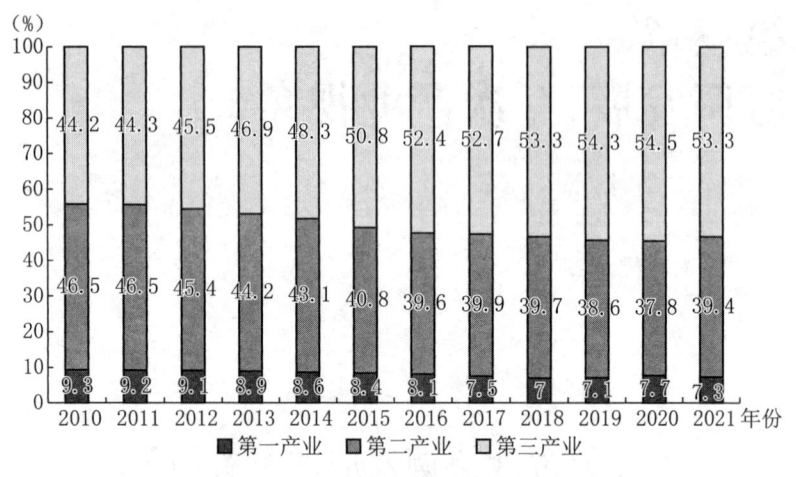

```
(%)
100
 90   44.2  44.3  45.5  46.9  48.3  50.8  52.4  52.7  53.3  54.3  54.5  53.3
 80
 70
 60
 50
 40   46.5  46.5  45.4  44.2  43.1  40.8  39.6  39.9  39.7  38.6  37.8  39.4
 30
 20
 10    9.3   9.2   9.1   8.9   8.6   8.4   8.1   7.5    7    7.1   7.7   7.3
  0
      2010  2011  2012  2013  2014  2015  2016  2017  2018  2019  2020  2021 年份
              ■第一产业    ■第二产业    □第三产业
```

图 3-1　我国三次产业结构变化情况

运输等行业；此外，还包括大量超出产业范畴而具有公共服务性质的行业，例如教育、卫生、文化以及社会管理和政府部门等。就此背景来看，服务业协调发展既是内部行业的协调发展，更是三次产业之间的协调发展，是我国构建现代化经济体系的"黏合剂"与"助推器"。

（一）服务业内部行业协调发展

发达国家产业结构普遍存在"两个70%"现象，即服务业占GDP比重达70%，生产性服务业占服务业比重达70%，而我国这两个指标均刚刚过半，差距甚远。生产性服务业也被称作生产者服务业，是指那些被其他商品和服务的生产者用作中间投入的服务，相对于满足最终需求的生活性服务业来说，生产性服务业具有如下显著特征：它不是最终服务而是中间服务，通常体现为被服务企业生产过程中间投入的重要成本；它把人力资本和知识资本引入商品和服务的生产过程中，是现代生产过程附加值提高的主要来源。因此，生产性服务业是指伴随着技术进步与分工深化,从生产环节中逐步分离出来的直接或间接为生产过程提供专业性和高知识含量服务的具有中间需求性的服务业。生产性服务业已经成为制造业生产过程中必不可少的高级投入要素,有助于提升制造业在全球价值链分工体系中的位势,先进的生产性服务业是支撑发达国家从全球价值链分工中获取大部分利益的关键原因。其中,结构嵌入型生产性服务业将取得快速发展。所谓结构嵌入型生产性服务业,就是在功能上直接嵌入生产环节的知识密集型生产性服务业,这类生产性服务业在传统制造业中的嵌入在一定程度上解决了物质资源的稀缺性所导致的原有增长方式不可持续的问题,例如研发设计有助于提高产品附加值,供应链服务有助于提高制造业生产率,信息服务带动制造业的智能化水平提升和劳动生产率提高,这些都成为有形产品创造差异化竞争优势的主要源泉。从价值链的角度看,这些环节大多数是居于"微笑曲线"两端的价值链高端环节,在产业发展中发挥着"智囊"的作用。

技术进步带来的绝佳契机和居民消费结构升级形成的新兴需求使传统的生活服务业同样面临着协调发展的迫切要求。一方面,过去服务的无形性、同步性、不可存储性和异质性等加大了服务功能、价格、时间、空间的匹配难度,制约了生活性服务业的发展。而数字技术等新技术具有传播范围广、边际成本低等特征,可以穿透生活服务的各个场景和环节,在供给端拓展生产可能性边界,在需求端提升消费者能力和意愿,并推动服务功能、价格、空间、时间等维度的有效匹配,推动产业效率提升。另一方面,城镇化进入成熟期后,居民消费结构也将由生存型消费向发展型消费、由物质型消费向服务型消费升级(表3-1)。尤其是人均GDP过1万美元后,根据美国等发达国家经验来看,用于维持日常生活的消费(如食品、服装等)支出虽然随着经济的发展而增长,但是其在居民总消费支出的比重都出现不同程度的下降。人们更注重于生活上的便利与享乐,更关注自身的健康。信息消费、绿色消费、文化消费和健康消费等将成为未来的消费热点。数字和虚拟电子产品、智能家用电器、家用体育和医疗器械、体验式影音产品、节能汽车、新型节能建材等消费品的兴起将改变传统商贸业的结构,医疗健康、养老养生、文化娱乐、休闲享乐的旺盛需求将推动文化、体育、娱乐及餐饮服务等生活性服务业快速发展。

表 3-1 城镇化各阶段消费结构特征

发展阶段	主导产业	消费结构
传统经济阶段	农业	饮食支出比重大
城镇化起步期	纺织、食品、采矿	饮食支出比重减少,对工业品需求增加
城镇化加速期	电力、化学、钢铁、汽车、机电	转向耐用消费品和劳务服务,并呈多样性和多变性特点
城镇化成熟期	高新技术和第三产业	从耐用消费品和劳务服务转向文化娱乐享受

从我国实际情况来看(表 3-2),批发和零售业,交通运输、仓储和邮政业,住宿和餐饮业三大传统服务业占 GDP 比重正在逐步下降,已由 2017 年的 16.02% 下降到 2020 年的 14.99%。房地产业支柱产业地位仍未改变,比重一路攀升。新兴的生产性服务业正在逐步崛起,但主要依靠金融业的支撑,金融业占 GDP 比重 2020 年甚至达到 8.25%;信息服务、商务服务、科技服务等生产性服务业发展长期不足,这三大行业所占比重仅维持在 2%—4% 左右,是制约我国制造业

表 3-2　我国服务业各行业占 GDP 比重变化情况

	2017 年	2018 年	2019 年	2020 年
批发和零售业	9.75%	9.67%	9.70%	9.48%
交通运输、仓储和邮政业	4.46%	4.39%	4.30%	4.00%
住宿和餐饮业	1.81%	1.80%	1.81%	1.51%
信息传输、软件和信息技术服务业	2.86%	3.13%	3.38%	3.77%
金融业	7.79%	7.68%	7.73%	8.25%
房地产业	6.86%	7.03%	7.14%	7.24%
租赁和商务服务业	3.04%	3.21%	3.31%	3.20%
科学研究和技术服务业	2.10%	2.19%	2.29%	2.38%
水利环境和公共设施管理业	0.55%	0.55%	0.59%	0.58%
居民服务、修理和其他服务业	1.65%	1.61%	1.72%	1.61%
教育	3.63%	3.70%	3.85%	3.96%
卫生和社会工作	2.23%	2.25%	2.27%	2.41%
文化、体育和娱乐业	0.80%	0.79%	0.82%	0.69%
公共管理、社会保障和社会组织	4.67%	4.78%	4.84%	4.86%

数据来源:根据历年《中国统计年鉴》相关数据计算得出。

由大变强乃至整个产业结构升级的关键因素。

(二) 先进制造业和现代服务业深度融合

制造业与服务业的关系先后经历了"需求遵从论""供给主导论""互动论""融合发展论"四个代表性理论发展阶段(表 3-3)。伴随着理论与实践的演进,制造业和服务业的融合已呈现二者相互渗透互动、跨界融为一体等新趋势,诞生出很多不属于单独某个产业门类的新业态和新产业。

表 3-3　制造业与服务业关系的理论发展阶段

发展阶段	主要观点	代表学者
需求遵从论	始于 20 世纪 80 年代末,制造业在全球经济中占主导地位,服务业尤其是生产性服务业的发展以制造业需求为前提	Cohen & Zysman(1987)、Rowthorn & Ramaswamy(1999)、Klodt(2000)、Guerrieri & Meliciani(2003)等
供给主导论	20 世纪 90 年代以后,全球产业结构发生改变,服务业比重迅速提高,服务经济结构加速形成,服务业与制造业的供需关系也发生了改变,"供给主导论"认为发达的生产性服务业是制造业效率提高和转型升级的前提条件	O'Farrell & Hitchens(1990)、Eswaran & Kotwal(2002)、Pappas & Sheehan(1998)等
互动论	不强调制造业和服务业产业地位孰轻孰重,认为两者是相互作用、相互依赖的关系,在互动发展中共同进步	Francois(1990)、Diaz(1998)、Shugan(1994)等
融合发展论	20 世纪末以信息服务为代表的服务要素开始深度融入制造业价值链的各个环节,制造业和服务业的边界逐渐模糊,二者呈现组织上不断剥离、业务上深度融合的发展新趋势	Lundvall & Borras(1998)、Baines(2013)等

先进制造业和现代服务业是相对于传统制造业和传统服务业而言的,是深度应用现代化技术、管理、模式的制造业和服务业,而传统的制造业和服务业经过技术改造和管理创新后,也可演变升级为先进制造业和现代服务业,因此这是一组统称的、动态的概念。[①]2019 年 11 月,国家发改委等 15 部门联合印发《关于推动先进制造业和现代服务业深度融合发展的实施意见》,首次明确提出先进制造业

---

① 洪群联.中国先进制造业和现代服务业融合发展现状与"十四五"战略重点[J].当代经济管理,2021,43(10):74-81.

和现代服务业"两业融合"概念,梳理提出 10 种发展潜力大、前景好的典型业态和模式,包括推进建设智能工厂、加快工业互联网创新应用、推广柔性化定制、发展共享生产平台、提升总集成总承包水平、加强全生命周期管理、优化供应链管理、发展服务衍生制造、发展工业文化旅游及其他新业态新模式等。"两业融合"对于我国构建新发展格局具有重大意义,也是我国进入工业化后期产业转型升级的发展方向。总的来看,有两条趋势性路径(图 3-2):

```
                ┌─────────────────┬─ 制造业企业发展出的服务部门,由专
                │                 │  门为自身提供服务转向为广大市场提
                │                 │  供服务
                │                 │
                │   制造业       ├─ 制造业企业在提供产品的同时,为其    ┐
                │   服务化       │  下游客户提供产品相关的生产性服务,   │ 新的
                │                 │  实现"产品+服务"转变               │ 生产
两业融合 ┤                 │                                            ├ 性服
                │                 └─ 制造业企业利用自身特色发展相关的展   │ 务企
                │                    览、科普、旅游、教育、培训等服务    │ 业
                │                                                        │
                │                 ┌─ 生产性服务业为制造业企业提供相关     │
                │   服务业       │  服务                                  ┘
                │   制造化       │
                │                 └─ 服务企业利用自身在技术、渠道、创
                                     意、消费客群、大数据等方面的优势,
                                     通过委托制造、品牌授权等方式向制
                                     造环节拓展,发展"服务衍生制造"
```

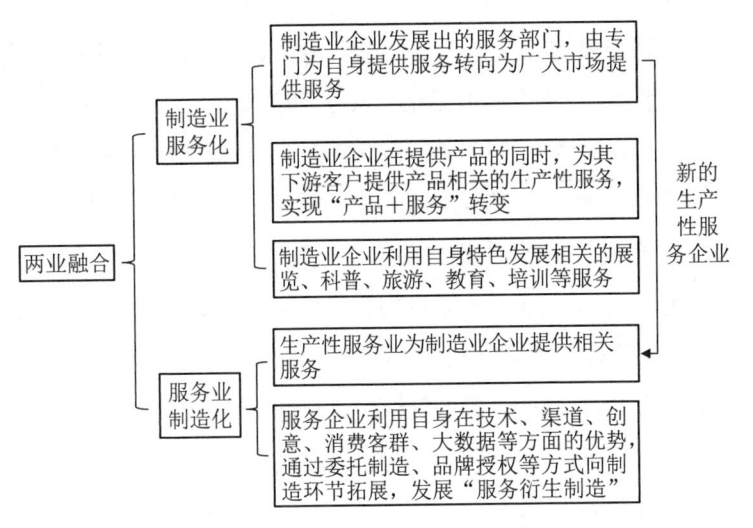

图 3-2 "两业融合"的主要路径

制造业服务化。制造业服务化是一种新的经济范式,该范式包括四个特征:第一,企业向消费者销售产品的功能和服务,而不是产品;第二,消费者根据产品和服务的使用情况进行支付;第三,企业保留产品的产权,不再将产权进行转让;第四,消费者无须参与产品维修等环节。20 世纪 90 年代中后期以来,世界上许多制造业企业开始由专门从事生产制造向"制造+服务"转型。一是制造业企业为与自

身制造环节配套而发展出相关的生产性服务业,并逐渐由专门为自身提供服务转向为广大市场提供服务,比如与供应链相关的采购服务、物流与仓储服务等。这部分服务由"内部化"转向"外部化",甚至剥离出原制造业企业,将成为新的生产性服务业增量。二是制造业企业利用所掌握的自身产品的信息、知识、数据以及长期积累的资金等优势,为其下游客户提供与产品相关的安装、检测维修、整体解决方案、金融、租赁等专业性高端化服务,进而还能培养下游企业对上游制造业产品的忠诚度,实现上下游企业的双赢。三是制造业企业利用自身特色发展相关的展览、科普、旅游、教育、培训等服务,不但拓展自身业务边界、增加多元化收入,还可以进一步提高品牌知名度并培养新客户群体。经过制造业服务化发展,最终将由服务型制造取代生产性制造,2016年,工业和信息化部、国家发展改革委、中国工程院共同制定印发了《发展服务型制造专项行动指南》,明确提出服务型制造是"制造业企业通过创新优化生产组织形式、运营管理方式和商业发展模式,不断增加服务要素在投入和产出中的比重,从以加工组装为主向'制造+服务'转型,从单纯出售产品向出售'产品+服务'转变,有利于延伸和提升价值链,提高全要素生产率、产品附加值和市场占有率"[①]。

服务业制造化。一方面,服务业作为制造业的中间投入,以咨询、设计、金融、物流和供应链、研发、云计算、系统整体解决方案等要素形式注入制造业,最大限度地降本增效,提升制造产品的价值,这也是生产性服务业的发展内容。另一方面,服务业反向发展制造业亦即服务衍生制造,电商、研发设计、文化旅游等服务企业利用自身在技术、渠

---

① 三部门关于印发《发展服务型制造专项行动指南》的通知[EB/OL].(2016-07-28). http://www.gov.cn/xinwen/2016-07/28/content_5095552.htm.

道、创意、消费客群、大数据等方面的优势,通过委托制造、品牌授权等方式向制造环节拓展。这是因为部分服务业企业在价值链高端掌握着核心技术或核心业务,例如,研发企业的技术研发优势与技术专利、设计企业的创新创意理念与自主设计产品、物流企业的供应链渠道网络等,这些企业利用自身在产业链"微笑曲线"两端的控制力与影响力,建立起自己的生产制造基地。再例如在新零售领域,平台服务企业推出与自己的服务相配套的制造业产品,这些产品与平台企业提供的服务相结合,会给商家和消费者提供更加优质高效的服务和体验。

(三) 服务功能渗透农业全产业链

"六次产业"概念最早来源于 20 世纪 90 年代的日本,当时的日本面临着农业衰败、农村荒芜的现象,为了振兴农业,日本开始推动农业向二三产业延伸,通过一二三产业的相互融合,形成生产、加工、销售、服务一体化的完整产业链。所谓"六次产业"就是指用产业融合的方法将农业由一次产业升级为一次产业加二次产业加三次产业的六次产业,本质就是实现三次产业融合发展,使农业通过与二三产业融合,实现更大的价值增值。我国连续多年的中央一号文件都提出,要把现代产业组织方式引入农业,促进三次产业融合互动。可见,将农业提升为六次产业,是现代农业发展的长期趋势。在农业六次产业化发展方向下,农业与服务业的协调发展将呈现以下趋势:

第一,服务功能渗透农业全产业链,推动农业增值。按照传统的将一二三产业区别对待的观点,农业收入需求弹性低,技术进步困难,且投资受报酬递减影响,这使农业实现的国民收入份额趋于减少,价值增值将主要发生在二三产业领域。如果说在农业现代化的早期阶段,农业的转型主要依靠工业发展带来的机械化,那么在新技术革命带来的产业发展方式整体出现变化的格局中,农业的转型则与工业一样,主要依靠服务投入的不断增加。从农业与服务业联动的角度看,国外现代农业的高度发达也是和完善的农业服务体系分不开的,农业产业链的构建使农业部门内部的经济结构发生变化:传统农业部门经济占比逐渐减少,例如2000年美国传统农业生产部门在产业链上的利润仅为20%,而产前、产中、产后等服务性部门的产值却呈上升趋势,农业产前—产中—产后的一体化服务模式正在形成。目前,我国农业全产业链已初步形成,根据国家统计局发布的2021年全国农业及相关产业增加值数据(表3-4),农业及相关产业增加值中,一二三产业增加值占比分别为45.1%、29.7%、25.2%,二

表3-4　2021年全国农业及相关产业增加值情况

分类名称	增加值(亿元)	构成(%)
农业及相关产业	184 419	100.0
按三次产业分		
第一产业	83 216	45.1
第二产业	54 779	29.7
第三产业	46 424	25.2
按农业及相关产业大类分		
农林牧渔业	86 995	47.2
食用农林牧渔产品加工与制造	38 552	20.9
非食用农林牧渔产品加工与制造	11 028	6.0
农林牧渔业生产资料制造和农田水利设施建设	5 200	2.8
农林牧渔业及相关产品流通服务	25 841	14.0
农林牧渔业科研和技术服务	2 985	1.6
农林牧渔业教育培训与人力资源服务	1 686	0.9
农林牧渔业生态保护和环境治理	717	0.4
农林牧渔业休闲观光与农业农村管理服务	7 239	3.9
其他支持服务	4 177	2.3

三产业增加值合计54.9%,已超过第一产业所占比重。围绕第一产业所开展的服务活动中,农林牧渔业及相关产品流通服务占比最大,达到14.0%;其次是全国农林牧渔业休闲观光与农业农村管理服务,比重为3.9%;农业信息技术、农业金融等其他支持服务,农林牧渔业科研和技术服务,农林牧渔业教育培训与人力资源服务,农林牧渔业生态保护和环境治理所占比重较低,分别为2.3%、1.6%、0.9%和0.4%,这说明高端服务业对农业全产业链的渗透力度还有待加强。

2021年,农业农村部印发《关于加快农业全产业链培育发展的指导意见》,明确指出农业全产业链是农业研发、生产、加工、储运、销售、品牌、体验、消费、服务等环节和主体紧密关联、有效衔接、耦合配套、协同发展的有机整体,并提出到2025年,我国要培育一批年产值超百亿元的农业"链主企业",打造一批全产业链价值超百亿元的典型县,发展一批省域全产业链价值超千亿元的重点链。由此可见,那些推动传统农业高效运行和价值增值的环节,如农业品牌标准、农业高端人才服务、农业大数据、新技术转化应用、农产品电商、产业链集成解决方案等,将在农业全产业链中扮演更重要的角色,应成为加快培育与发展的重点方向。大批新型农业经营主体逐步向新型农业服务主体转型,农机制造、农资生产、农业集团化经营的企业转型为专业化服务商、产业链服务商。[①]农业产业链的广度和深度进一步拓展,拉长的产业链条细分出无数新的环节,创造出若干新型业态,成为新的增长点。

第二,乡村优势向国际旅游优势进一步提升。农业本身不仅具有生产功能,还有生态环境保护、文化传承、观光体验等功能。多数发达国家的旅游产品中,真正宜人的地方并不在国际大都市,而在风

---

① 芦千文,丁俊波.农业生产性服务业高质量发展的认识误区和"十四五"推进策略[J].农业经济与管理,2021(2):22-31.

景如画的乡野。我国的乡村旅游经过多年发展，已经从粗放发展阶段进入了较高层次的竞争整合阶段，游客参与观光旅游的初级活动逐渐被休闲旅游、度假旅游、体验旅游等较高层次的旅游活动所取代。连续多年的中央一号文件中，曾多次提及乡村旅游相关内容。2023年中央一号文件再次提到了"文化产业赋能乡村振兴计划""乡村休闲旅游精品工程""乡村民宿提质升级"等内容。近些年，乡村旅游发展速度加快，发展质量不断提高。2019年全国乡村旅游总人次为30.9亿次，占国内旅游总人次比重超过一半，乡村旅游总收入1.81万亿元。[1]乡村旅游更是新冠肺炎疫情后率先复苏的旅游市场，2021年中国乡村游客恢复至8.67亿人次，同比增长55.5%。湖南十八洞村、贵州遵义花茂村等一批贫困乡村通过开展旅游实现了脱贫致富、就业增收；浙江余村、安徽西递村入选世界最佳旅游乡村，成为展示中国形象的亮丽名片。随着农业服务功能的拓展与延伸，依托优美的自然环境、浓郁的乡土气息、古朴的乡村文化和不断更新的市场需求，加之市场化力量的注入与带动，将形成一批具有国际吸引力的乡村旅游产品。

二、杭州服务业在三次产业中的协调发展

（一）服务业内部结构逐步优化

通常讲服务业内部结构逐步优化，主要从三个指标来看：一是三大传统服务业比重逐步下降，二是房地产业比重逐步下降，三是生产性服务业比重逐步上升。表3-5为2013—2020年杭州市服务业增加

---

[1] 危小超，颜俊文.可持续性乡村文旅动态评价研究[J].中国管理信息化，2022，25(23)：129-132.

第三章 协调发展:三次产业视角 | 79

表 3-5 杭州市服务业增加值内部结构变化情况

	2013年	2014年	2015年	2016年	2017年	2018年	2019年	2020年
批发和零售业	16.2%	15.4%	14.0%	12.8%	12.4%	12.2%	12.0%	11.6%
交通运输、仓储和邮政业	4.9%	5.5%	5.1%	4.7%	4.3%	4.3%	3.9%	3.6%
住宿和餐饮业	2.5%	2.9%	2.8%	2.5%	2.4%	2.4%	2.3%	1.9%
信息传输、软件和信息技术服务业	13.1%	18.8%	21.8%	25.1%	28.4%	28.6%	27.3%	28.9%
金融业	19.3%	17.3%	16.1%	14.3%	13.3%	13.9%	17.6%	18.6%
房地产业	12.8%	11.0%	10.5%	10.0%	10.0%	10.1%	10.4%	11.2%
租赁和商务服务业	4.2%	4.9%	5.4%	5.8%	5.7%	5.1%	4.5%	3.6%
科学研究、技术服务业	4.1%	4.5%	4.3%	4.5%	4.4%	4.5%	4.7%	4.2%
水利环境和公共设施管理业	1.1%	1.3%	1.2%	1.2%	1.1%	1.0%	1.1%	1.4%
居民服务、修理和其他服务业	1.7%	2.1%	2.2%	2.0%	2.1%	2.1%	0.9%	0.8%
教育	5.8%	5.4%	5.3%	5.7%	5.5%	5.5%	5.4%	4.9%
卫生和社会工作	3.2%	3.3%	3.5%	3.5%	3.5%	3.6%	4.5%	4.1%
文化、体育和娱乐业	1.8%	1.9%	2.3%	2.0%	1.6%	1.4%	1.1%	0.8%
公共管理、社会保障和社会组织	6.1%	5.6%	5.6%	5.7%	5.3%	5.2%	4.2%	4.2%

值内部结构变化情况,以表中数据来分析三大指标:

1. 传统服务业比重逐年下降

批发和零售业,交通运输、仓储和邮政业,住宿和餐饮业是通常意义上的三大传统服务业,这三大行业 2013 年比重为 23.6%,2020 年下降为 17.1%,比重下降 6.5 个百分点。其中,批发和零售业下降了 4.6 个百分点,交通运输、仓储和邮政业下降了 1.3 个百分点,住宿和餐饮业下降了 0.6 个百分点。这与现代经济发展过程中的服务业内部结构变动规律基本一致,即传统服务业比重不断下降,而创新驱动且知识技术含量较高的现代服务业作用日渐突显。

2. 房地产业比重稳中趋降

杭州经济与房地产业的关联极大,2013 年房地产业占服务业比重 12.8%,到 2016 年和 2017 年回落至近年来最低比例 10%,但 2020 年又升至 11.2%。尽管房地产业仍然是杭州经济的支柱产业,但其占比总体呈现下降趋势,服务业内部结构优化态势逐步显现。

3. 生产性服务业比重大幅提升

按照国家统计局的最新分类要求[①],杭州以交通运输、仓储和邮政业,金融业,信息传输、软件和信息技术服务业,租赁和商务服务业,科学研究、技术服务业,水利环境和公共设施管理业六大行业为主体的生产性服务业规模持续扩张,占全市服务业增加值比重由 2013 年的 46.7% 上升至 2020 年的 60.3%。生产性服务业中主体行业优势明显,如图 3-3 所示,信息传输、软件和信息技术服务业及金

---

① 国家统计局出台的《生产性服务业统计分类(2019)》中,确定生产性服务业分类的范围包括为生产活动提供的研发设计与其他技术服务,货物运输、通用航空生产、仓储和邮政快递服务,信息服务,金融服务,节能与环保服务,生产性租赁服务,商务服务,人力资源管理与职业教育培训服务,批发与贸易经纪代理服务,生产性支持服务。

融业两个行业比重远超其他行业，2020年两大行业占服务业增加值比重分别达28.9%和18.6%，占六大生产性服务业的比重高达78.8%。

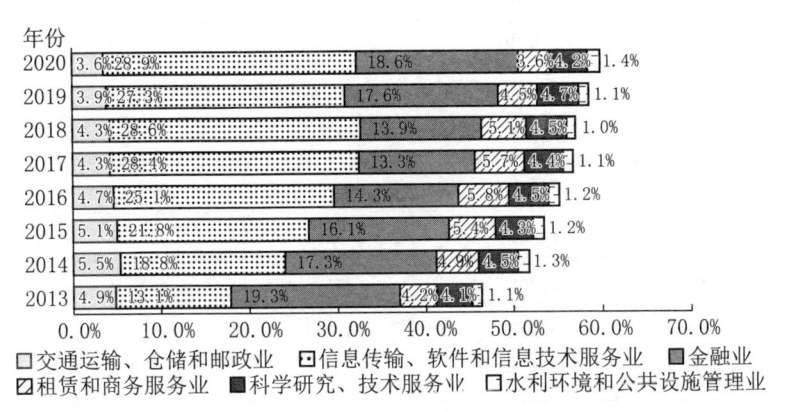

年份	交通运输、仓储和邮政业	信息传输、软件和信息技术服务业	金融业	租赁和商务服务业	科学研究、技术服务业	水利环境和公共设施管理业
2020	3.6%	28.9%	18.6%	3.6%	4.2%	1.4%
2019	3.9%	27.3%	17.6%	4.5%	4.7%	1.1%
2018	4.3%	28.6%	13.9%	5.1%	4.5%	1.0%
2017	4.3%	28.4%	13.3%	5.7%	4.4%	1.1%
2016	4.7%	25.1%	14.3%	5.8%	4.5%	1.2%
2015	5.1%	21.8%	16.1%	5.4%	4.3%	1.2%
2014	5.5%	18.8%	17.3%	4.9%	4.5%	1.3%
2013	4.9%	13.1%	19.3%	4.2%	4.1%	1.1%

图3-3　2013—2020年杭州市生产性服务业内部结构

金融业是杭州仅次于信息传输、软件和信息技术服务业的第二大服务业。2020年，杭州金融服务业实现增加值2 038亿元，同比增长10.6%。据国内大中城市公开数据排名，杭州金融业增加值总量位居第八，存、贷款余额均排名第五，保费收入排名第七，金融综合竞争力突出。截至2020年底，杭州累计拥有上市公司218家，成为继北京、上海、深圳之后，第四个实现200家公司上市的城市，总市值也位居第四（表3-6）。杭州的金融科技发展领跑全国，自2018年正式启动杭州国际金融科技中心规划建设，杭州已成为国内外知名的金融科技中心城市之一，被公认为"全球移动支付之城"。招引落地了世界银行全球数字金融中心、蚂蚁集团全球总部、连通（杭州）技术服务有限公司等一批重大项目，成功获批人总行金融科技创新监管试点城市。

表3-6 万亿元市值城市排行榜

排序	城市	总市值(亿元)	"千亿+"公司数量
1	北京市	271 790	49
2	深圳市	163 597	25
3	上海市	124 205	24
4	**杭州市**	**81 896**	**7**
5	广州市	32 807	8
6	仁怀市	25 099	1
7	佛山市	20 154	4
8	南京市	13 912	2
9	无锡市	13 860	3
10	天津市	11 962	3
11	长沙市	11 841	2
12	成都市	11 819	1
13	宜宾市	11 402	1
14	宁波市	10 941	2
15	西安市	10 887	3
16	苏州市	10 813	0
17	重庆市	10 051	2

注:数据截至2020年底。

尽管科技服务业比重一直维持在4%—5%之间,但杭州近年来科技创新驱动经济高质量发展势头强劲。2020年,有效发明专利拥有量73 297件,PCT国际专利申请量2 030件,实现技术交易总额550.08亿元,同比增长24.73%。实现科技服务业营业收入1 216亿元,同比增长16.1%,拉动规模以上服务业营业收入增长11.6个百分点。科技部中国科技信息研究所发布的《国家创新型城市创新能力评价报告 2021》显示,杭州创新能力指数位居全国第二;世界知识产权组织(WIPO)发布的《2021 年全球创新指数报告》显示,杭州在全球科技集群中排名上升至第 21 位,创历史最好成绩。

(二)创新探索"两业融合"模式

杭州充分将数字化优势与"两业融合"探索相结合,瞄准重点领域关键环节,推动现代服务业与先进制造业融合互动、业务关联,形成具有杭州特色的融合路径。杭州高新区(滨江)和网易严选成功入选首批"两业融合"国家试点,阿里、吉利、鸿雁等企业被列入浙江省"两业融合"试点单位,"犀牛智造"入选全球首个服装领域"灯塔工厂",中控、传化等项目被列入国家服务型制造试点示范。从制造业服务化和服务业制造化两方面来看,杭州目前形成的典型路径有:

1. 制造业服务化

(1) 专业化协同聚能生态圈

以工业互联网为支撑,以数据资源为核心,市场营销、智能设计、加工制造、仓储物流、项目施工、服务运维等实现全流程数据云端融合,并以此数据基础构建"产业大脑",反向指导实现市场快速响应、资源全网利用、要素动态配置、业务高效协同、能力开放共享,从而将传统的单家工厂"营销、采购、制造"模式,转变为资源与能力共享的专业化协同制造模式。例如,杭萧钢构通过制定工厂数字化改造和接入标准,整合并掌握了设计、采购、生产、物流等全流程数据,并以此数据基础构建"钢结构产业大脑",把上百个钢结构工厂转变为数字化生产节点。只要输入项目点,杭萧钢构的工业互联网平台就能寻找到最近的加工工厂、物料工厂,结合各工厂产能综合计算出一套最优方案,从而在工期进度、成本等方面获得竞争优势。在这个生态圈中,杭萧钢构就是"聚能工厂",已经成为这个专业化协同制造网络中的中枢服务商,而杭萧钢构也由传统的制造业企业转型为服务型制造商。

(2) 系统整体解决方案

制造业骨干企业进行资源整合,通过延伸生产服务链条,提供智能制造系统解决方案、总集成总承包等一揽子服务整体解决方案。主要表现为利用主营核心产品的强大嵌入性,整合内外部相关的优势资源,为客户提供围绕核心产品功能呈现的"交钥匙工程"或设备成套性解决方案,或提供咨询设计、制造采购、施工安装、系统集成、运维管理等一揽子服务,这是服务型制造的典型模式之一。例如,作为新能源锂电池化成分容成套生产设备系统集成商的杭可科技公司,致力于为用户提供从售前咨询到售后维护的全过程服务和整体解决方案,涵盖售前咨询、方案规划仿真、研发设计、智能制造、施工及试运行、售后服务等一揽子服务,开拓了锂电池生产装备制造业和系统集成服务业融合发展的新领域。

(3) 从制造领域剥离而出的工业设计

杭州一直重视工业设计产业发展,工业设计整体实力与北京、上海、深圳、武汉、厦门等城市同处国内工业设计中心城市"第一方阵"。杭州围绕高端装备制造、新能源汽车、新一代信息技术、健康产业、时尚家居、文化六大重点领域,推动工业设计与制造业融合发展,鼓励制造业企业设立工业设计中心,鼓励工业设计在智能化生产、个性化定制、服务化延伸方面发挥创新驱动作用,并从"设计+数字化"着手来塑造工业设计的城市特色。部分制造企业通过进行产品、服务或系统创新活动,实现设计与技术研发、生产制造环节以及消费者的有机互动。部分领军企业将工业设计与科技创新深度融合,设计赋能成效显著。例如,顾家家居借助数字化服务平台、数字化营销平台、3D虚拟展示销售平台、客户定制化设计平台等一系列数字化手段,实现智慧服务、3D设计、制造、物流一体布局;作为国家级工业设计中心的瑞德设计,推出的全球首款方太水槽洗碗机成为工业设计的成功标杆案例,自主孵化的品牌"缤兔"成为美妆冰箱品类的第一品牌。

2. 服务业制造化

(1) 服务衍生制造

这是服务业反向发展制造业的典型模式,表现为电商、研发设计、文化旅游等服务企业或平台企业利用自身在技术、渠道、创意、消费客群、大数据等方面的优势,主动对接先进制造业企业,灵活运用委托制造、品牌授权等方式拓展制造业务。杭州拥有诸多全国领先的电商平台企业,以此为突破口搭建平台企业与制造企业合作关系,开辟了电商零售渠道优势与自主品牌制造融合的新兴领域。以网易严选为例,"严选服务衍生模式"以互联网为主导,以制造为基础,依托自身平台利用严选消费大数据,帮助制造端精准感知市场需求,与品质制造商、品质物流服务商强强联合,从产品设计、材料采购、生产制造、质量检测到物流配送、售后服务,实行严标准选择、全过程控制,深入全产业链,通过品牌授权制造和委托加工等形式,逐步形成具有自身特色的创新原始设计制造商(ODM)模式,打通供需两端,缩短产销环节,并构建了以平台型企业为中心、诸多企业参与的供应链生态圈。[1]

---

[1] 杜平,陈静静,郑涵欤.服务制造化、制造服务化 打造两业深度融合城市范例[J].浙江经济,2022(1):46-49.

(2) 物流服务深度融合

在建设现代化经济体系的背景下,物流业已从制造过程附属服务转变为提高制造企业市场竞争力、降低成本挖掘利润空间的重要一环,物流业与制造业的深度融合至关重要。物流企业通过功能整合和业务延伸,全面参与制造企业的流程管理,深度嵌入制造业供应、生产、销售链条,最大限度满足制造企业的差异化需求,减少制造企业仓储、运输成本,搭建供应链管理平台,逐步向现代物流服务提供商、供应链集成商转型。杭州拥有航空港、陆港、内河港、信息港"四港联动"优势,集聚了诸多国内外知名物流企业,物流市场规模不断扩大,智慧物流、快递业等领域发展水平走在全国前列。杭州的物流企业深入推进全流程智能化改造,并主动对接制造企业,创新供应链协同模式,为制造企业提供定制化智慧供应链解决方案。例如百世物流打造浙江汽配集货转运中心,为汽配企业提供包括循环取货运输、物流集配中心运营、即时配送等服务在内的汽配整体仓配解决方案;菜鸟则形成了针对工业制造、大快消、汽车、农业、快递物流行业的科技产品和行业解决方案,帮助企业在生产、仓储、运输、管理等多业务场景进行多模式、全过程的业务管理。

(三) 一三产业融合延伸农业产业链

杭州深入推动一二三产业融合发展,强化科技、机械双强赋能,延伸农业产业链丰富乡村业态,走出大都市区现代农业高质量发展之路。2021年全市农林牧渔业总产值501.53亿元、农林牧渔业增加值341.94亿元、农村居民人均可支配收入42 692元,分别较2015年增长13.9%、16.9%、66.0%,农业压舱石作用进一步显现。

杭州拥有西湖龙井、桐庐蜂蜜、千岛湖有机鱼、临安山核桃、建德草莓等产值超亿元全产业链10余条,服务业在全产业链构建中发挥了举足轻重的作用。西湖龙井是十大名茶之首,也是杭州独具特色的名片之一,其品牌的维护与巩固就离不开质量检测、现代金融等生产性服务业的支持。例如,与中国农业科学院茶叶研究所合作,成立西湖龙井茶质量鉴定中心,为消费市场茶叶品质提供鉴定服务;与太平洋保险公司设计正品保证保险,对鉴定结果为不符合产品质量的茶叶进行理赔,从而形成整个产业链的闭环管理。[①]建德"草莓小镇"的现代立体草莓种植基地,积极引入现代农业新技术,形成了集草莓育苗、种植、销售、观光、采摘于一体的综合性高效农业示范园,带动当地农民增收致富;建德还推动数字经济赋能草莓产业,创建"建德数智草莓"平台,实现草莓产业全过程数字化。

杭州大力拓展乡村产业的生态、文化、旅游、社会等功能,积极培育乡村休闲体验旅游、乡村民宿、农村电商、乡村康养、乡野运动、农业会展等新兴业态,新型农业产业得到蓬勃发展。到2020年底,全市累计创建国家农村产业融合发展示范园1个、全国电子商务进农村综合示范县1个、全国"一村一品"示范村镇12个,省级农村产业融合发展示范园6个、省级特色旅游村59个、省级休闲旅游示范村15个,市级一二三产融合园50个,临安区、余杭区、桐庐县分别列入国家级、省级数字乡村试点和首批"互联网+"农产品出村进城试点,累计建成省级电商镇29个、电子商务专业村230个;"网上农博"杭州平台、萧山区农业电商孵化园、富阳区富春山居新零售展示展销馆、千岛湖农产品新零售展示展销馆等卓有影响;农业会展影响力不断提高,连续举办三届中国国际茶叶博览会,并使其永久性落户杭

[①] 崔建玲.西湖龙井茶:用数字化手段守护品牌[J].农产品市场,2021(14):11-14.

州,成功举办首个"国际茶日"杭州主场活动,为全市农业新业态发展提供了高能级平台。2020年,全市实现农村电商销售额165亿元,较2015年增长89.18%;乡村旅游游客数达7 153万人次,经营收入65亿元,较2015年分别增长94.92%和70.65%。

三、杭州服务业协调发展存在的问题

(一)高端生产性服务业供给不足

杭州生产性服务业发展虽然取得了一定的成效,但对照发达城市产业结构的"两个70%"(即服务业占GDP比重70%或以上,生产性服务业占服务业比重70%或以上),还有较大差距。内部结构不尽合理,2020年,信息传输、软件和信息技术服务业与金融业两大行业在服务业中的占比分别为28.9%和18.6%,但与制造业直接相关的租赁和商务服务业与科学研究、技术服务业合计占比仅为7.8%。生产性服务业对制造业高端化发展的支撑动力不足,将无法满足杭州制造业进一步优化升级的需求。

高端多元的商务服务是衡量世界级城市的重要标志,如纽约、东京、伦敦、上海等国际化大都市均集中了大量的跨国公司总部以及金融、法律、专业服务等生产性服务机构,成为所在区域、所在国家甚至全球的营运控制中心。杭州商务服务业占服务业比重却逐年下降,2016年比重最高的时候曾达到5.8%,但2020年已降到3.6%。同时,知识密集型的法律、会计、检验检测、人力资源服务等商务服务业规模较小,根据各城市公开的第四次全国经济普查数据,2018年杭州商务服务业企业法人单位实现营业收入2 310.25亿元,与上海、北

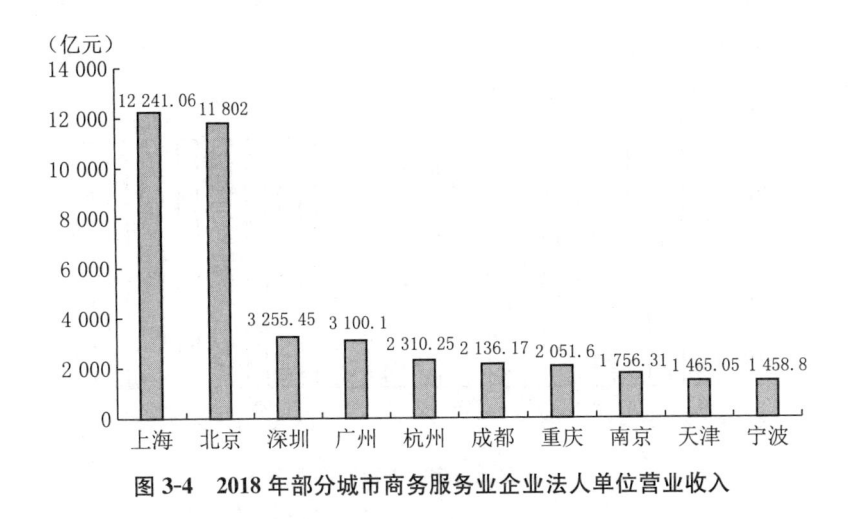

图 3-4　2018 年部分城市商务服务业企业法人单位营业收入

京、深圳、广州等城市差距较大(图 3-4)。

物流服务支撑不足是杭州的短板。"十三五"时期,国家发展改革委与交通运输部布局建设了 45 个国家物流枢纽,覆盖全国 27 个省(自治区、直辖市)。其中,浙江金华(义乌)、宁波—舟山 2 个枢纽已申报成功,杭州还没有完成国家物流枢纽申报。此外,在航空、水运等国家枢纽定位中,与国内一线城市和部分二线城市相比,杭州也不具明显优势。物流运输结构也不尽合理,目前杭州 80% 以上货物通过公路运输,铁路货运占比仅为 0.3%,与全国平均水平 9.9% 相比差距过大,拥有 1 个一级铁路物流中心(杭州北站)和 1 个三级铁路物流中心(白鹿塘站),但基本处于闲置状态,各种交通运输方式深度融合的多式联运承载能力和衔接水平不高。2019 年,中国物流与采购联合会、中国物流信息中心对全国 37 个重点城市开展了物流绩效调查和评价工作,形成首份全国重点城市物流绩效第三方评价报告。评价结果显示,杭州仅排在第 11 位,落后于重庆、上海、北京、武汉、深圳、广州、厦门、苏州、南京、大连(图 3-5)。

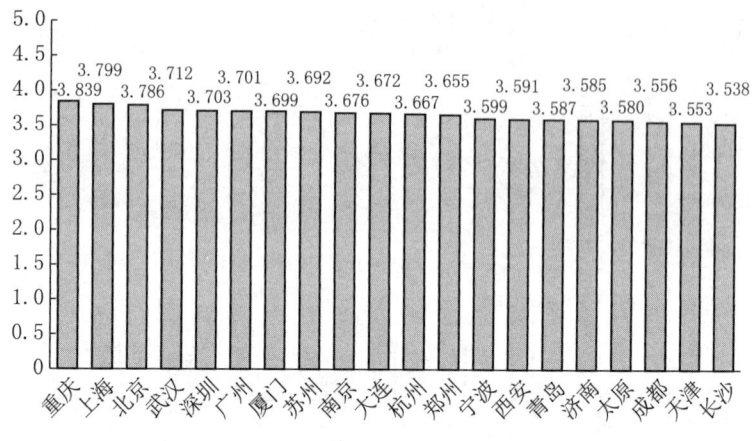

图 3-5 重点城市物流绩效评价前 20 位

(二) 生活性服务业发展质量不高

数字化革命在一定程度上提高了传统生活性服务业的服务质量,但也带来了部分生活性服务行业发展不成熟的问题,市场主体职业水平和职业道德不够高,服务品质和安全难以保障。中国消费者协会和人民网舆情数据中心发布的"2021年十大消费维权舆情热点"显示,车企服务漏洞、教培机构频现跑路及退费风波、个别跨国企业无理拒绝新疆产品侵害消费者权益、未成年人线上线下过度消费问题、餐饮品牌门店食品安全事件、消费者个人信息"裸奔"、视频平台"超前点播"被指"套路"、"网红"商品被指过度营销、奢侈品牌中外退货政策"双标"、电商平台"宠物活体盲盒"问题等与生活性服务业相关的消费维权热点均在其中,这些问题在杭州也不在少数。据杭州市《2021年度消费维权白皮书》,2021年杭州市场监管部门从各渠道接收投诉举报总计 83.2 万件,其中网购投诉举报 63.5 万件,占全年投诉举报量的 76.3%;网购商品类投诉排名第一的是服装鞋帽类投诉,共 75 665 件,占比 18.71%(图 3-6)。可见,生活性服务业在数字赋能效率提升的同时,仍需要在服务质量参差不齐问题上加大改进力度。

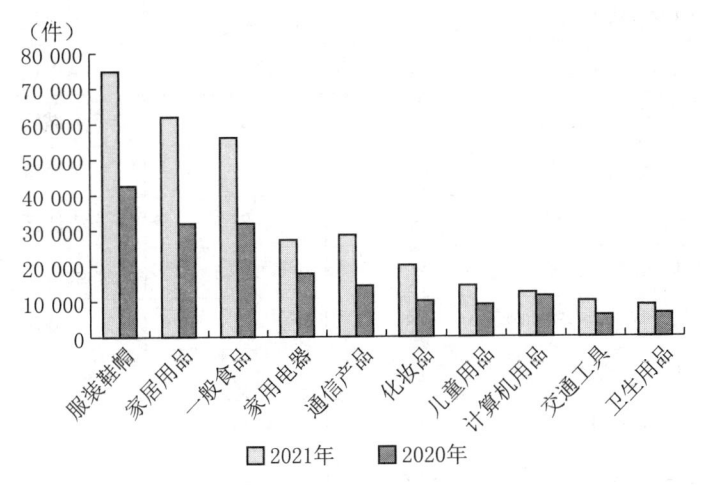

图 3-6 杭州 2020 年和 2021 年网购商品类投诉量图

现有服务供给无法满足消费需求,健康医疗、教育文化、休闲娱乐等消费领域市场准入和投资的审批限制依然存在,中高端供给市场发展缓慢,难以适应高端服务需求的快速增长,前几年的旅游、医疗、教育等服务消费外流趋势正是消费者"以脚投票"的表现。传统的商贸服务等生活性服务业供给创新还需进一步加快,才能更好地满足人民群众对美好生活的需要。如表 3-7 所示,杭州销售业绩最好的单体商场基本分布在主城区(上城、拱墅、西湖、滨江)以及余杭、临平,近远郊的萧山、钱塘、富阳、临安、桐庐、淳安、建德商业综合体建设明显滞后;同时,近远郊商圈建设多以各类特色商街(小镇)作为集中热点消费区域,商圈能级也与主城区相差甚远。

表 3-7 杭州主要单体商场 2020 年和 2021 年业绩排行

项目名称	2020 年销售额（亿元）	2021 年销售额（亿元）	所在区域
杭州大厦	80	100+	拱墅区
杭州湖滨银泰 in77	65	82	上城区
杭州武林银泰	55	60	拱墅区
杭州万象城	51	80	上城区
杭州城西银泰城	38	47	拱墅区
龙湖杭州滨江天街	23	27	滨江区
杭州西溪印象城	22	30.1	余杭区
龙湖杭州金沙天街	18	20	上城区
杭州滨江宝龙城	15	24	滨江区
杭州嘉里中心	13	14	拱墅区
杭州星光大道	13	15	滨江区
龙湖杭州西溪天街	12	—	西湖区
杭州远洋乐堤港	11.5	12	拱墅区
杭州临平银泰城	10	14.9	临平区
杭州来福士中心	10	14	上城区
杭州大悦城	9	14.5	拱墅区
杭州国大城市广场	8	9	拱墅区
杭州砂之船	8	9	上城区
杭州西溪银泰城	7	8	西湖区
龙湖杭州紫荆天街	6.28	—	西湖区
杭州金地广场	4.5	6	余杭区

资料来源：笔者根据网络资料自行整理。

（三）"两业融合"程度不深

从历史沿革看，杭州制造业发展主要经历了四个阶段：一是从中华人民共和国成立之后到改革开放之前，杭州工业曾在全国工业体系中具有重要地位，涌现出浙江麻纺织厂、杭州丝绸印染联合厂、新安江发电厂等一批知名企业。二是改革开放以来到20世纪末，杭州从乡镇工业和农村工业化阶段起步，后确立以机电工业为主导，以丝绸纺织、化工医药、电子仪表、轻工食品为支柱的工业产业体系，推动块状经济迅猛发展，奠定了民营经济的坚实基础。三是迈入21世纪之后，着力推进"工业兴市"战略，加快建设"两港三区"，形成了机械装备、纺织化纤、轻工食品、精细化工等传统制造业与电子信息、生物医药、新能源等高新技术产业"齐头并进"的良好态势。四是2014年以来，大力实施"一号工程"，加快"两化"深度融合，围绕打造数字经济和制造业高质量发展"双引擎"，推动制造业转型升级步伐加快。经过多年来的持续努力，制造业逐步呈现高质量发展态势。2021年，杭州工业主营业务收入首次突破2万亿元，规模以上工业增加值首次突破4 000亿元，制造业税收首次突破1 000亿元，制造业发展取得重要突破。

但杭州制造业发展存在的问题也是突出的，总体规模在全国城市中仍然偏小，2021年实现工业增加值4 805亿元，规模仅占上海的44.7%，深圳的46.4%，苏州的50.1%（图3-7）。部分制造企业尤其是传统制造企业还主要处在全球价值链的中低端环节，缺乏终端产品以及研发设计、渠道运营、品牌管理、营销服务等价值链高端环节，很难引入高端服务要素进行改造提升，没有动力向服务端延伸，无法形成制造业与服务业深度融合的有效需求，减缓了"两业融合"的步伐。

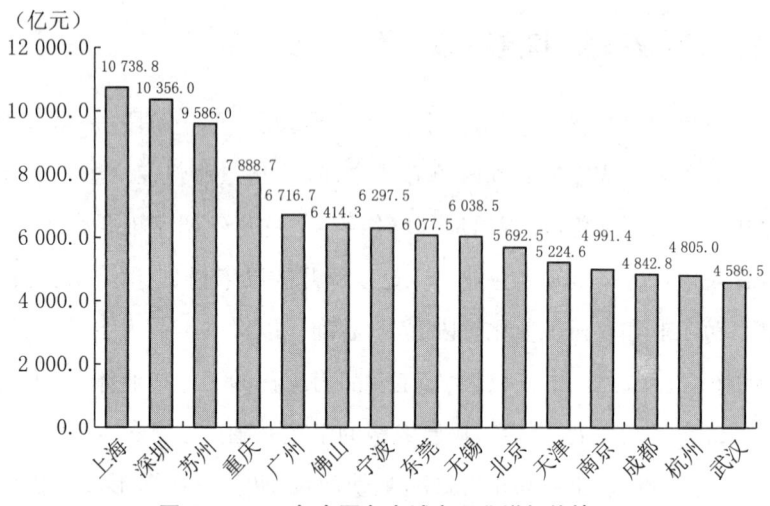

图 3-7　2021 年全国各大城市工业增加值情况

一是传统制造业的服务需求不足。从杭州推动的传统企业数字化改造工作来看，进度还不快，力度还不大，尤其是食品饮料、化纤两个行业数字化改造覆盖率低于平均水平，中小企业开展数字化改造意愿不强。纺织等传统产业融合制造、品牌、设计、文化、时尚等因素的跨界发展滞后，尤其是缺少适应线上线下多渠道的供应链体系、具有国际影响力的品牌营销展会等业态，在印染配套产业外迁的"断链"风险影响下，进行服务化提升迫在眉睫。

二是制造业高附加值环节发展仍然不足。杭州制造业"卡脖子"现象较为严重，自主可控技术支撑力量不足，如在机器人产业的精密减速器、数控机床产业的精密光栅等领域，缺少掌握完全自主知识产权和核心技术产品的"专精特新"企业，严重制约了制造业对服务要素的投入需求。以高新技术企业为例（表 3-8），2020 年杭州高新技术企业总产值、营业收入、R&D 经费内部支出分别仅占深圳的 31.47%、48.53% 和 30.15%，制造业对服务业的拉力还不强。

表 3-8　2020 年杭州和深圳高新技术企业部分指标对比

	杭州 （亿元）	深圳 （亿元）	杭州占 深圳比重（%）
高新技术企业总产值	7 652.6	24 318.3	31.47
高新技术企业营业收入	16 764.3	34 547.0	48.53
高新技术企业 R&D 经费内部支出	472.2	1 566.2	30.15

资料来源：科学技术部火炬高技术产业开发中心.中国火炬统计年鉴 2021[M].中国统计出版社,2021.

三是产业链配套较为薄弱。部分领域上下游配套产品、技术及服务基础较差,不少企业原料、销售"两头在外",须到外地采购基础零部件,进行产品测试,产业关联度偏低,制造业与服务业协同集聚程度还不深。例如,尽管拥有长安福特这样的汽车制造龙头企业,但其工程研发环节在美国,测试研发环节等在重庆,销售分布在上海,对本地生产性服务业体系的建设和规模化发展的贡献很小。这导致制造业与生产性服务业之间无法形成有效的产业关联,制约高质量产业平台的建设,进而不利于城市创新能力的提升。

四、杭州服务业协调发展的典型案例

（一）金融科技：以新兴金融功能提升城市位势

金融科技是指运用科技手段重塑传统金融产品、服务与机构组织的创新金融活动,是科技驱动的金融创新。云计算、大数据、区块链、人工智能等一系列新技术被广泛应用到金融领域,不断产生新的金融产品和服务,变革了传统金融模式。杭州是国内较早布局金融科技发展的城市,在与上海国际金融中心的竞合关系中,瞄准金融科技这条新赛道进行突围,成为国内外知名的金融科技中心城市之一。有趣的是,在全球传统金融中心排名前十的榜单中,并没有杭州;但在《2021全球金融科技发展报告》①里,杭州一举超过新加坡和芝加哥等城市,排名全球第七,连续两年进入第一梯队城市。

杭州自2018年正式启动国际金融科技中心规划建设;2019年5月,《杭州国际金融科技中心建设专项规划》提出"一核、两轴、四路、多点"的发展布局;2019年10月,由世界银行和中国互金协会共建的全球数字金融中心落地杭州;2020年4月,杭州成为全国第二批启动金融创新监管试点工作的城市;2020年9月,浙江自贸区杭州片区揭牌,《中国(浙江)自由贸易试验区扩展区域方案》提出,将杭州片区打造成为国家金融科技创新发展试验区;2021年8月,《2021年度推进杭州国际金融科技中心建设工作要点》明确持续推进和落地36个重点项目,全方位推动杭州国际金融科技中心发展再上新台阶。经过近5年的发展,杭州已成为技术驱动型全球金融科技中心,以全球绝佳的金融科技应用与体验闻名于世,其主要经验有:

一是科技推动传统金融转型。杭州加大研发投入,以科技先行推动传统金融转型。2021年,杭州7家金融业上市机构中5家(财通证券、浙商证券、南华期货、杭州银行、浙商银行)已设立金融科技相关子公司/部门,另有1家(同花顺)正在筹备中,且上市金融机构均大力投入研发,储备研发人员。

二是聚力形成金融科技产业优势。杭州依托数字经济先发优

---

① 《全球金融科技发展报告》由浙大城市学院数字金融研究院、浙江大学金融科技研究院、浙江大学国际联合商学院、浙江数字金融科技联合会联合发布。2021年榜单第一梯队城市有北京、旧金山(硅谷)、纽约、上海、深圳、伦敦、杭州、新加坡、芝加哥。

势,在金融科技领域先行先试,在智能移动支付、数字普惠金融、金融IT产业、智能投顾、大数据风控、云计算技术金融应用、区块链技术金融应用等领域形成了极具竞争力的产业优势,聚集起恒生电子、同花顺等金融科技企业以及一批创新型小微企业。同时,杭州依托"一核、三镇、多点"平台载体,力促金融科技产业集聚发展。"一核"是以杭州金融城、钱塘江金融城为主的钱塘江金融港湾核心区,"三镇"是指玉皇山南基金小镇、西湖蚂蚁小镇、运河财富小镇三个金融特色小镇,"多点"即为诸多特色金融集聚区。至2020年末,钱塘江金融港湾核心区已入驻持牌总部金融机构90余家,成为全省金融机构总部、区域总部、金融要素平台的集聚高地,玉皇山南基金小镇等金融特色小镇已集聚各类金融服务机构5 000余家,总管理资产规模2.3万亿元。

三是不断探索金融科技监管创新。自2020年4月中国人民银行宣布在杭州设立金融科技创新监管试点至今,杭州已公示两批共计9个项目,开展创新试点工作,居全国前列。这些项目紧紧围绕实体经济发展服务,例如,同盾科技和杭州银行推出的"基于人工智能的辅助风控产品",旨在辅助杭州银行实时识别企业贷款申请中的信用风险及欺诈风险,增强银行风险判别能力,为中小企业提供更为专业化的贷款服务,增加企业金融服务可获得性。

四是积极参与金融科技标准制定。仅2021年杭州高校、机构、企业参与起草并正式发布的金融科技相关国家、地方标准就超过15项,《信息安全技术互联网信息服务安全通用要求》《多方安全计算金融应用评估规范》等标准正在金融科技领域发挥重要作用。此外,杭州极为重视金融领域科技伦理,2021年3月,率先成立全国首个省级金融科技伦理委员会并首次正式发布《浙江金融科技伦理七倡议》,呼吁金融科技从业者应秉持以人为本、稳妥创新的原则,在从业过程中充分考虑公平包容、开放共赢、安全审慎、尊重伦理和社会责任。

(二) 科技创新:引领经济高质量发展的杭州路径

杭州被习近平总书记誉为一座"创新活力之城",也是我国大众创业万众创新战略的策源地。近年来,杭州以科技创新为驱动力,持续推进技术、资本、人才等创新要素集聚,不断激发各类创新创业主体活力,着力推动经济增长由要素驱动、投资驱动向创新驱动转变,区域自主创新能力显著提升,经济高质量发展态势愈加明显。杭州以科技创新引领经济高质量发展的路径可以从微观、中观、宏观三个层面进行解读。

1. 微观层面:汇集创新要素,提升创新能力

科技创新引领经济高质量发展体现在微观层面即企业、人才、大学、政府、风投等各种创新要素高度集聚,且创新主体的创新能力不断提升,创新生态日臻完善,这也是"硅谷奇迹"的重要秘诀。

一是夯实企业创新主体地位。杭州基本建成"创客—雏鹰企业—市高企—省科技型企业—国高企—领军型企业"企业梯度培育体系。2021年,杭州国家高新技术企业有效数达10 222家,是全国第6座"国高企""破万"的城市;新增省科技型中小企业5 199家,累计认定数近2万家,居全省第一;国家首批小微企业创业创新基地示范城市绩效评价位居全国第一。

二是搭建高端创新平台。积极布局各类创新平台,推动一批双创基地、科研装置、科技重器在杭州落户。截至2020年,全市累计拥有国家双创示范基地6家,国家备案众创空间68家,国家级科技企

业孵化器48家,国家级孵化器数量连续8年位列全国省会城市和副省级城市第一。①目前,杭州共拥有14家国家重点实验室、4家省实验室、39家省重点实验室、28个省级新型研发机构。此外,为补齐高等教育短板,杭州超常规实施"名校名院名所"工程取得重大成果,西湖大学、之江实验室、阿里达摩院、北京航空航天大学杭州创新研究院、浙江省北大信息技术高等研究院等新型研发机构初成规模,国科大杭州高等研究院、浙江大学杭州国际科创中心、北航中法航空学院等高端科教平台相继布局。

三是建设全球人才蓄水池。智联招聘推出的中国城市人才吸引力排名榜单显示,2020年中国最具人才吸引力城市100强中,北京、杭州、上海位居前三名。这主要得益于近年来出台的"人才新政27条""全球育才10条""人才生态37条""战疫引才、杭向未来"等一系列人才新政,赋予了各类人才来杭创新创业的勇气与底气。截至目前,杭州人才资源总量超过300万,海外人才、互联网人才净流入率连续多年保持全国第一。

四是构建"热带雨林式"创新生态。高校系、阿里系、海归系和浙商系等创业"新四军"异军突起,创客经济风起云涌,形成了若干个"5公里创新圈",整个杭州城成为一个"大孵化器",这离不开创新扶持、创业辅导、金融服务、产权保护、审批改革等方面的积极先行先试。例如,组建战略性新兴产业投资基金、上市公司稳健发展基金、融资担保基金等3个百亿政府性产业基金,设立杭州金融综合服务平台,"十三五"时期累计撮合融资金额759亿元,2020年城市资本活力指数全国城市排名第二。同时,通过各项改革举措不断优化营商

---

① 倪芝青.杭州推进大科学装置建设的对策建议[J].杭州科技,2021(5):9-11.

环境,建设数字科创服务系统——天堂e创,初步建成全域孵化的线上孪生体系。

2. 中观层面:颠覆发展方式,重塑经济结构

科技创新引领经济高质量发展体现在中观层面即以科技创新驱动产业结构升级,进而提升产业链水平和价值链层级,实现新旧动能转换与经济发展提质增效。

一是颠覆性科技创新推动形成新产业。杭州不断推动高端科创平台和尖端人才集聚,在核心技术领域努力取得突破,为经济社会的颠覆性创新创造机会,形成新的产业结构。例如,阿里达摩院量子实验室的首个可控量子比特研发项目、博雅鸿图的首颗数字视网膜芯片、平头哥开源项目——低功耗微控制芯片(MCU)设计平台等重大原始创新成果,为杭州数字经济高质量发展提供了动力。"十三五"时期,杭州数字经济核心产业增加值持续保持两位数高速增长,数字经济核心产业占GDP比重达27.1%,对全市经济增长贡献率超过50%,数字安防产业入选国家级先进制造业产业集群,获批国家新一代人工智能创新发展试验区。

二是融合式科技创新赋能传统产业。杭州通过引入创新、提高效率、降低成本、提升质量等维度,对传统产业进行全方位、全链条改造。通过"机器换人""企业上云"等举措,推动制造业走上智能制造之路;工业互联网快速发展,累计入围工信部工业互联网平台试点示范项目7个,"犀牛智造"入选全球首个服装领域"灯塔工厂";共享制造、协同制造、柔性制造、个性化定制等新制造模式发展迅猛,娃哈哈、华立等项目列入国家智能制造试点示范,中控、传化等项目列入国家服务型制造试点示范。深度赋能物流、金融、健康、文化等领域,智慧物流、金融科技、数字健康等领域创新活动频繁。

3. 宏观层面：加强硬核实力，提升城市能级

科技创新引领经济高质量发展体现在宏观层面即科技成果的国际竞争力大幅提升，区域共享科技成果，城市能级全面提升。

一是超常规培育布局战略科技力量。杭州深知自身科技"硬核"支撑不够有力，与国内外先进城市相比，关键共性技术、前沿引领技术、颠覆性技术创新能力不突出，重量级研究机构、研发平台、科学装置较少，"补短填缺"成为杭州近年来的努力方向。杭州大手笔布局"杭州超重力场""杭州极弱磁场"2个大科学装置，前者将填补我国超大容量超重力装置的空白，建成全球领先的超重力多学科综合实验平台；后者将建成具有重要国际影响的极弱磁场国家实验室和国际零磁科学中心。多层次新型实验室体系逐渐形成，围绕前沿科技领域形成研发优势，之江实验室的神威量子模拟器获得了被誉为"超算应用领域的诺贝尔奖"的2021年国际计算机协会(ACM)"戈登贝尔奖"，多项关键核心技术达到国际先进水平。

二是举全市之力打造全球创新策源地。杭州自2016年启动建设城西科创大走廊以来，该区域已经成为浙江和杭州创新浓度最高的地方，集聚了浙江省超60%的国家科学技术进步奖和省科学技术进步奖、超70%的国家重点实验室、超80%的国家级高层次人才，有着"天堂硅谷""中国128号公路"的美誉。为将城西科创大走廊建成"面向世界、引领未来、服务全国、带动全省"的创新策源地，杭州举全市之力，探索新型举国体制下的高能级廊道式科创平台建设路径。2022年5月，杭州出台了《关于加快推进杭州城西科创大走廊高质量融合发展打造创新策源地的实施意见》，做出了市委书记兼任大走廊党工委第一书记的制度安排，并提出要突破行政区划限制，创新发展融合机制，推动大走廊体制架构、重大规划、创新资源、产业发展、审批服务、资源要素、公共服务、基础设施等八个方面充分融合,目的是在汇集更多创新要素的同时,增强要素之间的协同关系。大走廊正在成为以科技创新驱动城市国际化发展的杭州实践,为中国城市向世界输出模式创新、产品创新、标准创新等提供经验示范。

(三)犀牛智造:服装领域首个"灯塔工厂"

2020年,阿里巴巴的新制造平台——犀牛智造成为世界经济论坛"灯塔工厂",这也是服装领域首个"灯塔工厂"。所谓"灯塔工厂",由世界经济论坛和麦肯锡咨询公司共同举办评选,旨在遴选出全球制造业范围内应用尖端技术的先进制造基地,并让这些领先者的经验成为其他企业的指路明灯,从而促进全球制造行业生产系统持续优化。世界经济论坛给予这样的评价:"阿里巴巴试点工厂将强大的数字技术与消费者洞察结合起来,打造全新的数字化新制造模式。它支持基于消费者需求的端到端按需生产,并通过缩短75%的交货时间,降低30%的库存需求,甚至减少50%的用水量,助力小企业在快速发展的时尚和服装市场获取竞争力。"

犀牛智造切入的服装行业,是传统产业"大而不强"的一个缩影:成本快速增长,库存居高不下,生产方式落后,产业附加值低,产能转移加速。库存积压一直是影响服装行业的痛点,库存压力在挤占利润空间。犀牛工厂通过整合分析阿里巴巴线上积累的消费行为大数据,并对"主播"订单数据进行分析,为中小商家提供时尚流行趋势预判。同时,利用工业互联网平台对各工厂产能进行在线分配,重构生产组织关系,帮助中小企业解决供应链中"预售预测难、快速反应难、消化库存难"等老大难问题。目前,设在杭州临平区的首家犀牛工厂厂房面积约5.6万平方米,日服装产能约2万件,员工近1 000人,

50%采用无人化生产,大部分订单在1小时内完成,预计年销售产值将达2亿元至3亿元。①

犀牛智造本质是一个云端算法定义的在线工厂。在实现制造设备、产线、物料、人员等生产要素全面数字化及云端汇聚,以及需求、设计、工艺、排产、经营、物流等管理运营系统云端部署基础上,犀牛智造构建了端到端的生产指挥大脑系统,实现了需求分析—产品定义—加工工艺—排产计划—制造执行—设备工艺—车间物流—中央仓储等环节决策指令和数据流的云端生成和自动下发,探索端到端数据自动流动的新模式。这套技术体系由五大自研应用软件运营服务(SaaS)构成,为服装行业提供了完整的云原生工业软件集合。这五大SaaS应用包括需求大脑[对应传统客户关系管理+商业智能(CRM+BI)功能]、数字化工艺地图[对应传统计算机辅助技术+产品生命周期管理(CAX+PLM)功能]、全链路统筹计划[对应传统高级计划和排程(APS)功能]、集群式供应网络[对应传统企业资源计划+仓储管理系统(ERP+WMS)功能]和柔性制造系统[对应传统制造执行系统(MES)功能]。在云端的深度集成最终确保了全链路每一次运营动作都可以获得精准及时的数据,并应用行业最先进的机理模型完成优化决策。②

与网易严选不同,犀牛智造只做工厂,不推出自己的品牌,其作用更偏向于成为提供智能制造能力的"新基建"。它具有以下特点:第一,帮助培育中小品牌商家,运用大数据技术提供趋势预测,并以"小单快返"的生产模式构筑"高频上新"的消费模式,降低商家上新

---

① 浙江省经信厅,杭州市经信局.犀牛智造:产业数字化转型的"灯塔工厂"[J].政策瞭望,2021(3):28-29.
② 阿里研究院专题研究报告《犀牛智造:探索未来制造之路》.

成本和试错风险,助力中小商家成长。第二,帮助中小制造企业通过组织型制造模式购买"产能",对产业链生产能力进行重构与在线分配,解决中小制造企业订单不足、成本高企的现实难题。第三,犀牛搭建的这条产业链集聚了时尚买手、网络主播、设计师、技术工人等各类创新人群,有利于构建良性互动的创新创业氛围。第四,转变传统的生产方式,运用数字技术采用用户直联制造(C2M)模式,以消费引导生产,实现新消费与新制造的精准匹配。犀牛智造的探索在于,让一个个中小工厂从孤岛走向协作、从封闭走向开放。通过重构软件体系,依托工业互联网、工业软件、智能算法,打造多样化、高质量、数字化的供需精准匹配的解决方案。通过对传统中小企业的数字化改造,构建起规模化柔性生产能力,为产业整体价值链提升打下了坚实基础,实现传统产能与海量碎片化需求的精准匹配。

(四)临平区:"时尚E家"平台助力服装中小微企业蝶变

服装产业一直是临平区传统优势产业,临平区拥有服装企业7 600余家,占杭派女装产能的80%。近年来,受新冠肺炎疫情以及需求收缩等因素影响,中小微服装企业普遍面临产业链协同率低、品牌创新力弱、经营成本高等痛点难点。基于此,临平区组建浙江省服装产业创新服务综合体,搭建"时尚E家"平台,打造"虚拟集团",提供一体化运营服务,助力中小微企业抱团发展,实现蝶变新生。主要做法有:

一是搭建数字化平台,变"低小散作坊"为"数字化园区",提供一站式综合服务。坚持数字化改革思路和系统化思维,开发产业数据中心、产业产能地图、自主品牌培育平台和企业数字化生产系统等应用场景。在治理端,为政府提供工业经济运行监测、企业画像与评价、技工人才评定、惠企政策兑现等服务。在服务端,为时尚企业提供生产加工、订单管理、产品交易、供应链协同、自主品牌培育等一站式综合性服务。

二是运营全产业链,变"同质化竞争"为"差异化协作",优化产业生态。市场化方式统一运营、统一服务,将产业政策、服装企业、产业资本和产业园区匹配组装,打造服装产业生态园区,按照市场化方式整体运营一个地区的服装产业。线上,通过数字化平台帮助中小微加工企业进行数字化改造;线下,由省服装产业综合体统一运营,将中小微企业的设计、加工、销售等环节串联起来,实现串珠成链。

三是变革生产组织模式,变"单兵作战"为"虚拟集团",打造中小微企业发展共同体。推动要素重组,聚力打造创新链,实现中小微服装企业产品的设计、面料、制版、生产、造型、仓储等资源共享,整合服装产业上下游全链资源,将全省乃至全国的分布式生产基地纳入创新链。打造时尚产业创新生态共同体,贯通创新链、产业链和资金链,打造集共享智慧工厂产业园、设计创意基地、新零售街区、创新孵化基地、电商网红基地于一体的数智时尚产业创新生态系统。

"时尚 E 家"平台实施成效显著。目前,服务平台已覆盖全国时尚企业 8 176 家,其中,品牌商 1 187 家、生产商 1 627 家、设计师 347 名、面辅料商 967 家、终端门店 432 家;已对 100 多家中小微服装企业进行数字化改造,完成技术交易 60 余项。同时,以订单驱动加速中小微企业整合抱团,推动企业货品精准对接电商、直播、跨境、批发等渠道,培育了一批本土自主品牌,例如,"BOSIE"品牌的市值从 2018 年的 1 000 万元增加到 2021 年的 12 亿元。此外,将中小微服装企业聚集组装成"虚拟集团",以数字化变革整合服装全产业链资源,实现中小微企业从"各自为战"到"抱团发展",覆盖区域范围内中小微企业平均产值提升了15%,员工工资收入年均增长10%,服装产业税收提升了20%。

(五)萧山区:一三产业融合共助乡村振兴

近年来,萧山区以美丽乡村为底色,以数字乡村为支撑,以共富乡村为导向,深入推动服务业与现代农业融合发展,助推乡村振兴。萧山区村集体经济组织连续4年总收入和经营性收入均实现两位数增长,2021年经营性收入50万元以下的村实现清零,区农村居民人均可支配收入达46 657元,城乡收入比缩小到1.63∶1。主要做法有:

其一,组建强村公司,拓展文创功能。引导以村村联办、村企联办等方式组建强村公司,拓展村集体经营功能。众联村通过全域土地整治产生了约1.1万平方米集体存量建设用地,与杭州出版集团、西泠印社出版社、中国美术学院出版社合作,共同开发"众联文创产业园",项目总投资约3 000万元,由村集体根据三家单位的需求来设计投建,打造集仓储、展销、游览等内容于一体的文创产业园。项目建成后由三家单位入驻并联合运营,营运方每年支付租金300万元,并设立定期增长机制,土地和物业所有权归村集体所有。2021年,全区421个村级集体经济组织共实现总收入27.93亿元,同比增长11.58%;实现经营性收入19.11亿元,同比增长13.54%,村均集体经营性收入达454万元。

其二,农文旅融合发展新产业新业态。探索多元主体投资、专业团队运营、利益机制紧密的村庄经营新模式,发展田园文创、田园电商等新产业新业态。例如,横一村采用农文旅融合发展模式,利用养鸭棚改造而成的鸭棚咖啡馆成为网红打卡地,月入10余万元;闲置的水渠、机耕路建设成为"Hi稻飞船",月入近5万元;在百年古柿林成功招引星巴克、清昼茶院等品牌,月入近5万元;"研学中心"充分挖掘本地内容优势,已吸引研学团队近千人,月入近10万元。通过土地集中流转、大户规模经营、科技机械强农,晚稻亩产突破1400斤,实现农业增产富、网红示范富和百姓创业富。

其三,变生态优势为旅游资产。统筹推进美丽乡村建设,让乡村呈现山水之美,富有地域特色,承载田园乡愁,体现现代文明。注重抓净化、抓绿化、抓美化,让乡村天更蓝、水更清、空气更清新、环境更优美。例如,欢潭村发挥江南传统文化村落特色,在保留传统格局和历史风貌的基础上,充分挖掘整合当地的文化习俗、人文风情、文化古迹等优势文旅资源,通过制度创新、管理创新或营销创新,围绕"五义之乡、宋韵欢潭"主题IP品牌,争创国家4A级景区。再例如,东山村采取产权置换的方式,利用存量集体土地,统一建造多层公寓进行农户安置,把回收的32栋闲置农房进行修缮后,将自然风光、历史积淀变现,与浙江海鸟商业管理有限公司达成合作,共同开发"东山精品民宿集群",同时优化利益联结机制,采取"保底+分红"的收益模式,统筹兼顾各方长期利益,构建村集体、村民和企业有机"共富联合体",浙江海鸟商业管理有限公司每年支付村集体保底100万元,对营收750万元以上部分按20%比例进行分成,并为本地村民提供优先就业机会。该项目预计每年为村集体带来至少100万元租金收入,多层公寓底层商铺收归村集体所有,出租、经营、旅游等产业的融合与发展,每年可增加村集体收入约30万元。

第四章
绿色发展:"双碳"目标视角

一、服务业绿色发展的主要趋势

2020年9月,我国明确提出2030年"碳达峰"与2060年"碳中和"目标,即承诺2030年前,二氧化碳排放不再增长,达到峰值之后逐步降低;到2060年,我国二氧化碳的排放量与消除量达到平衡。实现"碳达峰"目标和"碳中和"愿景(以下简称"'双碳'目标")是经济社会领域一场广泛而深刻的系统性变革,将对经济增长、需求结构、产业结构、区域格局和人民生活产生广泛而深刻的影响。[①]

"双碳"目标的提出,对经济社会发展提出了更高要求,绿色发展理念将成为贯穿经济社会发展始终的指导方针,生态文明建设、绿色发展将被放到重要战略地位,绿色生产方式和绿色生活方式变革成为必然。一直以来,由于与重化工业、原材料工业、采掘工业等行业相比,服务业能耗相对较低,因此人们普遍认为大多数服务业是绿色环保的。其实不然,以快递业为例,据中华环保联合会数据,从

---

① 吴晓华,郭春丽,易信,陆江源,王利伟."双碳"目标下中国经济社会发展研究[J].宏观经济研究,2022(5):5-21.

2000年到2018年,我国特大城市的快递包装垃圾增量已经占到生活垃圾增量的93%,在部分大型城市这一指标也飙升到85%—90%,资源浪费与环境污染已成为快递业可持续发展亟须解决的问题。

如图4-1所示,2000—2013年,全社会碳排放快速增长;之后进入平稳发展阶段,2017年达93.4亿吨;近年来又再度呈现增长态势,2018年、2019年、2020年分别达到96.2亿吨、98.0亿吨、98.9亿吨。从碳排放行业结构来看,2019年三次产业碳排放占全社会总量比重分别为1.8%、69.8%、17.1%,其余11.3%为生活消费,仅制造业碳排放占全社会碳排放比重就高达60%。服务业碳排放增长较快,占比已从2010年的13.0%提高到2019年的17.1%,其中交通运输业碳排放最高,占比达8.6%,一些现代服务业如数据中心、大型商业综合体等也呈现出能耗高、碳排放高的特征。为实现"双碳"目标,服务业的绿色发展任务和制造业一样将格外紧迫,将从以下三方面倒逼

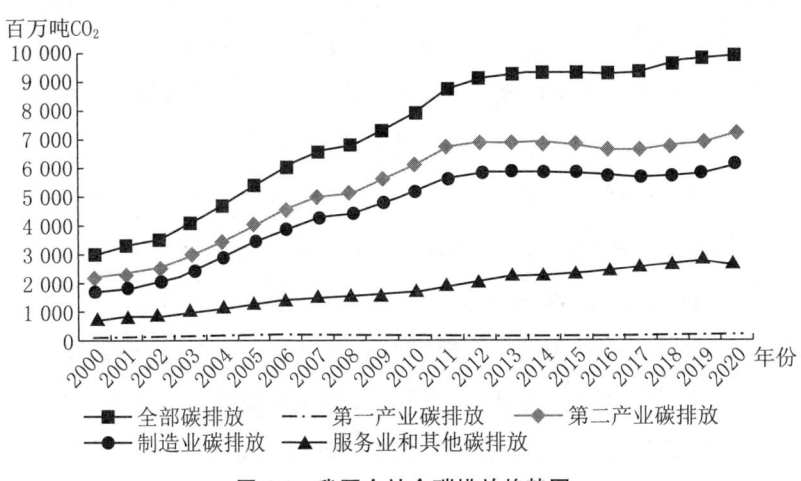

图4-1 我国全社会碳排放趋势图

资料来源:吴晓华,郭春丽,易信,陆江源,王利伟."双碳"目标下中国经济社会发展研究[J].宏观经济研究,2022(5):5-21。

服务业实现绿色转型发展。

(一) 服务业绿色化

服务业行业构成异质性强,服务业消费相对零散且个性化越来越凸显,服务业对环境的影响也没有工农业那样直接和显著,以上三点导致了服务业提供或消费过程的非绿色问题往往容易被人们忽视。但其实服务业在提供无形服务的同时,也会提供实物产品或消耗使用实物产品,从而产生污染排放,对环境产生负面影响,即非绿色效应,例如餐饮业的一次性餐具以及餐厨垃圾问题、快递业的包装垃圾问题、酒店住宿业的一次性用品以及能源与水资源过度消耗问题等。因此,服务业绿色化即指从绿色低碳角度出发,利用新手段或新技术,尽可能使服务业发展过程的载体、配件、方式等体现低碳集约的要求。至少包含以下几方面内容:一是减量化,即服务业在服务过程中应尽可能实现使用的物质和能源的低消耗及废弃物的低排放,提高资源的利用效率;二是再利用,即服务业在服务过程中应保持机器设备和非一次性使用产品的多次利用或经过维修、再加工后的继续利用,并努力延长其使用寿命和使用周期,减少废弃物的产生,提高服务设施的利用效率;三是再循环,服务业在服务过程中应努力实现废弃物的回收和再利用,使废弃物资源转化为其他类型产品的原料,实现排放物的循环利用,节约资源,同时减少再次排放。[1]例如快递业使用循环快递箱和回收快递箱再利用,餐饮服务过程中不使用一次性餐具,商品销售过程中用纸袋或者不提供塑料袋,酒店住客重复使用布草用品、不使用"六小件",等等。

---

[1] 张新婷,许景婷.政府在发展我国绿色服务业方面的作用及对策[J].生产力研究,2010(3):173-174.

近年来，随着我国绿色低碳发展意识不断提高及"双碳"目标的提出，相关部门出台了一系列服务业领域绿色化发展的相关政策及标准。例如酒店业，2006年我国首次发布绿色旅游饭店标准，规定了创建绿色旅游饭店、实施和改进环境管理的要求；在此之后，又相继出台了有关绿色酒店的标准，如《绿色饭店等级评定规定》《绿色饭店国家标准》《绿色饭店建筑评价标准》等；2021年2月，国务院印发《关于加快建立健全绿色低碳循环发展经济体系的指导意见》，指出我国需有序发展出行、住宿等领域共享经济，规范发展闲置资源交易，需倡导酒店、餐饮等行业不主动提供一次性用品。再如快递业，我国已出台一系列政策规定以推动快递包装行业绿色转型发展，《邮件快件绿色包装规范》《关于加强快递绿色包装标准化工作的指导意见》《快递包装绿色产品认证目录（第一批）》《快递包装绿色产品认证规则》《关于加快推进快递包装绿色转型的意见》《邮件快件包装管理办法》等相继发布施行。

以上是服务业绿色化的其中一方面，其主要利用的新技术是绿色低碳技术。随着数字技术的发展及广泛应用，服务业的绿色化呈现另一方面趋势，即利用数字技术使服务业流程信息化、智能化、网络化，通过降低实物、人力等要素投入达到绿色低碳发展的目的，比如网络办公、线上会展以及智能物流等。尤其是进入后疫情时代，线上服务获得前所未有的发展契机，这种趋势既是新技术发展带来的必然选择，也是传统行业在困难时期突破困境的转型之举。例如受疫情冲击较大的会展行业，据统计，仅2020年上半年，因疫情无法举办的2 000平方米以上展览达6 000多场，直接造成3 500多亿元产值损失。2020年4月13日，商务部印发了《关于创新展会服务模式　培育展览业发展新动能有关工作的通知》，提出要加快推进展览业转型升级和创新发展,充分运用5G、VR、AR等技术,积极打造线上展会新平台。利用5G、3D、VR、AR等技术,打破地域、时间、空间、距离和成本等限制,通过在线上搭建一个虚拟网络展览馆及高效、便捷的线上展会展台管理服务系统,能满足线上进行展览展示交易活动的云上展会在此背景下诞生。"云展厅""云招商""云签约""云大数据"等也成为会展行业新发展的关键性名词。这种突破时空、地域限制,高度还原,创造沉浸式展会空间的线上展示方式,在一定程度上弥补了线下展会的局限性,以较少要素投入就能助力传统展会实现传播圈层破壁,达到百万甚至上千万倍量级的传播影响力。

(二) 节能环保服务业

服务业绿色发展除了服务业绿色化,还包含另一层含义,即自身就有助于提高生产活动投入产出率或是减少资源能源消耗,从而获得价值回报的那些行业,即真正的"绿色服务业"——节能环保服务业。"双碳"目标为绿色发展带来机遇,为各种绿色新技术、新业态、新产业创造巨大市场需求,为经济增长注入新动能。节能环保产业作为我国的战略性新兴产业之一,将面临巨大发展机遇,节能环保服务业作为其重要组成部分,主要包含节能节水服务、环境污染第三方治理、环境监测和咨询服务以及资源循环利用服务等。2014年,国务院印发了《关于加快发展生产性服务业促进产业结构调整升级的指导意见》,首次明确节能环保服务业是我国下阶段生产性服务业的重点行业之一,这是对生态文明建设、绿色发展的直接响应。节能环保服务业作为支撑"双碳"目标实现的重要产业,近年来在我国得到了长足发展。截至2021年底,全国从事节能服务业务的企业数量达到8 725家,从业人员达到84.1万人,节能服务产业总产值6 069亿元,2021年合同能源管理项目投资新增1 384亿元,形成年节能能力4 369万吨标准煤,相当于减排10 748万吨二氧化碳,即节约1.3个三峡电站的发电能力,仅此一项就可以为国家节约电力投资约3 000亿元。[1]国际能源署(IEA)相关报告显示,中国已形成当今世界上最大且增长速度最快的节能服务市场,2020年,中国合同能源管理项目总投资为192亿美元,已占全球节能服务市场的59%。

其中,合同能源管理(Energy Performance Contracting,EPC)作为一种新型的市场化节能机制,是一种先进的国际能源管理模式,由专业节能服务公司通过对客户的能源使用情况进行检测、诊断和分析,找出其能源使用中存在的问题,并提出经济可行的解决方案加以组织实施,从而达到优化节能、降低成本的目的。"双碳"愿景下,建筑、钢铁、化工、电力、石油石化、建材等主要用能行业的能源利用方式将发生重大转变,开始逐渐从能源粗放管理向精细化使用转型,从不优先考虑环境影响向研究制定"双碳"路线转型,带动以合同能源管理为代表的节能服务领域快速发展。2021年,我国以合同能源管理模式实施的节能提高能效项目新增投资1 384.2亿元,同比增速达11.1%,创近年新高(图4-2)。

伴随着新的"双碳"形势与技术进步,在节能环保服务市场形成初期所常见的简单设备升级对客户已不再具有吸引力,对更加具有综合性、更加智能化的服务,能够实现能源系统最优化的需求正在增长。尤其是数字技术的崛起,对节能环保服务商提出了向综合能源服务提供商等"一站式"综合服务模式转型的要求,即通过一系列优化成本效益的服务,以整合的方式覆盖整个能源价值链,包括综合能

---

[1] 数据来源:中国节能协会节能服务产业委员会(EMCA)《2021节能服务产业发展报告》。

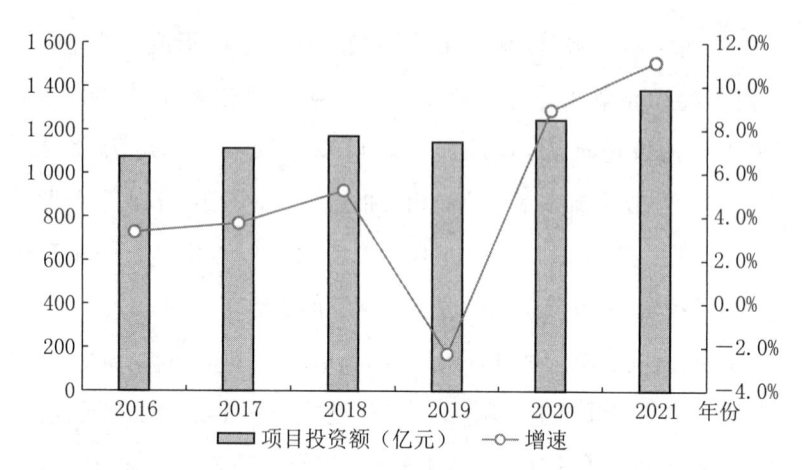

图 4-2　2016—2021 年合同能源管理项目投资及增速变化

数据来源：中国节能协会节能服务产业委员会（EMCA）《2021 节能服务产业发展报告》。

源输配电服务、电力市场交易服务、分布式能源开发和供应服务、能效提升服务、环境能源服务、综合储能服务、集成智能化能源服务等。

同时，节能环保服务行业也开始从以往单独开展节能改造，向节能与降碳并重转变，并依托消费端节能减排的先发优势，积极向纵深发展，同时向供给端和固碳段两头延伸；业务范围进一步泛化，积极开展合同能源管理、合同节水管理、合同环境管理、合同碳管理等。①例如，北京远大能源 2021 年新签约合同能源管理项目 16 个，营业收入同比增长 41%，荣获"全国医院节能技术示范单位"称号，中标南京南部新城区域能源项目，将规划建设全球最大的再生水集中供能（冷、热）项目；延安新区分布式综合智慧能源项目和南京青奥城分布式综合智慧能源项目分别获 2021 年度中国分布式综合能源优

---

① 孙小亮，王珏旻.2021 年节能服务产业发展现状与特点研究[J].中国能源，2022，44（5）：21-28.

秀项目一等奖和优秀奖。深圳嘉力达2021年成功研发光伏小电站产品,业务板块向可再生能源应用领域拓展,并围绕建筑光伏一体化(BIPV)、分布式光伏消纳,特别是整市(区、县)推广"碳中和"改造业务,助力"双碳"目标实现。

(三) 服务业集聚发展

从20世纪90年代以来,许多学者注意到服务业及其子行业集中在大城市的现象。城市服务业的集聚特性日益凸显,主要原因有外部经济性、范围经济和创新效应[1],而其对于绿色发展最大的推动则在于从空间上推动集约高效利用土地资源和能源资源,通过合理布局和高效开发,推动经济发展方式转变。

在传统技术条件下,基于市场机制作用的服务业区位选择经典理论包括中心地理论、竞租理论以及集聚理论。中心地理论从地理学角度研究经济活动区位选择,主要适用于研究城市体系、市场布局和直接服务消费者的服务业。竞租理论则从经济学角度研究经济活动区位布局,指的是各种经济活动的布局主要取决于其是否需要接近中心区位及地租支付能力,例如高端商务服务业既需要获取信息的距离摩擦费用最小化,又能支付高额地租,所以一般分布在城市中心区位。集聚理论最早用于解释工业企业布局,后来延伸拓展至服务业,这是由于有些服务业的集聚趋势比工业集聚还要明显。这三大理论虽然从不同角度出发,但其共同指向均是对区位高度依赖的向心式布局。如表4-1所示,传统技术条件下,商贸零售服务多布局在人口密集的市中心和城市新区,金融、保险、证券、商务、咨询等高

---

[1] 蒋三庚.现代服务业研究[M].北京:中国经济出版社,2007.

端服务业多集中在中央商务区(CBD)或企业总部附近,科技、创意等知识型服务业多在高校和科研院所周围形成集聚区。

表 4-1 传统技术条件下向心式布局特征明显的服务业类型

服务业类型	布局特征	理论基础
商贸零售服务	多布局在人口密集的市中心和城市新区	中心地理论:克里斯塔勒(Christaller)、廖什(Losch)等
金融、保险、证券、商务、咨询等高端服务业	多集中在中央商务区或企业总部附近	竞租理论:杜能(Thünen)、W. 阿朗索(W. Alonso)等
科技、创意等知识型服务业	在高校和科研院所周围形成集聚区	集聚理论:韦伯(Weber)、马歇尔(Marshall)

服务业集聚区应运而生。建设服务业集聚区,已成为世界城市经济活动的主要现象之一,并构成大都市版图上功能错位、各具特色的"经济马赛克"。现代服务业集聚区通过地理空间的集聚实现资源共享,降低企业交易成本和商务成本,提高分工效率,对提升服务业发展质量和城市功能具有重要意义,通常具有产业集聚度高、智力资源密集、竞合关系突出和创新能力显著等特征(表 4-2)。在"轨道成网"的现代交通格局下,服务业集聚区还呈现"轴线+节点"的布局特征。轨道成网的现代交通格局在传统道路交通系统上叠加了轨道交通、快速路及高铁站、机场等交通枢纽,形成了若干轴线和节点。从国内外先进经验来看,轨道交通已经不仅仅是一种交通工具,更是引导城市开发的新模式,尤其是轨道交通运行速度快、运量大的特点使中心城区各种商业、文体、休闲娱乐等服务半径大幅扩展,城市内部的各项功能将根据其优势在通勤圈内进行再分配,呈现出布局"轴线+节点"的特征。轴线和节点的交通可达性明显优于传统意义上的十字路口,而节点因为换乘更为方便,又优于轴线,因此对交通有

表 4-2　现代服务业集聚区主要特征

特　征	说　明
产业 集聚度高	现代服务业集聚区是围绕一个或几个现代服务产业集聚形成的主导功能相对单一的区域,因而在空间上是不受行政区划限制的集中连片区域。主导功能相对单一决定了集聚区范围通常较小,而现代服务业作为主导产业决定了现代服务业用地要占到一定的比例
智力 资源密集	相对于制造业,现代服务业集聚区对人才、相关产业支撑以及政府治理水平等环境要素要求更高,各种生产要素更倾向于围绕智力资源充裕的地区来集聚,以此带动集聚区高端产业的升级迭代
竞合 关系突出	相比于制造业集聚区,现代服务业集聚区的企业类型更多是水平关联型,企业间基于大都市的经济社会发展基础和为吸引更大的共同客户而集聚,诸多同类或相关企业为一个共同市场提供差异化个性化服务
创新 能力显著	集聚区内企业间的共享交流机制是良好的创新创业环境的根基,尤其是企业与大学或科研机构之间在信息、知识和人力资源方面形成的交流与合作网络,进一步增强了企业的学习和创造能力,具有创新协同效应

相似需求的服务业通常会集中在条件类似的节点上。[①]在国内,上海率先引入现代服务业集聚区概念,随后各城市在推动服务业集聚发展上持续实践,例如北京的"高端产业功能区"和"特色服务集聚区"、上海的"服务业创新发展示范区"、深圳的"特色服务业基地"、成都的"服务业产业功能区"、杭州的"现代服务业创新发展区",[②]尽管形式各异,但本质上仍然是服务业集聚区。

在信息化背景下,对外交流与联系的技术手段发生了革命性的变化,区域空间显现出柔性化特征,如知识、信息、管理等软性因素增加,使得企业的空间布局弹性化。信息技术对服务业的影响被认为

[①] 陈绪冬,潘春燕,黄际恒.服务业布局的新趋势、新分类及新模式——交通视角下的服务业布局研究[J].规划师,2013,29(7):101-104.
[②] 详见各地服务业"十四五"规划。

是最为深远的,主要是克服了服务业通常生产与消费同时发生,需要"面对面"交流的问题。空间交易成本发生的变化,致使资本、人力、技术等生产要素在城市中的空间布局重构,与传统技术条件相比,城市中心地的区位优势有所弱化。正如美国社会思想家乔尔·科特金所说,"新经济扩大了信息时代公司和个人可以选择定址——或不选择——的地点的范围","事实上,任何类型的地点,如果有其适合之处,都可以在信息时代找到自己的位置"。① 也就是说,在信息技术支撑的全球信息一体化格局已初步形成的背景下,各种新经济形态融合发展,使得以服务型产品或贸易为代表的相关产业对实体空间的依赖大大降低,而这种变化正在深刻地影响其在城市中的布局模式,当向心式布局的成本过高,而信息技术又足以弥补区位劣势时,地理分散化布局以及线上集聚模式将对传统集聚区模式带来冲击。例如,对于商务服务业等高端服务业,CBD呈现出一定的分散化趋势,在区位次优区域的小规模集聚成为重要趋势,部分企业甚至选择非固定场所或虚拟化办公模式;对于商贸服务业,电子商务冲击明显,中心地实体规模逐步压缩,线上线下融合发展成为重要趋势;科技、创意等知识性服务业与高校和科研院所距离上的紧密性则有所弱化,对生态环境等因素的敏感性增强。

二、"双碳"目标下杭州服务业绿色发展

近年来,杭州加快推进产业结构、能源结构、用地结构优化调整,

---

① [美]乔尔·科特金.新地理——数字经济如何重塑美国地貌[M].北京:社会科学文献出版社,2010.

助推经济社会发展全面绿色转型,出台相关政策意见,高质量推进碳达峰、碳中和。2020年,杭州以占全省17.4%的能耗和15.4%的碳排放量创造了全省24.9%的GDP;单位GDP能耗0.291吨标准煤/万元(浙江省最低水平),单位GDP碳排放0.536吨二氧化碳/万元(浙江省第二低)。整个"十三五"期间,杭州单位GDP能耗累计下降约22.4%,呈不断下降趋势。

(一) 服务业迈向绿色低碳发展

由于数据获取有限,仅从三次产业的用电情况来看(图4-3),杭州全行业用电占比最高的仍然是第二产业,2021年第二产业用电4 724 447万千瓦时,比重达62.8%,其中制造业占比52.5%;服务业则以2 756 046万千瓦时、36.7%的用电量创造了全市68%的GDP。这从一定程度上反映了杭州服务业用较低的能耗实现了主要的经济贡献,服务业自身更为节能的特性对于全社会推进节能减排进而实现"双碳"目标至关重要。

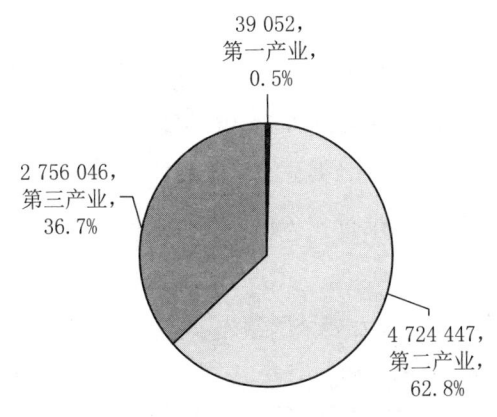

图4-3 2021年杭州市全行业用电量结构(单位:万千瓦时)

会展业数字化、绿色化发展成为后疫情时代产业发展典范。2022年,全球会议界权威研究机构GainingEdge发布全球最具竞争力会议目的地城市榜单,选取了国际大会及会议协会(ICCA)在全球和地域排名前一百的国际会议目的地,并对其竞争力水平进行综合打分和排序,杭州排名全球第33位,获得历史最好成绩。后疫情时代,杭州能逆势而上,排名较2021年度上升4位,充分展现出杭州会展业的韧性与活力。以"互联网+"为基础,具有数据化、平台化、智能化特质的虚拟会展正加速发展,成为会展业发展新亮点。例如,"2021云上动漫游戏产业交易会"吸引了世界动画协会等20个国际动画节展和海外动漫机构在线参会,累计发布项目80余个,涉及金额近20亿元,意向成交金额超1亿元,取得了社会效益和经济效益双丰收。会展业绿色化发展的难点则在于展示工程和展会垃圾两方面:在展示工程上,杭州熊熊环保科技有限公司致力于会展新材料的探索和研发,积极推广使用纸质展具代替木材,进行展会搭建,为国内会展业减少污染浪费数十万吨;在展会垃圾上,作为杭州目前最大的会展综合体——杭州国际博览中心,每年产生各类固体废弃物高达5000吨以上,为推进各类固废源头减量和资源化利用,杭州国际博览中心将绿色理念融入会议、展览、餐饮、办公等各领域、全过程,积极践行限塑禁塑、光盘行动等"无废"举措,创新会展综合体垃圾分类工作模式,引进了垃圾分类智能化系统,对垃圾产量运用可视化数据进行分析预估,全面推行和实施日常产生垃圾分类的程序化、标准化和智能化建设。

快递业绿色高质量发展全国领先。作为民营快递产业的重要发源地和全国首批快递示范城市之一,杭州以94.71的得分,在国家邮政局组织开展的全国25个快递示范城市中期评估工作中,排名第一。近年来,《杭州市新一轮创建"中国快递示范城市"实施方案(2020—2022年)》《杭州市快递业"两进一出"工程试点实施方案》《关于促进快递产业高质量发展的若干意见》等文件陆续出台,为杭州快递产业高质量发展提供了政策支撑。杭州在快递业绿色发展与治理上持续破题,按照"禁、限、减、循、降"的总体思路,推进包装材料源头减量,提升快递包装规范化水平,推动减少电商快件二次包装,规范快递包装回收和处置,推动产学研协同增效,严格开展监督执法,绿色治理成效显著。截至"十三五"末,快递电子面单使用率超99%,电商快件非二次包装率超85%,循环中转袋使用率超90%,建成设有包装废弃物回收装置的邮政快递网点超1 500个。绿色科技应用广泛,以无人仓、自动分拣设备、超高速交叉带分拣系统、智能分拣机器人等为代表的自动分拣设备和智能投递设施,以及新能源、清洁能源汽车在杭州快递领域得到广泛应用。值得一提的是,杭州充分发挥桐庐县"中国民营快递之乡"的先发优势,打造"绿色快递"区域样板。利用桐庐快递包装生产企业集聚的特点,引导包装生产企业增加适合行业发展的绿色包装供给,建设完成全国首个地方快递绿色包装检测机构——桐庐县物流(快递)绿色包装用品检验检测中心,已具备封套、包装箱、电子面单、集装袋、胶带等63个项目的检验检测能力,覆盖快递包装用品全生命周期,已为全国20余家快递包装企业提供服务。

(二) 节能环保服务业加快培育

近年来,杭州积极推动节能环保服务业发展,充分发挥绿色服务机构人员和专业技术优势,针对环境问题提供定制化解决方案和全过程服务,包括环境问题检测调查、源清单梳理、规划设计及工程建设、设施运维、污染治理等,同时积极提供基于大数据的诊断、分析、评估、决策等一站式服务。截至目前,全市拥有节能环保服务企业300余家,主要集中在专业技术服务、专业设备制造、道路交通运输等领域,能源供应商、产品提供商、环保服务商、新能源服务商、用能方、资本方等产业链上下游关联企业集聚发展态势明显,代表企业如表4-3所示。

表4-3　杭州市节能环保服务代表性企业

企业名称	主要业务	实践业绩
浙江科维节能技术股份有限公司	专业从事节能技术(产品)研发、生产及合同能源管理(EPC)服务	2021年,参与编制的行业标准高炉循环冷却水系统能耗限额与能效等级发布,冷却水循环系统阻力优化调试方法取得发明专利。共拥有5项发明专利、34项实用新型专利和7项软件著作权。采用合同能源模式为客户提供服务,实施的陕西延长中煤榆林能源化工241CU03减温减压站区蒸汽余热余压利用合同能源管理节能项目解决了产耗汽量不平衡造成的管网泄压放散蒸汽中的能量损失及放散过程中除盐水造成的损失问题,年发电量5 700余万千瓦时
杭州哲达科技股份有限公司	专业提供拥有自主知识产权的智慧流体节能产品和超高效智慧能源站解决方案,为企业能动设备和公辅能源系统提供"节能＋减碳＋安康"一站式服务	2021年,为山钢股份"智造"的超高效智慧压缩空气站通过合肥通用机电产品检测院检验,获得一级能效空压站认证。科级创新方面,研发投入占比8.3%;公司研发的设备安康工业互联网平台入围浙江省首批重点工业互联网平台和浙江省首版次软件产品,接入设备超5 000台套;自主研发衍射的超高效智慧空压站入围浙江省制造业首台套产品,同时通过国家压缩机制冷设备质量监督检验中心的一级能效等级认证;基于多项专利研发的多模式节能型低露点干燥技术入围2020—2021年国家工业节能技术装备推荐目录,比国内外鼓风零气耗产品节能40%以上。荣誉方面,获得2021年浙江省服务型示范企业、浙江省专精特新中小企业、中国节能协会创新奖等

续表

企业名称	主要业务	实践业绩
浙江万里扬能源科技有限公司	以提供灵活电力调节能力为核心的高科技企业，为用户提供电力市场运营管理、绿证及绿电运营管理、碳资产运营管理等服务	自主研发"电力大数据平台＋市场镜像仿真引擎＋人工智能预测引擎"的"一平台双引擎"电力市场全景仿真决策系统和新型储能系统集成及市场运营一体化平台，通过"智能经济优化调度引擎"以及"云边协同的控制技术"，可实现新型储能系统的可靠控制和收益最大化。推动与工厂、数据中心和充电站等用户侧储能电站的技术开发和项目合作，助力电力系统向清洁低碳、安全高效转型。2021年，以民营资本正式入股浙江电力交易中心，并参编由国网浙江省电力有限公司电力科学研究院牵头编制的协会团体标准《浙江电网电化学储能电站并网技术规范》

同时，杭州助力资源循环利用服务业发展，加快垃圾清运与资源回收两网融合，围绕打造"回收网络化、服务便利化、分拣工厂化、利用高效化、监管信息化"全链条废旧物资循环利用体系，积极创建国家废旧物资循环利用体系示范城市，全市建有再生资源回收网点1703个。加快健全生活垃圾处置回收网络体系，"十三五"末期，生活垃圾回收利用率达51%。完善废旧物资转运体系，适时更新发布再生资源回收指导目录。促进再生资源行业集聚化发展，依托桐庐县国家"城市矿产"示范基地，建设再生资源加工利用基地，推进富阳区资源循环利用示范基地建设。推进"互联网＋"回收利用创新应用，鼓励企业自主开发智能化数字化再生资源回收系统，"虎哥回收"等"互联网＋再生资源回收"发展模式快速推广。

杭州还积极推动企业参与国家绿色技术创新"十百千"行动，涌现出以聚光科技、杭汽轮机、正泰新能源、楚环科技、银江环保科技、楠大环保科技、声能科技、中节能大地、浙江中泽精密科技等为代表的企业创新主体。聚光科技入选"一带一路"环境技术合作联合体首批发起单位。杭州还涌现出以蓝星杭州水处理研究开发中心、沼气太阳能科学研究所、西湖大学等为代表的科研院所绿色技术创新主体，以浙江大学、杭州电子科技大学、浙江工业大学、浙江理工大学等为代表的高等院校绿色创新主体。2021年国家绿色技术交易中心落户杭州，进一步便利绿色技术发布、咨询、洽谈和交易活动，打通绿色技术应用的"最后一公里"。

（三）服务业集聚格局特色高效

首先，服务业集聚区建设起步较早。杭州于2010年发布了《杭州市服务业集聚区总体布局规划》，首次对未来杭州服务业发展的重点集聚区进行了全面系统规划，并提出了服务业集聚区的八大认定标准：产业优势、规模经济、结构完整、配套完善、功能齐全、环境匹配、布局合理、造型优美。后又相继出台了《杭州市推进现代服务业集聚区发展的若干意见》《杭州市现代服务业重点集聚区认定管理暂行办法》《杭州市现代服务业重点集聚区考核办法》等政策文件，定期对市级现代服务业集聚区组织申报认定以及评估考核。截至2018年，杭州共有湘湖旅游度假区等15个省级现代服务业集聚示范区，东部软件园、杭州经纬国际创意产业园等42个市级现代服务业集聚区（含培育类），拥有税收亿元以上楼宇141幢，形成钱江新城、黄龙、武林多个亿元楼宇集聚商圈。

其次，特色小镇成为服务业集聚发展新载体。2015年兴起于浙江的特色小镇模式，以一镇一特色的创新做法，迅速在全国扩展、渗透。浙江的特色小镇是具有明确产业定位、功能内涵和相应社区功能的空间平台,重点聚焦信息、环保、健康、旅游、时尚、金融、高端装备制造等七大产业,兼顾茶叶、丝绸等经典产业;在建设标准上,特色小镇规划面积一般控制在 3 平方千米左右,建设面积一般控制在 1 平方千米左右。随之,杭州特色小镇建设呈风起云涌之势,经过多年规划建设与运营,拥有西湖云栖小镇、滨江物联网小镇、杭州医药港小镇等"最强产业小镇",上城玉皇山南基金小镇、西湖龙坞茶镇、临平艺尚小镇等"最美小镇",萧山信息港小镇、建德航空小镇等"最具活力小镇",余杭梦想小镇等"最强辐射小镇"。杭州市特色小镇建设始终领跑全省、领先全国,截至 2021 年,建成省级验收命名类特色小镇 11 个,省级创建类特色小镇 19 个,省级培育类小镇 6 个。从产业定位来看,多数特色小镇均以高端现代服务业为特色,已成为杭州服务业高质量发展、新业态新模式不断涌现的新载体。例如,西湖云栖小镇是中国云计算产业最强小镇,集聚了全国顶尖的云计算、大数据人才团队,打造了云栖大会、2050 大会等具有世界影响力的活动;余杭梦想小镇作为杭州创新创业高地,重点发展互联网创业和天使基金等产业门类,并深度践行长三角一体化战略,积极推进梦想小镇沪杭、合杭创新中心建设,是杭州特色小镇模式输出和品牌输出的先行者。如图 4-4 所示,杭州特色小镇服务业营业收入及比重从 2017 年开始一路攀升,到 2019 年实现收入 7 873 亿元,占总收入比重高达 75.48%;2020 年虽受疫情影响有所下滑,但占比仍然超过工业企业营业收入,达 59.36%;2021 年占总收入比重已回升至 62.61%。

再次,打造"突出数字化牵引"特点的现代服务业创新发展区。2020 年以来,浙江省发改委相继制定出台了《高质量建设全省现代服务业创新发展区的实施意见(2021—2025 年)》《浙江省现代服务业创新发展区建设导则(试行)》等重要文件,提出到 2023 年前,浙江

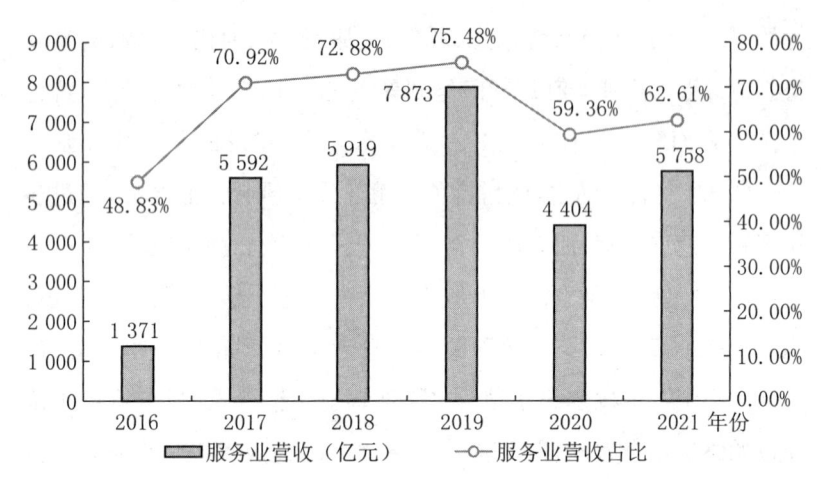

图 4-4　杭州市 2016—2021 年特色小镇服务业营收情况

将建设 100 个左右现代服务业创新发展区,到 2025 年,将打造 20 个左右具有国际影响力和国际竞争力的高能级创新发展区,成为浙江参与服务业国际分工的战略力量。产业定位上,突出数字化牵引,聚力发展信息技术服务、科技服务、数字贸易、现代物流、现代金融、数字文旅、生命健康服务等七大高端服务业;空间布局上,规划面积原则上在 2 平方千米以上,对山区 26 县及新兴服务业集聚空间面积可适当放宽;建设规模上,服务业总营业收入在 50 亿元以上,主导产业符合申报产业方向,原则上不超过 3 个,营业收入占比 70% 以上。杭州积极投身创建工作,在目前的两批省级现代服务业创新发展区名单中,共有 10 家平台入选(表 4-4),创建数量位居浙江省前列,涵盖信息技术服务、数字贸易、生命健康、现代金融等领域。

最后,开展服务业"亩均论英雄"。"亩均论英雄"改革是浙江省在践行"八八战略",加快推动经济发展方式转变和高质量发展方面开展的一场原创性改革创新和重大深刻实践。在历经十年从"基层

表 4-4 杭州市入选浙江省第一、第二批省级现代服务业创新发展区名单

序号	名称	产业方向	主要领域
1	钱江世纪城现代服务业创新发展区	现代金融	以"总部经济＋新兴产业"为产业发展主线,以现代金融、信息技术服务和数字贸易为主导产业,聚力打造"一轴一带、一核四区"的服务业发展整体格局
2	滨江互联网现代服务业创新发展区	信息技术服务	巩固互联网"技术研发—平台经济—配套产业"发展优势,重点发展高端软件、集成电路设计、网络安全、人工智能、区块链等,聚焦信息技术领先的互联网经济发展高地、全国知名的生命健康创新发展高地和全省一流的新型数字服务贸易中心
3	大武林商圈商贸产业创新发展区	其他（商贸）	以建设成为国际消费中心城市重要商业主轴为总目标,打造智慧商圈新样板、国际化商旅文融合新样板、商贸多层级发展新样板、武林商业会客厅
4	浙江杭州未来科技城现代服务业创新发展区	信息技术服务	围绕数字化改革和治理主线,聚焦信息技术服务和生命健康服务两大主导产业,打造全球一流的数字经济服务创新高地、全国领先的数智健康融合发展高地、辐射长三角的创新创业发展高地
5	临平现代服务业创新发展区	数字贸易	聚焦数字贸易、科技服务和信息技术服务三大主导产业,着力打造"一带三镇一区"空间格局,全面建成特色鲜明、业态高端、能级突出的中国数字时尚产业样板区、中国算力产业创新引领区、长三角工业互联网集聚区、长三角科技型企业总部区
6	桐庐迎春商务区	数字贸易	以数字贸易、现代物流为主要发展方向,以电子商务、快递服务、特色街区等为重点培育方向。围绕"一轴一谷四街区"发展思路,充分利用政策环境、快递物流等优势,全力打造"高能级县域楼宇经济样板"
7	萧山经济技术开发区信息技术服务创新发展区	信息技术服务	以"数字＋AI＋服务业"为导向,力争打造具有全国影响力的信息技术服务产业高地

续表

序号	名称	产业方向	主要领域
8	钱塘科学城核心区现代服务业创新发展区	信息技术服务	以打造浙江省数字贸易集聚新高地、杭州湾数字服务集聚新高地和杭州市科创服务集聚新高地为目标,重点布局柔性电子、集成电路设计、跨境电商、工业电商、检验检测和知识产权等六大领域
9	杭州余杭区良渚新城生命健康服务业创新发展区	生命健康服务	大力培育发展创新药研发、医疗器械、精准诊疗等重点领域,也将继续推动数字经济与生命健康产业深度融合,加快推进未来医院和数字健康城区建设
10	北部软件园信息技术服务业创新发展区	信息技术服务	发挥中科院计算所数研院、芯空间等创新平台引领作用,着力做大做强集成电路设计、算力经济、数字安全等重点领域

到顶层、自下而上"三个阶段探索的基础上,2018年,浙江省印发了《关于深化"亩均论英雄"改革的指导意见》,随后,改革进一步从县域部分工业企业向所有工业企业乃至服务业覆盖。杭州也持续开展了对服务业重点行业的"亩均效益"综合评价,通过建立分类分档、公开排序、动态管理的评价机制,配套实施差别化的资源要素配置政策,通过正向激励和反向倒逼,促进创新强、亩产高、效益好、质量优的服务业企业加快发展,有效推动了资源要素向优质高效领域集中,并通过企业创新,实现了资源集约利用和生态环境保护的目标。2021年,浙江省服务业重点行业规模以上企业"亩均效益"领跑者名单共100家,杭州有44家企业入选(表4-5)。这些企业均是杭州服务业的领军企业,通过各种创新活动,实现经济效益与社会效益的跨越式提升,引领行业转型升级方向,推动杭州服务业高质量发展。例如,为提升企业"亩均效益",网易不断强化技术研发投入,以技术力量驱动提质增效,2021年,网易净收入达到876亿元,同比增长18.9%;研

表 4-5 2021 年杭州入选省服务业重点行业规模
以上企业"亩均效益"领跑者企业名单

重点行业	企业名称
现代物流业(7家)	传化智联股份有限公司 浙商中拓集团股份有限公司 浙江长龙航空有限公司 浙江顺丰速运有限公司 浙江九州通医药有限公司 浙江顺畅高等级公路养护有限公司 中通供应链管理有限公司
软件和信息技术服务业(14家)	网易(杭州)网络有限公司 恒生电子股份有限公司 阿里巴巴(中国)网络技术有限公司 浙江宇视科技有限公司 阿里云计算有限公司 创业慧康科技股份有限公司 浙江大华技术股份有限公司 银江股份有限公司 浙江中控技术股份有限公司 浙江省通信产业服务有限公司 信雅达系统工程股份有限公司 杭州迪普科技股份有限公司 税友软件集团股份有限公司 医惠科技有限公司
科技服务业(6家)	中国电建集团华东勘测设计研究院有限公司 中国能源建设集团浙江省电力设计院有限公司 浙江数智交院科技股份有限公司 汉嘉设计集团股份有限公司 浙江大合检测有限公司 中煤科工集团杭州研究院有限公司
商贸和流通业(6家)	浙江森马电子商务有限公司 杭州大厦有限公司 华立集团股份有限公司 浙江利星汽车有限公司 浙江唯品会电子商务有限公司 浙江汇德隆实业集团有限公司

续表

重点行业	企业名称
文化、旅游和 体育服务业(11家)	杭州电魂网络科技股份有限公司 浙江省工业设计研究院有限公司 浙江少年儿童出版社有限公司 杭州西溪投资发展有限公司 杭州铂丽大饭店有限公司 浙江万达旅游集团有限公司 浙江职业足球俱乐部有限公司 杭州朱炳仁文化有限公司 西泠印社出版社有限公司 浙江省中青国际旅游有限公司 杭州黄龙饭店有限公司

发经费投入140.76亿元,研发投入占营收比重达到16%。再例如,朱炳仁·铜在传统制造技术中融入文化元素,积极探索布局新消费模式,2021年朱炳仁·铜实现主营收入3.25亿元,税收3 200万元,净利润5 800万元,亩均税收约106.7万元。

三、杭州服务业绿色发展存在的问题

(一) 服务业能耗水平有上升趋势

尽管杭州全行业用电中服务业占比最低,但从增速来看(图4-5),服务业却是三大产业中唯一三年均实现用电正增长的,2019年增长9.2%,2020年受疫情影响仍然有2.4%,2021年复工复产后增速达21.9%,远超一二产业(同期第一产业增速12.1%,第二产业8.8%),能耗水平处于上升阶段。这与杭州近年来在第二产业领域加快淘汰落后产能密不可分,"十三五"期间,杭州淘汰10蒸吨/小时以下燃煤小锅炉3 930台,淘汰10蒸吨/小时以上燃煤锅炉106台,所有工业锅炉和热电锅炉实现超低排放;完成杭钢关停腾出、富阳区造纸业行业腾退,累计整治提升"低小散"企业8 567家,淘汰落后产能及企业1 037家,累计腾出用能空间572万吨标煤。①

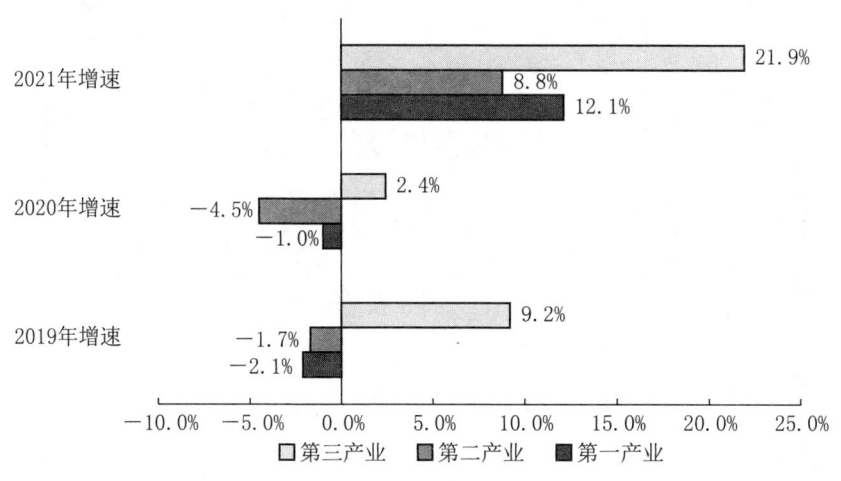

图 4-5 2019—2021年杭州三次产业用电增速

服务业内部各行业用电水平差异较大(表4-6)。从比重来看,用电量占比最高的分别是批发和零售业,租赁和商务服务业,房地产业,信息传输、软件和信息技术服务业,交通运输、仓储和邮政业等。从增速来看,2019年各行业用电量均为正增长;2020年受疫情影响仅有6个行业实现正增长,信息传输、软件和信息技术服务业增长最快,达13.4%;2021年复工复产后各行业用电量均出现了大幅正增长。而从单位增加值用电量来看,信息传输、软件和信息技术服务业

---

① 数据来源:《杭州市生态环境保护"十四五"规划》《杭州市绿色发展(循环经济)"十四五"规划》。

表 4-6　2019—2021 年杭州服务业各行业用电情况

	用电量占服务业比重			用电量增速			单位增加值用电量（千瓦时/万元）		
	2019 年	2020 年	2021 年	2019 年	2020 年	2021 年	2019 年	2020 年	2021 年
批发和零售业	18.1%	17.6%	17.9%	10.1%	−0.6%	23.7%	326.6	312.5	344.2
交通运输、仓储和邮政业	8.8%	9.4%	9.6%	9.7%	9.7%	24.9%	486.6	541.4	591.7
住宿和餐饮业	6.8%	5.8%	5.5%	1.3%	−12.4%	16.4%	638.1	615.5	694.9
信息传输、软件和信息技术服务业	11.5%	12.8%	12.1%	9.4%	13.4%	15.8%	91.6	90.8	—
金融业	1.8%	1.7%	1.6%	7.3%	−1.1%	11.2%	22.1	19.2	19.9
房地产业	12.5%	13.0%	13.4%	13.8%	6.3%	25.9%	260.6	238.9	267.2
租赁和商务服务业	12.6%	13.1%	13.9%	16.5%	6.6%	29.0%	611.9	746.4	—
科学研究、技术服务业	1.7%	1.5%	1.5%	4.3%	−8.1%	18.8%	79.8	75.1	—

第四章 绿色发展:"双碳"目标视角 | 133

续表

	用电量占服务业比重			用电量增速			单位增加值用电量（千瓦时/万元）		
	2019年	2020年	2021年	2019年	2020年	2021年	2019年	2020年	2021年
水利环境和公共设施管理业	5.1%	5.4%	4.9%	10.3%	7.0%	11.9%	984.4	816.3	—
居民服务、修理和其他服务业	2.8%	2.6%	2.4%	3.7%	−4.3%	15.4%	679.6	648.2	—
教育	7.1%	6.2%	6.9%	8.3%	−10.5%	34.5%	284.4	259.1	—
卫生和社会工作	4.3%	4.3%	4.1%	4.6%	4.1%	15.9%	203.3	215.5	—
文化、体育和娱乐业	1.4%	1.3%	1.4%	5.7%	−5.0%	25.4%	280.2	361.7	—
公共管理、社会保障和社会组织	4.8%	4.6%	4.2%	1.0%	−1.1%	10.8%	244.7	225.2	—

注：2021年杭州末完全统计第三产业各行业增加值，故只计算了有增加值统计的5个行业的单位增加用电量。

用电虽然比重大、增速快，但其单位增加值用电量却较低，在14个行业里排在倒数第三，低碳发展特征较为明显；金融业和科学研究、技术服务业两大行业单位增加值用电量也保持着低位运行水平，这也充分证明了现代服务业的节能属性。此外，亟须控制能耗水平实现绿色发展的行业有水利环境和公共设施管理业，租赁和商务服务业，居民服务、修理和其他服务业，住宿和餐饮业，交通运输、仓储和邮政业等。

（二）服务业集约化水平仍需提高

尽管杭州服务业集聚发展格局已卓有成效，但是仍然存在过度投资、盲目投资等现象。尤其是近年来，以数字经济、文化创意、电子商务、旅游度假等为名目的各类平台层出不穷，部分平台仍然是采取房地产项目投资的思路，特色不足，产业定位不准，高端要素集聚不够，制度化创建机制未能有效运行，导致发展受阻，甚至被淘汰、被降级。例如2019年浙江省级特色小镇考核中，淳安千岛湖乐水小镇因为当地临湖综合整治工作及特别生态功能区建设的约束条件，产业项目大幅调整，固定投资难以达标而被降级；2020年省级特色小镇考核中，拱墅跨贸小镇未通过考核。同时，平台之间在大热的数字经济等领域存在同质化现象，例如近30%的小镇以大数据和云计算作为特色产业，有些小镇仅仅因为一家企业或现有项目就定义自己的特色产业。从图4-6可以看出，杭州特色小镇2016年实现特色产业投资304亿元，2017年升至波峰434亿元，到2021年仍然仅达307亿元，还没有恢复到2018年的水平，投资后劲不足。特色产业投资占固定资产投资比重在2019年升至78.02%，但在2020年又下降至74.50%，2021年恢复至78.12%，特色产业投资占比基本保持稳定。

此外，服务业集聚的各类平台受不同制约因素影响，产业集聚度

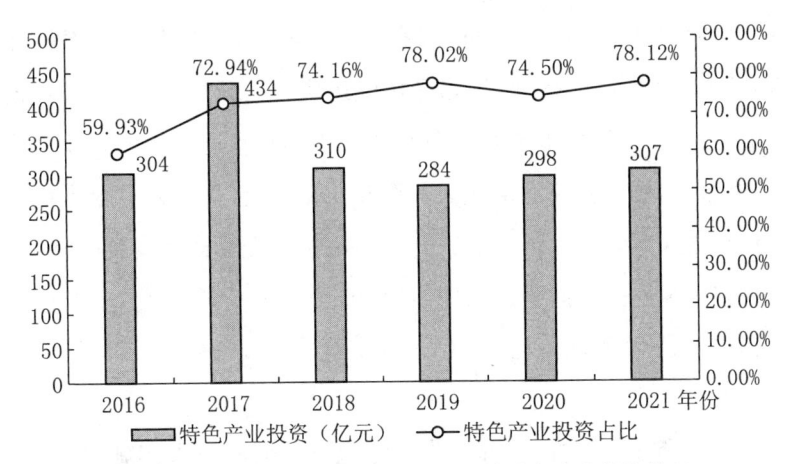

图 4-6　杭州市 2016—2021 年特色小镇特色产业投资情况

有待提高。例如,白马湖等文创产业集聚区以初创型的中小规模企业为主,缺乏行业领军型、支柱型企业,且企业间上下游产业链关联度不高,产业集聚效应难以发挥。一些商务服务业集聚区由于房屋产权过于分散,权属复杂,有些是办公用房,有些是公寓,且个人投资者购买比例较高,给产业的培育和集聚带来很大困难。一些集聚区或特色小镇建设之初为了提高出租率,集聚人气商气,引进的企业与平台定位有偏差,导致后期形成了小企业小项目多、大项目大企业难以引进的格局,不利于集聚区内产业集聚发展。

四、杭州服务业绿色发展的典型案例

(一) 桐庐县:"中国民营快递之乡"的绿色转型

杭州市桐庐县作为中国民营快递业的发源地,被中国快递协会授予"中国民营快递之乡"的称号已有十年,是"三通一达"(申通、中通、圆通、韵达）的故乡。根据国家邮政局统计，2021年通达系快递企业配送快递683.23亿件，占全国配送快递总量的63%。同时，据不完全统计，全国由桐庐籍民营企业家创办和管理的快递企业已达2500余家，桐庐籍快递从业人员已超1.2万人，其中大多数为快递企业负责人或管理人员。桐庐充分利用快递配套产业集群优势，在快递包装绿色品牌打造方面探索形成的源头生产绿色化、市场对接无缝化、末端治理规范化"三化并举"实践模式，取得了显著的经济和社会效益。

第一，推进快递包装源头生产绿色化。桐庐深入实施"快递回归"发展战略，印发《桐庐县快递特色产业发展规划（2020—2024年）》，将新材料与绿色包装作为四大重点产业方向之一，快递绿色包装产业集群逐渐形成。截至目前，桐庐已拥有三恒包装、嘉顺印务等快递包装生产企业25家，为申通、圆通、韵达等国内快递巨头配套生产电子面单、信封、快递塑料袋等。为进一步鼓励和推进快递绿色包装的研发和生产，专门出台《桐庐县邮政快递业绿色包装整治实施方案》。2021年，桐庐各类快递包装生产企业在快递包装绿色化、减量化、可循环研发和设计方面已累计投入资金1600万元，参与制定《中华人民共和国邮政行业标准》，分别申请发明专利2个、实用新型专利13个、计算机软件著作权开发专利1个，为快递行业的转型升级和绿色发展做出突出贡献。

第二，推进快递包装市场对接无缝化。桐庐建成全国首个县级快递绿色包装检测机构——桐庐县物流（快递）绿色包装用品检验检测中心，配备恒温恒湿实验室6间，专业检测设备70余台（套）。2021年2月7日，该中心完成绿色包装用品检测CMA资质认证，全面满足《快递包装绿色产品评价技术要求》（国邮发〔2020〕62号）相关要求,目前已具备封套、包装箱、电子面单、集装袋、胶带等覆盖快递包装全生命周期的项目检测能力,已为全国20余家快递包装企业提供检测服务。2020年5月,桐庐建成国内首个快递物流装备物资集中采购交易中心,该中心通过搭建线上线下相结合的集中交易采购平台,通过资源整合,为快递企业和装备物资供应商提供信息发布、交易撮合、集中议价采购等服务,推动快递绿色包装市场占有率的不断攀升。2021年,集采中心完成线上线下交易112.57亿元,实现快递关联产业营收320.64亿元。

第三,推进快递包装末端治理规范化。桐庐积极启动"无废快递驿站"建设,在驿站内设置规范的快递包装回收装置,对纸盒、塑料气泡填充物等快递外包装进行回收,并鼓励用户在寄递快递时,就地选取合适的外包装进行重复使用,进一步推动快递包装末端治理规范化、减量化。目前,快递包装回收装置已实现全县60余个快递网点全覆盖。同时,编制并实施《无废快递驿站建设标准(试行)》,对包装物采购及使用、包装物回收(共享)、垃圾分类等进行明确要求,推动"无废快递驿站"建设的标准化,建成首批10个标准化"无废快递驿站"。另外,创新性开设了无人快递驿站,不仅从源头上减少了生活垃圾的产生,也为市民养成"无废"习惯提供了良好的环境和氛围。

(二)"虎哥回收":互联网+生活垃圾分类回收

"虎哥回收"(浙江九仓再生资源开发有限公司)位于杭州市余杭区,是杭州市知名的垃圾分类和再生资源回收服务品牌,其模式成为国家商务部再生资源回收创新案例、国家发改委"互联网+"资源循环利用优秀典型案例以及浙江省企业管理现代化创新成果之一,已被列为浙江省循环经济"991行动计划"重点支撑项目,入选资源节约循环利用重点工程2017年中央预算内投资备选项目。"虎哥回收"现有专用生活垃圾分类回收车辆200辆,资源化分选总仓3万余平方米,构建了一条"居民家庭—服务站—物流车—总仓"的生活垃圾分类高速公路,实现了生活垃圾分类投放、收集、运输以及处置。目前"虎哥回收"服务居民达到20万户,居民垃圾分类参与率达到80%以上,生活垃圾减量达到户均0.9千克/天,回收垃圾资源化利用率达到98%,无害化率100%。

1. 生活垃圾分类标准

"虎哥回收"将生活垃圾分为干垃圾和湿垃圾两大类,便于居民操作。其中干垃圾包括废旧家电类和废旧家具类等大件垃圾、废书废纸类、废塑料类、废包装物类、废金属类、废玻璃类、废纺织物类和有害垃圾类等小件垃圾;湿垃圾包括厨余垃圾和卫生间垃圾。"虎哥回收"的回收品类是干垃圾部分。

2. 回收方式

如表4-7所示,废旧家电、废旧家具等大件垃圾,按件单独回收;废纸、废包装、废塑料等小件垃圾,统一装进可回收垃圾袋打包回收。

表4-7 "虎哥回收"社区生活垃圾分类回收方式

品 类	常见品种	回收方式	计价方式
大件垃圾	废旧家电	单件回收	市场价
	废旧家具	单件回收	免费回收
小件垃圾	废纸、废包装、废塑料、废金属、插线板等	"虎哥回收"专用垃圾袋打包回收	"环保金"兑换商品

3. 分类及回收流程

一是发放垃圾袋。为便于管理,"虎哥回收"在自行设计的专用垃圾袋上按户贴上二维码,再由社区统一组织"虎哥回收"工作人员向居民发放专用垃圾袋以及指导手册,并对居民垃圾分类行为进行指导。二是分类投放。居民按照"虎哥回收"的要求将可回收物投放至专用垃圾袋中。三是呼叫虎哥。垃圾袋装满后,居民可以通过"虎哥回收"App、微信号、服务站服务电话或者登录官方网站等多种方式,呼叫上门服务。上门回收的虎哥将居民收集的垃圾按照规格和重量实时录入监管系统。四是绿色中转。回收垃圾集中存放在中转站,每日结束后清运至"虎哥回收"总仓,所有运输车辆采用GPS实时位置跟踪。五是分类再生利用。对运至"虎哥回收"总仓的垃圾进行集中分选分类,使可回收垃圾的再利用价值最大化。

4. 惠民服务

"虎哥回收"推出"你环保,我请客"的惠民服务机制,即"虎哥回收"社区生活垃圾分类服务站将居民收集的生活垃圾按重量换算成"环保金"存入居民的唯一账户中,居民则可到"虎哥商城"或服务站以"环保金"兑换商品,以此鼓励广大居民参与垃圾分类回收。

5. 信息监管服务

"虎哥回收"通过互联网技术,对居民家庭产生的生活垃圾,按袋(件)进行二维码识别,跟踪溯源管理生活垃圾的回收、清运和处置全过程。同时将垃圾回收分类情况数据实时提供给相关部门进行监管。

"虎哥回收"可推广的经验在于:第一,分类方法简单,群众容易接受,减量效果显著。"虎哥回收"实施的干湿两分模式,便于居民操作,短时间内居民参与率即达到80%以上。通过上门回收的方式,把居民投放的生活垃圾按重量支付居民"环保金",并通过集中设立的服务站让"环保金"兑现。"操作方便、服务周到、居民实惠"的模式提高了居民的生活垃圾分类积极性,最终实现了生活垃圾显著的减量效果,覆盖小区户均垃圾减量超过0.9千克/天。第二,分类关口前移,发挥群众力量在家里做好分类,企业进行精细化分类和资源化利用。"虎哥回收"通过将专用垃圾袋发放至群众家庭,并进行上门指导和利益回馈,实时监控居民的垃圾分类动态,帮助居民形成固定的生活垃圾分类习惯。进入回收体系的生活垃圾,充分发挥后端企业优势,实现了资源化率98%,无害化率100%。第三,全产业链运营,市场化程度较高,政府可以把精力充分集中到宣传、引导和考核上来。"虎哥回收"具有全产业链运营的基础,市场化程度较高,有效避免了在前端分类、宣传、清运和处置各个环节上,不同单位运作导致政府介入较深,责任划分难以明确的问题。第四,实现精准到户的生活垃圾分类信息监管。"虎哥回收"通过数字技术,将居民回收垃圾的情况通过二维码扫入系统,有效掌握生活垃圾全过程处理数据链并实现了精准到户,可为政府制定相关政策和监管措施提供重要依据。第五,全面提升了试点小区的市容、市貌,改善人居环境。将城市生活垃圾分类收集规范化,统一形象标识,统一回收流程,统一运输和集中分类,遏制了拾荒大军和个体户随意拆解与倒卖造成的污染问题,使得市容市貌和人居环境得到了较大提升。

(三)楼宇经济:服务业集约发展的"上城经验"

楼宇经济一向被认为是服务业尤其是高端服务业集聚,体现集约型、高密度特点的一种经济形态。上城区是杭州市委、市政府所在地,也是杭州城市精华和发展的核心之地,既有"西湖时代"的底蕴,也有"拥江发展"的战略。上城区在推动楼宇经济发展中大胆探索、先行先试,依托丰富的楼宇资源与高端的产业定位,全力打造以金融服务、消费服务、智能制造为支撑,以专业服务、大健康为特色的"3+

2"高端产业体系,推动总部经济、楼宇经济做大做强。在"2022服贸会·中国楼宇经济北京论坛"上,上城区获得两个"全国前十":上城区获评全省唯一"中国楼宇经济(总部经济)标杆城区"前十强,钱江新城获评全省唯一"中国商务区综合竞争力"前十强。其发展楼宇经济的主要做法有:

第一,将楼宇经济打造为重要的税源经济。上城区是杭州成熟楼宇资源最为丰富的地区,也是地标性建筑最为集聚的区域。截至2021年,全区竣工楼宇超过250个,总建筑面积超过1 900万平方米,未来3年预计新增楼宇资源超400万平方米。一直以来,上城区坚持"楼均论英雄"理念,聚力提高楼宇的"平方税收",通过创新多项机制,实现政企联动共谋发展。建立区领导领衔招商机制,重大项目从招引到落地、达产,实现区领导全链条服务。联动部门、街道、平台、国企成立产业招商专班,瞄准细分赛道进行靶向招引。2021年,实现楼宇税收超150亿元,亿元楼宇38个(表4-8),创历史新高。

表4-8　2021年上城区税收亿元楼宇

序号	楼宇名称	序号	楼宇名称
1	华峰国际商务大厦	10	华联UDC时代大厦
2	杭州联合银行大厦	11	思科望江产业园大楼
3	万事利科技大厦	12	东方电子商务园
4	华润大厦	13	浙江物产国际广场
5	金投金融大厦	14	明珠国际商务中心
6	定安名都	15	移动大厦
7	近江时代大厦	16	华润万象城
8	国贸总部大楼	17	创智绿谷发展中心
9	云峰大厦	18	杭州之翼

续表

序号	楼宇名称	序号	楼宇名称
19	湖滨银泰 in77 综合体	29	西子国际中心
20	中豪五福天地	30	华成国际发展大厦
21	敦和楼	31	中天国开大厦
22	平安金融中心	32	泛海国际中心
23	蕙沣大厦	33	东站西子国际
24	智谷人才广场	34	中豪望江国际
25	钱江国际时代广场	35	新城时代广场
26	长城大厦	36	宏程大厦
27	华都大厦	37	浙江财富金融中心
28	西子智慧产业园	38	东谷创业园

第二,赋予楼宇经济高质量发展内涵。上城区拥有平安金融中心、华润大厦等总部楼宇,总部经济密集度和活跃度在全省具有领先优势。五大国有银行省级分行有4家在钱江新城,是全省金融机构总部最为集中的中央金融区。上城区还集聚了全国前十强的律师事务所5家,全国前十强的会计师事务所9家,实现了国际五大行四大所区域性总部全覆盖落地。总部楼宇、金融楼宇,以及高端生产性服务业的规模集聚,赋予了楼宇经济更高质量的发展内涵,也就是上城区提出的楼宇经济3.0版本:由纯粹的载体建设发展为空间产业和运营服务的立体融合,这意味着楼宇经济不再只追求硬件设施、楼宇税收等基础功能和传统指标,而是更关注楼宇经济对区域经济的拉动、对城市品位的提升、对城市文化的传承。[1]

---

[1] 参考杭州市上城区人民政府副区长孔德君2022年9月在"2022服贸会·中国楼宇经济北京论坛"上的发言内容。

第三,全面启动楼宇标准化建设。2020年上城区正式发布《楼宇平方效益评价规范》杭州市地方标准,这也是浙江省首个商务楼宇综合评价地方标准。在标准发布之后,上城区率先开展浙江首个楼宇等级评定项目,在全区200多个楼宇中评选出最具品质楼宇进入标准,在招商推荐、政策扶持等方面予以分类,用好标准打造高质量发展的指挥棒。上城区还牵头发起了长三角楼宇标准合作项目,通过联合设计,以楼宇经济杭州标准为样板,提升形成长三角商务楼宇一体化评价体系。楼宇标准的探索赋予楼宇经济发展巨大能量,标准实施的两年里,上城区楼宇入驻率持续上升,楼宇租金持续上扬,楼宇税收稳步增长。即使是在疫情冲击之下,钱江新城高端楼宇也保持了全市入驻率和租金的最高水平。在标准引领下,进一步推动了楼宇总部能级提升和高端产业集聚。

第五章
开放发展:城市国际化视角

一、服务业开放发展的主要趋势

服务业高水平对外开放已成为中国新一轮对外开放的重中之重。我国已是世界货物贸易第一大国和吸引外商直接投资最多的发展中国家,但服务业领域的开放度却较低,联合国贸发会议数据显示,2020年中国货物贸易进出口在全球占比13.19%,而服务贸易仅占6.85%。[1]推进服务业高水平对外开放是适应新发展阶段、贯彻新发展理念、构建新发展格局、应对全球变革的必然选择,是我国建设更高水平开放型经济新体制的关键领域和重要突破口。2015年5月,《北京市服务业扩大开放综合试点总体方案》出台,拉开了服务业开放的序幕。截至2021年底,中国已有北京服务业扩大开放综合示范区,天津、上海、海南、重庆4个服务业扩大开放综合试点,21个以先行先试服务业对外开放政策为主要任务的自贸试验区及海南自由贸易港。

---

[1] 太平,李姣.中国服务业高水平对外开放的困境与突破[J].国际贸易,2022(6):13-19,61.

对于中国城市而言,服务业的开放发展更是进一步增强城市核心竞争力,推动城市高质量发展,进而在世界范围内产生更具有话语权的全球城市的关键之举。因为,在世界经济格局中,一个城市面对的是全球市场而不仅是自身市场,城市能级的高低也依赖于在这个全球市场中是否具有更大的流动性、资源配置力和集聚辐射力。现代城市的发展是通过信息、知识、资本和人才等流量的流动来实现的,而不仅仅靠它们的存量凝结。[①]这就必然要求经济体系中必须能够提供大量的现代服务活动,尤其在经历了工业化之后,城市必须靠服务业振兴才能回归其本质,即满足人的多元需求;同时,城市必须靠服务业的开放发展才能全面提升城市能级,增强支配控制能力与集聚辐射能力。例如纽约、伦敦、东京、巴黎等全球城市网络中的高等级城市,都是依托全球市场,提高服务业所需的人才、资本、数据等生产要素的配置效率,并通过服务业全球化提升了城市国际化水平。

(一) 服务贸易创新发展

美国经济学家罗斯托于1960年在《经济成长的阶段》中提出了经济成长阶段理论,在罗斯托理论中最重要的是诞生了"起飞"的概念,即突破不发达经济的停滞状态,摆脱贫困及人口不断增加困境的转变过程。罗斯托认为,发展中国家或地区要实现经济起飞必须克服资本积累不足的困难,因此他设定的经济起飞的重要条件之一就是要具备较高的积累率。制造业产品具备的可贸易性,使通过发展制造业推动工业品出口成为绝大部分发展中国家或地区增加外汇储备、提高资本积累率的现实之举。而传统观点认为服务必须在消费

---

① 李程骅.服务业推动城市转型的"中国路径"[J].经济学动态,2012(4):73-79.

者身边开展,服务必须在消费的当时当地生产出来;同时,服务是无形的并且不可储存,不能跨国界转移,因此服务曾在很长一段时间内被认为是不可贸易的,这使得发展中国家或地区试图通过扩大服务产品出口来提高资本积累是不可行的。但是第三次产业革命以来,随着全球化进程的加快和现代信息技术的革命性突破,服务业的不可贸易性正在被改变,尤其是1972年经济合作与发展组织(OECD)正式提出"服务贸易"这一概念以来,国际服务贸易实现了快速增长。2000年世界服务贸易进出口总额为29 551亿美元,2018年已经达到112 549亿美元,年均增长3.6%,而同期全球包括工农业产品在内的货物出口的增长速度为2.9%,货物贸易与服务贸易的比值也由2000年的4.5∶1缩小到2018年的3.5∶1,[1]服务贸易已经成为国际贸易的主要内容。我国服务贸易规模也不断扩张,2021年,中国在克服新冠肺炎疫情影响后,服务进出口总额快速恢复至疫情前水平,达到8 212亿美元,其中出口3 942亿美元,进口4 270亿美元(图5-1)。我国服务贸易在世界上的地位也不断提高,2012年中国服务进出口总额在美国和德国之后,位居世界第三;2014年开始超越德国,位居世界第二并持续至今。2021年,中国在世界服务进出口总额中的占比提高至7.1%;服务出口占世界比重提高至6.6%,成为世界第三大服务出口大国;服务进口占世界比重提高至7.7%,成为世界上仅次于美国的服务进口大国。

服务贸易结构呈现知识化、技术化、资本化趋势。如表5-1所示,2001—2021年,在我国服务进出口总体构成中,知识和技术密集型新兴服务贸易占比从28.7%上升至42.5%,传统服务贸易占比从

---

[1] 根据《国际统计年鉴2019》相关数据计算得出。

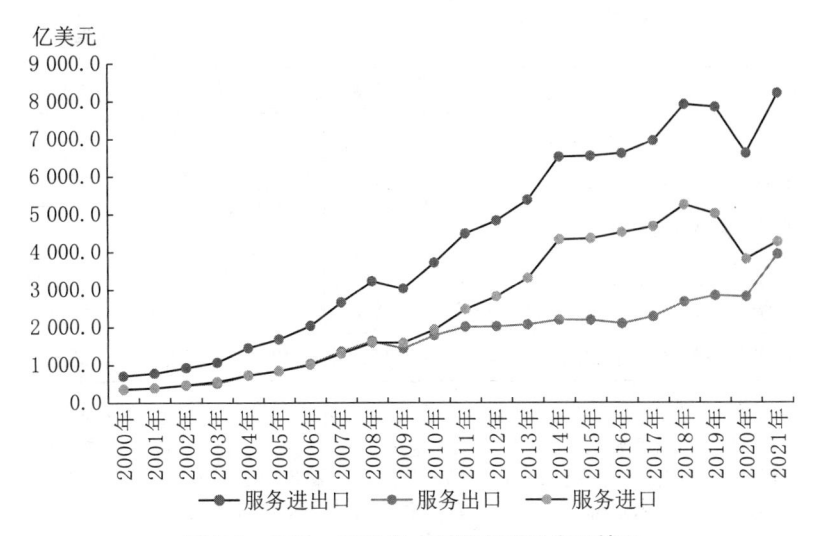

图 5-1　2000—2021 年中国服务贸易发展情况

数据来源:《中国统计年鉴 2022》。

表 5-1　"入世"以来中国服务贸易结构演变(%)

类　别	服务进出口 2001 年	服务进出口 2021 年	服务出口 2001 年	服务出口 2021 年	服务进口 2001 年	服务进口 2021 年
加工服务	7.9	1.9	15.7	4.2	0.0	0.2
维护和维修服务	0.0	1.5	0.0	2.3	0.0	0.9
运输	20.5	35.6	12.0	37.8	29.0	34.0
旅行	40.8	15.2	45.9	3.4	35.6	24.3
建设	2.2	3.3	2.1	4.6	2.2	2.2
保险和养老金服务	3.8	3.1	0.6	1.5	6.9	4.4
金融服务	0.2	1.3	0.3	1.5	0.2	1.1
知识产权使用费	2.6	7.6	0.3	3.5	5.0	10.8
电信、计算机和信息服务	1.8	11.8	1.9	15.1	1.7	9.2

续表

类别	服务进出口 2001年	服务进出口 2021年	服务出口 2001年	服务出口 2021年	服务进口 2001年	服务进口 2021年
其他商业服务	20.2	18.1	21.1	25.8	19.2	12.2
个人、文化和娱乐服务	0.1	0.6	0.1	0.4	0.1	0.8
传统服务贸易	**71.4**	**57.5**	**75.7**	**52.3**	**66.8**	**61.6**
新兴服务贸易	**28.7**	**42.5**	**24.3**	**47.8**	**33.1**	**38.5**

注：上述内容不包括政府服务。传统服务贸易是指加工服务、维护和维修服务、运输、旅行、建设；新兴服务贸易包括保险和养老金服务，金融服务，知识产权使用费，电信、计算机和信息服务，其他商业服务，个人、文化和娱乐服务。

数据来源：朱福林.入世20年中国服务贸易发展基本图景：历程、特征与经验[J].区域经济评论,2022(4):112-122。

71.4%下降至57.5%，尤其是电信、计算机和信息服务贸易提升速度显著，比重从1.8%上升至11.8%，提高了10个百分点。从服务出口结构变化来看，2001—2021年，传统服务出口占比由75.7%下降至52.3%，新兴服务出口占比则由24.3%上升至47.8%；其中，上升幅度较为显著的仍然包括电信、计算机和信息服务，由2001年的1.9%上升至2021年的15.1%，提高了13.2个百分点；金融服务，知识产权使用费，个人、文化和娱乐服务占比上升幅度相较2001年有所提升，但和发达国家相比，远低于同行业的出口水平，例如，联合国贸发会议数据显示，2020年美国金融服务出口占服务贸易出口总额的20.46%，个人、文化和娱乐服务出口占服务贸易出口总额的2.90%。从服务进口结构变化来看，2001—2021年，新兴服务进口占比从33.1%提升至38.5%，主要由知识产权使用费以及电信、计算机和信息服务比重上升所致，前者提升了5.8个百分点，后者提升了7.5个百分点。上述服务贸易结构的变化与我国当前的发展阶段和产业特色密不可分,也证明了我国近年来抢占数字经济赛道的发展成效,使服务贸易进出口的知识含量、技术水平不断提高。尽管目前仍有较多新兴领域落后于发达国家,但随着进一步地扩大服务业开放,更多新兴服务贸易加速发展,服务进出口结构将持续优化提升。

我国服务贸易的另一大趋势就是数字贸易的崛起。以大数据、云计算、物联网、人工智能为代表的新一代信息技术推动了国际贸易数字化转型步伐加快。数字贸易以互联网为基础、以数字技术为工具、以互联网传输为载体,贸易双方提供彼此所需的数字化数据与信息,并以此为交易内核。数字贸易作为数字经济的重要组成部分,是数字经济时代对外贸易的新业态新模式,对全球服务贸易发展产生了极大促进作用。统计数据显示,2020年,全球服务出口同比下降18%,而数字化的服务出口仅同比下降1.8%,数字服务出口在全球服务出口的占比达到63.6%,较2019年提升11.8%。2021年,中国数字服务贸易2.33万亿元,同比增长14.4%,其中数字服务出口1.26万亿元,增长18%;跨境电商进出口规模约1.92万亿元,同比增长18.6%。[1]根据商务部预测,到2025年,我国可数字化的服务贸易进出口总额将超过4 000亿美元,在服务贸易总额中的占比将达到50%左右。

(二) 服务业双向开放

以外商直接投资(FDI)为主要形式的外商投资已成为国家经济发展的主要引擎之一,对于一国的产品、出口、技术、生产率等方面起着越来越重要的作用。改革开放以来,外商投资对带动我国产业结构升级并深度融入全球产业链、供应链、价值链发挥了重要作用。据

---

[1] 刘倩,马鑫.以高水平对外开放为世界搭建服务贸易新平台[N].光明日报,2022-09-04.

商务部统计,"十三五"时期,外商投资企业缴纳税收总额14.1万亿元,占全国税收总额的比重超过六分之一;吸纳就业人数4 000万人左右,约占全国城镇就业人数的十分之一;对外贸易总额达9.1万亿美元,占全国对外贸易总额的比重超过40%。①而服务业已经成为我国吸引外资的主要方向,"十三五"时期,中国服务业吸收外资年均增长4.4%,占比从2015年的69.8%提高至2020年的78.5%,②推动我国成为2020年全球最大外资流入国。分行业看(表5-2),2019—2021年,服务业中实际利用外资比重排名前五位的行业分别是租赁和商务服务业、房地产业、科学研究和技术服务业、信息传输、软件和信息技术服务业、批发和零售业;比重提高排名前五位的行业分别是科学研究和技术服务业、批发和零售业、租赁和商务服务业、水利环境和公共设施管理业以及公共管理和社会组织。可见,高技术服务业领域正逐步成为外商投资的重点。

表5-2 2019—2021年我国服务业实际利用外资分行业比重

服务业各行业	2019年	2020年	2021年	比重变化
批发和零售业	9.50%	11.05%	12.83%	3.33%
交通运输、仓储和邮政业	4.76%	4.66%	4.09%	−0.67%
住宿和餐饮业	1.02%	0.77%	0.96%	−0.06%
信息传输、软件和信息技术服务业	15.41%	15.33%	15.43%	0.02%
金融业	7.49%	6.05%	3.49%	−4.00%
房地产业	24.64%	18.97%	18.12%	−6.52%
租赁和商务服务业	23.17%	24.78%	25.40%	2.23%

①② 商务部《"十四五"利用外资发展规划》。

续表

服务业各行业	2019年	2020年	2021年	比重变化
科学研究和技术服务业	11.72%	16.74%	17.47%	5.75%
水利环境和公共设施管理业	0.55%	0.53%	1.02%	0.47%
居民服务、修理和其他服务业	0.57%	0.29%	0.36%	−0.21%
教育	0.23%	0.26%	0.01%	−0.22%
卫生和社会工作	0.29%	0.22%	0.28%	−0.01%
文化、体育和娱乐业	0.66%	0.37%	0.30%	−0.36%
公共管理和社会组织	0.00%	0.00%	0.24%	0.24%

数据来源:根据历年《中国统计年鉴》相关数据计算得出。

服务业双向开放的另一层含义则是服务业"走出去",去国际市场参与国际竞争。我国服务业"走出去"呈现加快发展态势,2012年起,我国服务业对外直接投资开始超过实际利用外资,成为服务业的资本净输出国。[①]2020年,服务业对外直接投资流量达1 068.0亿美元,占当年全部对外直接投资的69.5%;而2019年该比重为74.1%,这是因为受新冠肺炎疫情影响,流向住宿和餐饮业、文化、体育和娱乐业及教育等领域的投资降幅较大;租赁和商务服务业的投资保持在第一位,达387.2亿美元,占全年投资总额的25.2%,但同比下降了7.5%(表5-3)。与此同时,服务业对外投资并购规模于2014年首次超过制造业,成为我国对外并购的主体,如表5-4所示,2020年我国企业对外并购金额282.0亿美元,服务业企业占29.4%,制造业企

---

① 洪群联.中国服务业高质量发展评价和"十四五"着力点[J].经济纵横,2021(8):61-73,137.

业占 24.7%,交通运输、仓储和邮政业,信息传输、软件和信息技术服务业,科学研究和技术服务业,租赁和商务服务业成为参与海外并购的主要服务行业,服务业企业在品牌、标准及技术领域的输出潜力不断释放。

表 5-3 2020 年中国对外直接投资流量行业分布情况

行　　业	流量(亿美元)	同比(%)	比重(%)
租赁和商务服务业	387.2	−7.5	25.2
制造业	258.4	27.7	16.8
批发和零售业	230.0	18.3	15.0
金融业	196.6	−1.5	12.8
信息传输、软件和信息技术服务业	91.9	67.7	6.0
建筑业	80.9	114.0	5.3
交通运输、仓储和邮政业	62.3	60.6	4.1
采矿业	61.3	19.5	4.0
电力、热力、燃气及水的生产和供应业	57.7	49.1	3.8
房地产业	51.9	51.8	3.4
科学研究和技术服务业	37.3	8.7	2.4
居民服务、修理和其他服务业	21.6	29.3	1.4
农林牧渔业	10.8	−55.7	0.7
卫生和社会工作	6.4	178.3	0.4
水利环境和公共设施管理业	1.6	−40.7	0.1
教育	1.3	−80.0	0.1
住宿和餐饮业	1.2	−80.0	0.1
文化、体育和娱乐业	−21.3	0.0	−1.4
合计	1 537.1	12.3	100.0

数据来源:《2020 年度中国对外直接投资统计公报》。

表 5-4　2020 年中国对外投资并购行业构成

行　业	数量(起)	金额(亿美元)	金额占比(%)
电力、热力、燃气及水的生产和供应业	27	97.5	34.6
制造业	152	69.7	24.7
交通运输、仓储和邮政业	17	33.1	11.7
采矿业	12	27.5	9.8
信息传输、软件和信息技术服务业	87	20.0	7.1
科学研究和技术服务业	81	14.3	5.1
租赁和商务服务业	34	7.4	2.6
农林牧渔业	19	4.1	1.5
批发和零售业	62	3.8	1.3
建筑业	5	2.8	1.0
教育	3	0.6	0.2
居民服务、修理和其他服务业	6	0.4	0.1
文化、体育和娱乐业	3	0.4	0.1
其他	5	0.4	0.1
总计	513	282.0	100.0

数据来源:《2020 年度中国对外直接投资统计公报》。

(三) 在地生活国际化

除了服务贸易、服务业外商投资以及服务业企业"走出去",还有一个视角是当今世界城市国际化发展不可或缺的要件,即在地生活国际化。在地化(localization)相对于全球化而言,是指一个地区或国家的任何一种产品或服务,必须适应本地生产生活需求才有可能得以发展起来,也就是说,这种产品或服务的普及推广能够被某一特定文化或语言地区所接受。服务业的在地性特征尤为明显,因为直接为居民服务的广大行业是必须以满足居民对美好生活的向往为目的的。一些世界知名的全球城市,它们的在地生活服务呈现出强烈的国际化特征,即通过多样化、特色化的服务产品吸引更大服务半径的人群来本地消费,例如国际化的消费空间、国际化的公共服务水平等。

在地性与国际化并不矛盾,城市国际化包含两个维度的内容:一方面是经济竞争力维度,也就是城市经济功能的全球控制力;另一方面则是城市地点质量(quality of place)的全球吸引力,也就是城市应该具有高水平的社会环境和公共服务。城市地点质量的全球吸引力,就是通过提供多样化、特色化、高质量的服务来吸引更大服务半径的人群来本地消费,通过城市的高宜居性吸引投资者、创业者,这就是在地生活的国际化。正如莎伦·佐金(2016)专门研究了地方商街,认为地方商街正在迅速发展成为一个全球化的城市生息之地,在这里人们能听到、看到、闻到、触摸到甚至品尝到来自世界各地不同的语言与文化。国际化与在地化的融合,归功于来自世界各地的移民与土生土长的本地居民共同生活工作,以及不同文化间的交流,比如本地佳肴与外地美食的碰撞、传统艺术与潮流艺术的杂糅。如表5-5所示,国际化城市的地方商街呈现了超级多样性,既是居民在地生活的主要载体,也成为城市吸引外来消费的特色化空间。

国际化城市的一个重要特征是城市氛围包容多元,主要表现为外籍人士和涉外机构聚集,与之相适应的国际化配套环境完善。这对当地的公共服务水平提出了较高要求,以前这部分服务绝大多数以政府供给为主导,随着简政放权的持续深入,这些领域的市场准入

表 5-5　从纽约到上海的地方商街

城市	街道名	地　点	描　述
纽约	奥查德街	近中心	从移民到潮人
	富尔顿街	近周边	从非洲裔美国人到民族多样化
上海	田子坊	近中心	从工厂到艺术区
	民星路	近周边	工人阶层
阿姆斯特丹	乌得勒支街	近中心	高档次消费但是"惬意"
	爪哇街	近周边	从移民到潮人
柏林	卡尔·马克思街	介入中心与周边之间	从移民到士绅化
	穆勒街	介入中心与周边之间	工人阶层,民族多样化
多伦多	布鲁尔谷	近中心	从移民到士绅化
	丹尼斯山	近周边	工人阶层,民族多样化
东京	麻布十番	近中心	高档次消费但是"惬意"
	下北泽	近周边	潮人生意

资料来源:[美]莎伦·佐金,等.全球城市　地方商街:从纽约到上海的日常多样性[M].张伊娜,杨紫薇,译.上海:同济大学出版社,2016。

有希望被进一步突破,民间资本的注入将带来激烈的市场竞争,从而促使整个行业实现服务优化与效率提升。数字经济的发展愈加使公共服务的供给主体呈现多元化,服务手段更加灵活,服务内容更加个性化,服务质量更加优良,服务半径更加广阔。这使得过去仅仅属于基本公共服务范畴的社会性服务业有了长足发展,社会性服务业的包容多元化发展成为推动城市生活质量不断优化的核心要素,也是外籍人士和涉外机构能够长久驻留并定居于国际化城市的关键要素。例如配备相当数量的国际学校,解决外籍人士子女的教育问题;具备多语种就医服务能力,并有条件开展国际医疗保险结算服务;提高国际化公共服务效能,帮助外籍居民更好地适应和融入城市生活等。当前全球化进程受到冲击,世界各国对于外籍人才和移民的态度有所变化,中国城市若能在在地生活国际化方面创新发展,将极大可能在人的生活质量与社会福利方面成为全球城市发展的新样板,广泛吸引人才和机构来中国发展。

二、城市国际化战略与杭州服务业开放发展

古代杭州就是一座国际化城市,早在700多年前,意大利著名旅行家马可·波罗就盛赞杭州是"世界上最美丽华贵之天城"。改革开放以来,杭州高度重视城市国际化工作,始终将城市国际化作为对外开放的重要环节,经历了强市名城、世界生活品质之城、东方品质之城、创新活力之城等城市国际化发展战略,特别是借助成功举办2016年G20杭州峰会、筹办第19届亚运会的东风,杭州的城市能级、经济体量、基础设施、文明水平等迈上新台阶,全方位、全领域、全社会的城市国际化格局基本形成。尤其是"十三五"以来,杭州成立杭州市城市国际化推进工作委员会,出台《杭州市城市国际化促进条例》,在国内率先立法设立城市"国际日",全面推进城市国际化重大决策部署,推动开放型经济水平全面提升,城市枢纽能级不断增强,国际交流合作日益频繁,国际化环境持续优化,城市品牌影响力日益提升,城市国际化水平取得新突破。服务业的开放发展在杭州城市国际化进程中扮演了不可或缺的角色,为拓展城市服务半径、增强城市控制支配能力、提高城市在全球城市网络中的地位发挥了至关重要的作用。

(一) 服务贸易发展成效显著

作为全国服务外包示范城市和深化服务贸易创新发展试点城市,杭州产业基础扎实、政策体系完善、示范载体平台颇多。尤其是后疫情时代,杭州服务贸易加速发展,高附加值产业稳步提升,国际竞争优势进一步扩大,传递出杭州服务业开放发展的积极信号。

第一,规模不断扩大,新兴领域出口持续增长。杭州服务贸易进出口规模稳步增长,领跑多数服务贸易创新发展试点城市。据商务部统计数据(表5-6),杭州2020年服务进出口额已达2 813.1亿元,同比增长11.7%。其中,出口额1 469.2亿元,同比增长20.3%;进口额1 344亿元,同比增长3.3%。在新冠肺炎疫情期间,服务贸易尤其是服务出口表现出强大的发展韧性。2021年,服务进出口额3 314.3亿元,同比增长17.8%。其中,出口额1 602.9亿元,同比增长9.1%;进口额1 711.4亿元,同比增长27.3%。在后疫情时代,服务贸易加速恢复增长。数字服务、文化服务、金融服务、其他商业服务等新兴服务贸易出口持续增长,2021年同比增长8.88%,占全市服务贸易出口额的比重为85.32%;其中,涵盖研发服务、专业管理咨询服务等在内的其他商业服务成为拉动新兴服务贸易增长的主要动

表5-6 2020年和2021年杭州服务贸易发展情况

	服务进出口		服务出口		服务进口	
	进出口额(亿元)	同比(%)	出口额(亿元)	同比(%)	进口额(亿元)	同比(%)
2020年	2 813.1	11.7	1 469.2	20.3	1 344	3.3
2021年	3 314.3	17.8	1 602.9	9.1	1 711.4	27.3

数据来源:浙江省商务厅。

力,占新兴服务贸易出口额的47.24%。此外,杭州市服务贸易伙伴日趋多元化,2021年,前三大服务出口市场分别为RCEP成员国(占比为37.16%)、美国(占比为27.37%)和"一带一路"市场(占比为26.83%),其中,新西兰、新加坡和老挝增长较快,分别增长122.01%、100.95%和71.08%。

第二,服务外包高附加值发展态势明显。2021年杭州服务外包合同执行额和离岸服务外包合同执行额分别达143.3亿美元和85.8亿美元,均位列全国第二,其中离岸服务外包连续三年位居全国第二。高端业务聚集日益显著,高附加值的离岸知识流程外包(KPO)规模达42.2亿美元,同比增长28.6%,占总执行额的49.2%;其中,研发服务离岸执行额同比增长83.2%,增长的主要动力源于医药和生物技术研发服务、新能源技术研发服务,同比增长分别达83.1%、482.8%。据商务部发布的《2020年度中国服务外包示范城市及申请城市综合评价结果》(表5-7),杭州综合得分在31个服务外包示范城市中位居第四,仅次于北京、南京和上海。

表5-7 2020年度31个服务外包示范城市综合评价得分

序号	城市	综合得分	序号	城市	综合得分
1	北京	69.599	9	苏州	59.124
2	南京	66.673	10	深圳	58.732
3	上海	63.604	11	无锡	57.292
4	**杭州**	**63.217**	12	南通	56.901
5	广州	62.818	13	厦门	55.753
6	合肥	62.084	14	镇江	55.057
7	天津	61.703	15	宁波	54.875
8	武汉	61.069	16	青岛	54.628

续表

序号	城市	综合得分	序号	城市	综合得分
17	长春	54.054	25	大庆	49.729
18	成都	53.978	26	重庆	49.6
19	济南	52.322	27	福州	49.242
20	长沙	52.099	28	大连	45.046
21	西安	51.996	29	乌鲁木齐	44.398
22	南昌	51.637	30	哈尔滨	44.287
23	沈阳	51.251	31	郑州	43.367
24	南宁	50.113			

第三,数字服务贸易潜力不断释放。杭州积极推动数字技术赋能服务贸易,探索"数字＋服务"新业态、新模式,上线运行杭州服务贸易云展馆平台及杭州服务贸易驾驶舱应用。2021年,杭州数字服务贸易进出口额达1 667.55亿元,占全省的84.41%,占全市服务进出口总额的50.3%。数字服务贸易领域中,杭州大数据、人工智能、云计算和物联网等新一代信息技术产业特色鲜明,服务贸易数字化转型步伐加快,实现了结构优化和质量提升。2021年,大数据、人工智能、云计算和物联网服务外包离岸执行额占全市离岸执行额比重达22.27%;其中,物联网服务外包离岸执行额占全市离岸执行额比重达21.31%。

(二) 服务业成为利用外资主力

服务业是外商直接投资的"主战场"。如图5-2所示,2015—2021年,杭州服务业实际利用外资金额累计达390.45亿美元,服务业实际利用外资金额在全行业中的占比持续攀升,在2019年达到最高值88.09%,2020年受疫情影响加之制造业引资超常规增长,比重降至 67.69%，2021 年比重又回升至 81.14%，是外商直接投资当之无愧的主要领域。

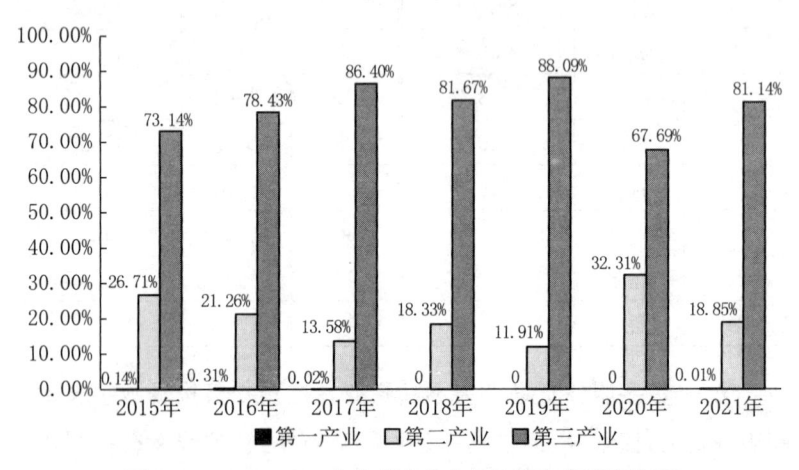

图 5-2 2015—2021 年杭州市分产业外商直接投资比重

分行业来看（表 5-8），2015 年服务业各行业中实际利用外资占比最大的是房地产业（24.06%），到 2021 年稍有变化，房地产业位于信息传输、软件和信息技术服务业之后，但占比仍有 24.45%，这与我国整体上服务业实际利用外资中租赁和商务服务业占比最大的总体趋势不相符，也说明了杭州经济发展乃至外资增长对房地产业的过度依赖，外资对高技术服务业的贡献力度有待加强。2015—2021年，信息传输、软件和信息技术服务业利用外资占比大幅提升，由 2015 年的 13.32% 提高到 2021 年的 32.75%，居行业首位，绝对值也由 9.47 亿美元提高至 26.76 亿美元，增长了 182.58%，这凸显了杭州近年来聚力发展数字经济所形成的产业优势。但值得注意的是，金融业、科学研究和技术服务业、租赁和商务服务业等行业外资绝对值和比重下滑相对较为严重，三大行业利用外资绝对值 2021 年相较

第五章 开放发展：城市国际化视角 | 161

表 5-8 杭州 2015—2021 年全行业实际利用外资结构

单位：万美元

	2015年		2016年		2017年		2018年		2019年		2020年		2021年	
	金额	比重	金额	比重	金额	比重	金额	比重	金额	比重	金额	比重	金额	比重
第一产业	1 005	0.14%	2 255	0.31%	145	0.02%	30	0	30	0	16	0	59	0.01%
第二产业	190 007	26.71%	153 200	21.25%	89 764	13.58%	125 140	18.33%	72 999	11.91%	232 710	32.31%	154 056	18.85%
制造业	181 391	25.50%	145 089	20.13%	77 738	11.76%	104 848	15.36%	59 617	9.73%	221 147	30.71%	148 298	18.15%
第三产业	520 241	73.14%	565 460	78.44%	571 092	86.40%	557 488	81.66%	539 789	88.08%	487 458	67.69%	663 001	81.14%
交通运输、仓储和邮政业	10 587	1.49%	33 575	4.66%	21 091	3.19%	18 559	2.72%	28 233	4.61%	17 641	2.45%	23 618	2.89%
信息传输、软件和信息技术服务业	94 706	13.32%	99 590	13.81%	131 737	19.93%	136 347	19.97%	156 753	25.58%	156 874	21.78%	267 598	32.75%
批发和零售贸易、餐饮业	50 054	7.04%	75 180	10.43%	78 114	11.82%	75 910	11.12%	35 128	5.73%	19 320	2.68%	63 734	7.80%
金融业	49 075	6.90%	104 335	14.47%	34 824	5.27%	93 386	13.71%	30 740	5.02%	47 404	6.58%	7 163	0.88%
房地产业	171 115	24.06%	121 300	16.83%	94 157	14.24%	131 989	19.33%	210 139	34.29%	161 098	22.37%	199 747	24.45%
租赁和商务服务业	74 674	10.50%	60 583	8.40%	112 802	17.07%	79 574	11.66%	51 536	8.41%	31 847	4.42%	55 375	6.78%
科学研究和技术服务业	62 834	8.83%	68 157	9.45%	95 032	14.38%	20 524	3.01%	23 852	3.89%	47 219	6.56%	40 412	4.95%
其他行业	7 196	1.01%	2 740	0.38%	3 335	0.50%	999	0.15%	3 408	0.56%	6 055	0.84%	5 354	0.66%

2015年分别下降了85.40%、35.68%和25.84%,比重分别下降了6.02、3.88和3.72个百分点。

(三)"杭州服务""走出去"

杭州坚持"走出去"战略,鼓励企业不断深化全球产业链布局,2021年杭州境外企业总投资额达到80.5亿美元,增长26.6%,其中中方投资31.9亿美元。民营企业是杭州"走出去"的主力军,2021年浙江本土民营跨国公司经营50强榜单中,杭州有18家企业上榜,尽管目前以制造业投资为主,但对外投资方式已从简单的劳动密集型产品输出,升级为资本与管理输出、平台输出,甚至构建全球研发、制造、营销网络,"杭州服务"已成为杭州民营企业"走出去"的品牌之一。如表5-9所示,万向通过海外并购构建全球研发和市场营销网络,海康威视通过构建海外综合服务体系转型成为海外综合系统服务和解决方案提供商,海兴电力从传统的设备供应商向整体解决方案提供商转型。民营经济主体优势使杭州不仅拥有向"一带一路"输

表5-9 "杭州服务""走出去"的案例

代表企业	"走出去"的主要动向
万向	构建全球研发和市场营销网络:1994年开始实施"走出去"战略,以汽车零部件为主攻方向,先后在美、英、德、加等地设立多家境外公司,实施一系列并购活动,取得境外设备、品牌、技术专利及市场网络,建立海外生产基地、研发中心和涵盖若干国家与地区的万向国际市场营销服务网络,万向的国际竞争力大幅提升
海康威视	转型为海外综合系统服务和解决方案提供商:自2009年以来,海康威视已向全球100多个国家和地区输出产品和解决方案,拥有20家全资或控股海外子公司,建立起由20家海外客服分公司和遍布全球的授权客户服务站组成的三级全球服务体系,转向以销售解决方案(服务、维护、集成方案)为主

续表

代表企业	"走出去"的主要动向
华立	打造海外园区综合服务商：2006年，华立集团与泰国安美德集团合作开发"泰中罗勇工业园"，旨在建成中国传统优势产业在泰国的产业集聚地、制造出口基地以及面向中国投资者的现代化工业区。"泰中罗勇工业园"现已发展成为中国企业在东南亚最大的产业集聚地，被商务部列入首批"国家级境外经贸合作区"，是企业从单独"走出去"到抱团"走出去"的一个重要平台。2020年，为有效应对疫情冲击，华立成立海外专业化运营公司，在泰国、墨西哥、北非、越南、乌兹别克斯坦、乌干达等地布局6个境外中国工业园平台
金帝	成为国际能源贸易商：金帝联合控股集团成立于1992年，主要业务领域涉及海外油气田勘探开采、大宗石化贸易、清洁能源服务、商业置业、金融投资、产业园区运营等，入选浙江省民营企业100强、浙商全国500强、浙江本土民营企业跨国经营50强、浙江省服务业企业100强、中国服务业企业500强等企业评选榜单。目前金帝持有印度尼西亚两处、乍得共和国一处油气区块权益，所持区块均已进入开发期
海兴电力	从设备供应商向整体解决方案提供商转型：杭州海兴电力科技股份有限公司始创于1992年，是全球领先的公用事业解决方案提供商。海兴电力立足全球化经营，积极响应国家"走出去"发展战略和"一带一路"倡议，通过在海外设立地区部和国家代表处的形式，构建了覆盖全球的业务营销平台。海兴电力与印度尼西亚、塔吉克斯坦等国电力公司合作，为它们提供从设计、生产、系统安装测试到上线运行及培训、后期维护等与计费系统相关的一揽子解决方案
日发	海外产业多元化布局：从2011年开始，日发集团就坚定"走出去"战略，着眼产业多元化布局，除了传统的纺织机械、精密机械领域，还在全球布局农牧产业、文体产业、通航产业等业务，取得了一系列成绩。农牧产业方面，日发在澳大利亚和我国新疆布局，逐步建立从繁育、养殖到产品、销售的端到端牛羊肉全产业链。通航产业方面，日发在我国新疆成立西亚航空，运营直升机机外载荷飞行、医疗救护、航空探矿、空中游览等20多个通用航空经营项目，收购新西兰最大的通用航空公司Airwork，与国内形成良好的规模协同效应

出产能的基础条件，也拥有了发挥企业家创新精神、推动越来越多的民营企业占据全球价值链高端的潜在机会。

(四）在地生活国际化氛围初步形成

近年来，杭州围绕国际化宜居宜业环境，从国际化社区、教育国际化、医疗国际化等层面全面推进在地生活国际化。

第一，形成四大类型国际化社区。杭州根植本土，完善国际化社区建设政策体系，2018年发布了《国际化社区评价规范》地方标准，创新提出"六化促一化"实施策略，指导各地营造开放、包容、友善的社区建设"软环境"，因地制宜发展国际化社区建设模式。目前，杭州国际化社区主要有产业集聚型、文化辐射型、高校联动型和配套优质型四大类型（表5-10），各类社区均与周边资源互补，通过形成国际化高端生活服务圈，引导各类国际化人才以产业、文化、高校和周边配套为纽带，使其在居住空间上初步形成自然集聚态势。

表5-10 杭州国际化社区的主要类型及特征

国际化社区类型	代表社区	社区特征
产业集聚型国际化社区	湖滨街道东坡路社区、仓前街道太炎社区等	这类社区紧邻商业街区、科创平台等产业集聚区，具有居住环境高端、文化多元包容、涉外服务便捷的国际化品质社区特征，配合周边业态进一步优化国际人才创新创业生活环境，加强与周边外资企业的互动，强化产业服务支撑
文化辐射型国际化社区	西湖区西溪街道花园亭社区等	这类社区充分发挥文化资源集聚优势，在建设国际化基础配套、提供国际化社区服务的同时，积极营造具有国际特色的社区文化空间，充分挖掘社区传统文化，丰富国际文化交流，不断加强外籍人士对于社区文化认同和环境改善，倡导和推广国际化的社区生活方式，提升社区的文化品位和居民素质

续表

国际化社区类型	代表社区	社区特征
高校联动型国际化社区	西湖区文鼎苑社区、下沙高教园区的朗琴社区等	这类社区紧邻高校,拥有大量外籍教师、访问学者、留学生群体以及外籍人员子女等外籍人口,文化包容性强、语言障碍少、人才学历高,基本形成了国际化氛围浓厚的社区空间体系
配套优质型国际化社区	上城区四季青街道钱运社区等	这类社区的"15分钟"生活圈内教育、医疗、购物、休闲等国际化高端场所及相关设施较为齐全,可以就近满足外籍人士就学、就医、休闲、商务等现实需求

第二,教育国际化水平逐步提高。杭州不断完善涉外教育服务体系,在玉皇山南基金小镇、高新技术产业开发区、钱塘江金融港湾、经济技术开发区以及城西科创大走廊等国际化人才主要聚居地设置了8所外籍人员子女学校,提供包括国际通用课程、美国课程、英国课程、日本课程等多国课程在内的教学服务,能较好地满足国际人才子女就近入学需求。中外合作办学日益完善,目前全市共有9个市级中外合作办学重点项目,包含国外一流大学来杭合作举办的本科、研究生人才培养机构(项目),也包括在杭中学开设国际部教学。

第三,医疗国际化服务体系逐步完善。杭州制定发布了《国际化医院建设标准》,成为国内第一个出台国际化医院建设地方标准的城市,并于2020年启动了国际化医院评审工作,评选出浙一医院等5家杭州市首批国际化医院。同时,全市共有7家医院单独设置了国际化医疗服务专区,从咨询、挂号、诊疗、检查、检验、取药到办理住院,都可以根据双语标识导引系统独立完成,在功能上实现了检查、治疗、结算一条龙。杭州还不断探索完善国际医疗保险服务,各大医院已与万欣和、招商信诺、平安健康险、中意人寿、工银安盛、保柏、太保安联等 30 多家保险公司开展了不同形式的合作和保险结算服务,由医院直接与保险公司结算医疗费用。据统计,2018 年至 2020 年间,杭州医疗机构累计为外籍人士提供诊疗服务 4.5 万余人次、住院服务 1 708 人次,国际医疗保险结算服务 1.8 万余人次。

三、杭州服务业开放发展存在的问题

(一) 服务贸易存在结构性难题

区别于货物贸易企业较强的海外市场开拓能力,服务贸易企业人才储备不足,技术实力、创新能力、国际竞争力都较低,2020 年杭州服务贸易进出口额只相当于货物贸易进出口额的 47.4%,2021 年降至 45.0%。服务贸易构成中,知识密集型领域与新兴领域占比有待提升;服务贸易主体中,高新技术企业和科技型中小企业国际竞争力较低。与此同时,随着劳动力、土地等生产要素成本持续攀升,资源和生态环境约束趋紧,竞争新优势的培育迫在眉睫。服务贸易综合成本大幅上升及高端专业人才缺口较大,对发展新兴服务贸易、承接国际服务外包和价值链高端业务带来不利影响。服务贸易全链条、全流程、全覆盖的监管体系尚不完善,在审批流程优化及信息共享、数字贸易监管等方面亟须政策创新。

(二) 服务业开放程度有待提高

如前文分析中提到,杭州服务业实际利用外资对房地产业过度依赖,且传统、低端服务业市场准入开放度较高,而现代高端服务业的管制特征明显,金融、医疗卫生、文化教育、环境保护等行业对外资的开放程度不高,开放程度显著滞后于第二产业。金融业、科学研究和技术服务业、租赁和商务服务业等行业外资绝对值和比重下滑相对较为严重,三大行业利用外资绝对值2021年相较2015年分别下降了85.40%、35.68%和25.84%,比重分别下降了6.02%、3.88%和3.72%。在"走出去"方面,仍以制造业企业为主,服务业企业"走出去"任重道远。

(三) 在地生活国际化仍有短板

尽管杭州近年来于在地国际化方面不断破题,国际化氛围不断完善,然而与先进城市相比仍有短板。第一,国际学校和国际教育机构水平相较上海等城市吸引力不足,导致许多企业高管、研发精英将子女送往上海接受国际教育课程。第二,符合国际就诊流程和隐私习惯、提供高效便捷的医疗保险服务等方面的国际医疗服务水平仍待提高。目前,杭州的医院国际化医疗服务区域面积为8 000平方米,专用床位137张,专职医务人员188人;而上海市最大的国际医院——企华医院就有7.2万平方米,400张专用床位,且专职医护人员中超70%都是外籍人士。第三,多元文化服务内容较为缺乏。国际化饮食文化氛围不足。以最新上榜的米其林餐厅为例,上海共有138家米其林餐厅,其中星级餐厅50家、必比登推介24家、入选餐厅64家,而杭州米其林星级餐厅仅6家,且均为一星级。国际高雅艺术文化服务不够。从演艺场次来看,疫情前上海市全年线下演出超过4万场,仅是演艺大世界范围内剧场就达到22个,是全国规模最大、密度最高的剧场群;而杭州目前并未形成规模性的剧场群,在剧院数量和演艺场次方面与上海相比差距明显,不能满足国际化人才对于高雅艺术的欣赏需求。第四,缺少国际化的消费地标。杭州在国际化商贸企业集聚、国际化街区打造、首店经济培育等方面,弱于北京、上海、成都等城市。例如,北京华贸中心主力店 SKP 自 2011 年起蝉联国内商场销售额冠军,并在 2020 年超越英国哈罗德百货,问鼎全球"店王",杭州大厦尽管业绩不俗,但与之相比仍有差距;上海静安区作为国际消费城市示范区,汇集国内外品牌超过 2 000 个,进驻上海的世界一线品牌绝大多数在静安区设有旗舰店或专卖店;在英国旅游指南杂志 Time Out "全球最酷 50 城市街区"榜单中,我国共有 4 个城市街区上榜,成都镋钯街超越上海前法租界、香港湾仔和北京三里屯,列榜单第 19 位。

四、杭州服务业开放发展的典型案例

(一) 服务贸易创新试点:"最佳实践案例"数全国第一

为推进服务贸易高质量发展,国务院自 2018 年 7 月至 2020 年 6 月在全国 17 个地区开展深化服务贸易创新发展试点。杭州围绕完善管理体制、健全促进机制、创新发展模式等方面积极探索、先行先试,不断推进杭州服务贸易创新发展。杭州共有 6 个案例入选前两批"最佳实践案例",数量为全国首位,超额完成了争取全国前 5 位的试点任务。[①]

案例一:创新"网展贸"服务新模式。

针对传统展览模式在买卖双方信息不对称、不共享、不信任等方

---

① 案例内容根据以下材料整理:杭州获国务院深化服务贸易创新发展试点"最佳实践案例"数全国第一[EB/OL].(2020-09-07). http://zld.zjzwfw.gov.cn/art/2020/9/7/art_1659641_56689285.html。

面存在的问题,杭州发挥政府引导、市场主体作用,依托米奥兰特国际会展公司打造了跨境贸易服务境外推广平台。平台主要以在"一带一路"沿线重点国家主办线下展览为载体,依托杭州数字经济优势创新办展及参展方式,推出"互联网＋展览＋供应链"三位一体的"网展贸"服务新模式,为企业提供全新跨境贸易服务。依托互联网手段,结合数字展览和供应链服务,通过线上平台及移动 App 分设买家客户端和卖家客户端,利用大数据进行买卖双方匹配推荐,支持多语种人工翻译,提供展前线上邀约见面,展中线下展厅看样体验,展后海外仓物流服务。平台贸易辐射全球 50 多个国家、超 8 万亿美元市场。

案例二:推行跨境电商进口 B2C(企业对消费者)包裹退货新模式。

针对 2019 年初天猫国际、考拉海购等大型电商平台反映存在大量"退货难"情况,杭州"三管齐下",通过拓展退货形态、精简退货流程及探索超期退货监管机制,在全国率先推出跨境电商零售进口包裹退货新模式。在前期"整单良品类"试点退货模式基础上,允许"非整单""非良品"类包裹退货入区。在综保区内设置保税区退货专用仓以代替企业原设置于区外的退货专用仓,允许国内快递车辆通过新开辟的非申报通道直接进入保税区。2019 年 8 月由海关总署授权,率先探索超过 30 日退货商品退回综保区内重新上架销售的监管模式,使跨境电商网购保税零售进口商品历史积压退货处置问题得以有效解决。

案例三:创新服务贸易国际化人才服务机制。

聚焦服务贸易国际化人才发展需求,着力优化育才、引才、用才国际化环境,探索构建全方位的人才服务保障体系。围绕服务贸易领域引育人才,实施"高层次人才特殊支持计划",遴选支持和培育服务贸易领域的领军人才和青年拔尖人才;加强服务贸易人才培养,探索建立政校企合作机制,支持高校设置服务贸易相关专业和课程,加强专业化人才培养;积极推进教育国际化,发展留学生教育服务,加强国际化人才培养;实施服务贸易人才培育工程,建立"中非桥"跨境贸易服务平台,依托高校资源开展人才培训和服务。值得一提的是,"中非桥"以"搭建中非贸易服务桥梁,打造中非青年创客平台"为宗旨,以"精选品牌"走向非洲、"精英创客"商行非洲、"精准营销"落地非洲为创新模式,通过线上线下营销平台搭建、中非品牌展贸营销中心建设、中非经贸人才培训、中非经贸咨询、中非采供联盟体系建设、中非海内外运营等服务平台建设,打造国内首家、中非知名的跨境贸易服务平台。"中非桥"已经成为中非经贸合作发展中一座"连接中非商贸、服务中非青年"的重要桥梁。

案例四:创新在线数字展览模式。

为应对疫情带来的冲击,浙江省、杭州市联合全球智慧城市博览会 Smart City、世界移动通信大会 MWC、戛纳电视节 Mipcom 等优势展会资源,创新在线展览模式,搭建"浙江数字服务贸易云展会"平台,助力服务贸易企业采用数字化手段开拓国际市场。平台汇聚了西班牙巴塞罗那展览中心、法国励德展览集团、德国科隆展览集团等一批全球龙头会展资源,开设数字城市服务、中医药服务、影视文化、数字教育、智慧零售、国际物流和数字金融等服务贸易领域行业主题展。平台将线下产品服务引流到线上进行展览,并提供线上互动交流、匹配洽谈等服务;通过全年全时段展示,无限拓展供应商与客户的合作机会,为双方提供贸易一站式服务。平台还通过举办独具特色的杭州服务专场活动,拓展了"杭州服务"品牌影响力。

案例五:建立文化贸易境外促进中心。

探索常态化文化服务推广模式,加快推动中华优秀传统文化和文化创新品牌"走出去"。与英国诺丁汉市合作建立"杭州英国文化创意产业交流中心",采取"政府支持、市场运作、社会参与"的方式运营,打造杭州文创产业境外常态化展示平台、杭州文创产品展售贸易平台和两地文创产业合作交流平台。中心立足英国、辐射欧洲,举办系列文创活动,促成近40家杭州文创品牌"走出去",吸引了众多欧洲知名艺术家和机构前来寻求与杭州的交流合作机会,已逐步成为杭州文创企业进军欧洲市场的重要跳板,为杭州与欧洲的创意产业合作、商贸往来、资源共享、产业升级合作提供了共赢平台。

案例六:探索"杭信贷"融资闭环模式。

打造"政策性信保＋银行授信＋政策风险担保"的融资闭环模式,进一步畅通金融血脉,为中小微企业提供"纯信用、免抵押、全担保、低利率"的融资服务,助力解决企业在融资方面遇到的问题。"杭信贷"业务本金全兜底、融资无抵押,创新性引入政策性担保公司,实现对浙江信保项下贸易融资银行贷款本金全额兜底和无抵质押担保;同时授信额度高、放款速度快,采用"池融资"模式,将企业零散、小额的应收账款汇聚成池,再设置总授信额度,单个客户的最高授信额度可达1 000万元。企业通过"杭州e融"平台申请,银行一次性授信通过后,最快可在3天内放款,推动了银行审批流程简化、审批效率大幅提升。

(二) 浙江自贸区杭州片区:特色鲜明的数字自贸区

2020年8月30日,国务院批复同意并公布《中国(浙江)自由贸易试验区扩展区域方案》,浙江自贸试验区在全国率先扩区,从舟山区域扩展到宁波、杭州、金义片区,形成"一区四片"的发展格局。杭州市的钱塘、萧山、滨江三大区块(37.51平方千米)被纳入自贸试验区范围,成为引领杭州高质量发展的"试验田"。浙江自贸试验区扩区以来,杭州围绕创建全球数字贸易中心,以数字物流、数字金融为支撑,用数字治理作保障,大力发展数字产业,积极探索数字自贸区建设路径。截至2021年,杭州自贸片区以占全市0.22%的面积,贡献了全市7.4%的税收收入、20%的外资进出口额和11%的实际利用外资金额。杭州自贸片区在数字自贸区打造中的经验有:

打造全球一流的跨境电商示范中心。杭州探索形成的"六体系、两平台"等一系列成熟经验做法已复制推广至全国132个跨境电商综试区试点城市。杭州拥有全球最大的B2B(企业对企业)平台阿里巴巴国际站、全球排名第二的B2C平台速卖通、全球排名第五的B2C平台来赞达。跨境电商店铺数近5万家;27家企业30个品牌跻身浙江跨境电商出口知名品牌,占全省三分之一,亚马逊全球开店亚太区唯一培训中心落地杭州。在全国率先推出跨境电商退换货中心、全球中心仓、定点配送、"保税进口+零售加工"、数字清关、质量安全监测平台等新模式。例如,"保税进口+零售加工"模式有天猫国际与杭州综保区联合创新项目——"保税区工厂"。该模式在综保区原有的保税进口、保税物流业务基础上,将跨境零售进口与产品深度加工相叠加,同时结合综保区"全球一件代发"的优势,让跨境电商转型升级走上了快车道。具体而言,将海外的成品终端加工前置到下沙保税区内,对进口原料进行保税加工,既为商家提供了符合条件的加工基地以及全套供应链服务,助推海外品牌降低成本、提高产能,又精准对接了国内消费者对于高品质、可溯源的进口短保质期国际性商品的需求。

建设跨境支付高地。杭州片区内的PingPong、连连、WorldFirst、珊瑚支付等四家跨境支付机构依托自贸试验区服务全国跨境电商企业,拓展全球业务,服务全国七成客户。2021年,杭州跨境人民币结算量达6 267亿元,同比增长25%。美国运通与连连集团合资成立连通(杭州)技术服务有限公司,获得国内第二张银行清算卡机构牌照;连连国际、兴业银行和美国运通推出跨境出海行业专属人民币借记卡,实现了跨境人民币一卡收付款功能;PingPong与欧元区最大银行法国巴黎银行(BNP Paribas)达成收单合作,成为业内首家实现支持欧盟DTC市场发展的跨境支付企业。杭州自贸片区还支持金融机构落地自贸区支行,启动贸易外汇收支便利化试点,成功落地跨境融资转卖,试点外汇NRA(人民币银行结算)账户不落地结汇业务,开展新型离岸转口贸易付汇业务。

首创一大批自贸试验区改革试点。第一,首创"空港疫智控"数字防疫平台。杭州萧山国际机场自主研发建设的以"一图知、一表清、一码通、一屏控"四个场景为核心的"空港疫智控"防疫平台,通过对工作人员防疫相关信息进行动态监测和预警,实现入境航班全流程、全人员、全节点管理,同时减轻了机场防疫人员工作负担,降低了感染风险。此外,具有四码合一校验功能的旅客到港闸机,可以大幅减少旅客总滞留时间,有效避免人员拥堵,大大提升了旅客出行效率。该系统打造"一图知、一表清、一码通、一屏控"的机场疫情防控体系,通过应用数据录入汇总呈现疫情防控落实情况、机场"两集中"(集中工作、集中隔离)人员出入通行动态管理和风险点保障链条视频关联多屏展示等功能,方便了重点人员、航班、旅客、设备管理。第二,首创"数据知识产权存证及质押融资"模式。杭州探索知识产权质押融资新模式,利用大数据、区块链等技术手段采集企业生产、经营链上的各类数据,通过发放数据知识产权存证证书、深化金融创新等,将数据转变为可量化的数字资产,真正释放数据内在价值,为畅通知识产权金融"血脉"、实现数据资产价值提供了先行经验。通过区块链技术一键存证,企业的数据资产权益得到了保障,也能够通过质押数据知识产权获得融资。5家企业累计获得融资超2 000万元。

第六章
共享发展：共同富裕视角

一、服务业共享发展的主要趋势

当前，我国已全面建成小康社会，开启全面建设社会主义现代化国家的新征程。在新的历史起点上，党中央做出扎实推动共同富裕的重大战略部署："我们说的共同富裕是全体人民共同富裕，是人民群众物质生活和精神生活都富裕，不是少数人的富裕，也不是整齐划一的平均主义。""到'十四五'末，全体人民共同富裕迈出坚实的步伐，居民收入和实际消费水平差距逐步缩小。到 2035 年，全体人民共同富裕取得更为明显的实质性进展，基本公共服务实现均等化。到本世纪中叶，全体人民共同富裕基本实现，居民收入和实际消费水平差距缩小到合理区间。"①共同富裕作为社会主义的本质要求，是中国共产党的重要使命，是广大人民群众的共同期盼，而显著缩小城乡区域发展差距和居民收入、生活水平差距及基本公共服务实现均等化是实现共同富裕的重要突破口。这需要充分提高服务业共享发

---

① 习近平.扎实推动共同富裕[J].求是，2021(20)：4-8.

展能力,以拉动就业、增加收入缩小居民收入差距,以公共服务高质量发展满足人民日益增长的美好生活需要,并不断缩小区域城乡发展差距。

(一) 就业蓄水池功能增强

按照古典的说法,服务业是劳动力的"蓄水池",从配第-克拉克定律到鲍莫尔-富克斯假说(表6-1),都阐释了服务业就业份额增长相对较快的观点,服务业就业份额的增长已经成为现代经济增长过程中突出的规律性。

表6-1 服务业与产业结构变迁经典理论

主要理论	理论要点
配第-克拉克定律	主要揭示在经济发展过程中劳动力在三次产业中结构变化的经验性假说。随着人均国民收入的持续提高,劳动力将从第一产业向第二产业移动,并最终流向第三产业
库兹涅茨经济增长与结构变动理论	在继承配第和克拉克的理论基础上,从国民收入和劳动力两个方面在产业间的分布入手,表现为产值结构的"工业化"与劳动力结构的部分"工业化"和部分"服务化"
钱纳里"标准产业结构"模型	产业结构变化过程具有动态形式,得出了与库兹涅茨不同的三次产业间价值比例和劳动力比例,提出第一阶段是传统社会经济阶段,第二阶段是高增长的工业化阶段,第三阶段是经济增长进入发达阶段,工业制造业的贡献率下降,服务业具有非常重要的意义
富克斯服务经济理论	超过半数的就业人口不从事食品、服装、房屋、汽车以及其他有形产品生产即为进入服务经济阶段
罗斯托五阶段理论	经济发展五个阶段:传统社会、起飞准备阶段、起飞阶段、成熟阶段、高额群众消费阶段。罗斯托认为,一个国家最重要的阶段就是起飞阶段。起飞准备阶段的突出特点是占劳动人口大多数的农业劳动力向工业、交通、贸易和现代服务业转移

续表

主要理论	理论要点
贝尔三阶段理论	贝尔将人类社会分为前工业社会、工业社会和后工业社会三个阶段。前工业社会即农业社会,生产率低,剩余劳动多而素质差,因而服务业主要为个人服务和家庭服务;工业社会则是以与商品生产有关的服务业如商业为主;后工业社会则是以知识型服务和公共服务为主
鲍莫尔-富克斯假说	虽然最终需求增长和服务业专业化水平的提高能解释服务业就业的增长,但服务业就业比重上升的主要原因是服务业劳动生产率的相对滞后

从我国三次产业就业比重来看(图6-1),有三个重要节点:一是1994年,服务业就业比重超过第二产业达到23.0%,但此时我国仍以农业就业人口为主,农业就业人口同步向二三产业转移。二是2011年,服务业就业比重首次超过农业达到35.7%,成为吸纳就业的主渠道,服务业就业比重快速提升,2021年进一步提高到48.0%,相比2011年提高了12.3个百分点;而同期,第二产业就业比重降低

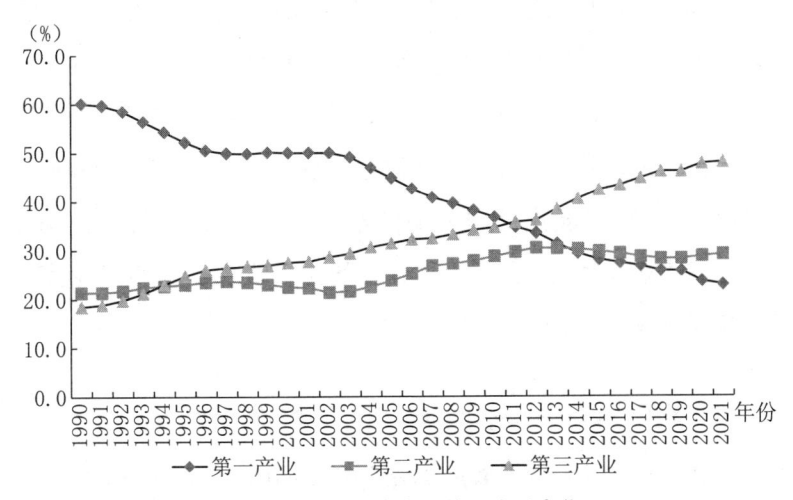

图6-1 我国三次产业就业比重变化

了 0.5 个百分点,第一产业就业比重降低了 11.8 个百分点。三是 2014 年,农业就业比重持续下降,于当年降至低于第二产业的水平,至此,我国三次产业就业比重形成"三二一"格局。

值得注意的是,在传统的就业划分之外,技术进步尤其是数字经济催生的新就业形态使服务业就业"蓄水池"功能得以进一步强化。数字经济催生的新就业形态,是一种以数字技术为支撑的"新技术—经济范式"下劳动力资源配置的全新模式,与传统的灵活型、自雇型非标准就业方式有所不同,对传统的就业生态、就业结构和就业方式带来颠覆性的影响和变革。[①]有学者从生产力和生产关系两个角度对数字经济催生的新就业形态内涵进行探析:从生产力角度看,新就业形态描述了新一轮工业革命带动的生产资料智能化、数字化、信息化条件下,通过劳动者与生产资料互动,实现虚拟与实体生产体系灵活协作的工作模式;从生产关系角度看,新就业形态指伴随着互联网技术进步与大众消费升级出现的去雇主化、平台化的就业模式。[②] 2020 年 7 月 28 日,国务院办公厅《关于支持多渠道灵活就业的意见》明确了灵活就业人员的定义和范围,包括个体经营者、非全日制从业人员和新就业形态人员等。被归于灵活就业人员的新就业形态人员主要指依托大型数字平台提供灵活劳动服务的就业人员,即那些通过电商、网约车、外卖跑腿、快递服务等大型数字平台实现就业,但未与平台方建立劳动关系的从业人员。就此意义而言,新就业形态本质上从属于服务业就业。

[①] 马晔风,蔡跃洲.数字经济新就业形态的规模估算与疫情影响研究[J].劳动经济研究, 2021, 9(6):121-141.

[②] 张成刚.就业发展的未来趋势,新就业形态的概念及影响分析[J].中国人力资源开发, 2016(19):86-91.

后疫情时代,在市场需求、政策引导、技术驱动等多重因素作用下,人们的消费习惯发生明显转变,网络购物、外卖订餐等"无接触"消费大增,由此带动新就业形态岗位迅速扩容。鉴于工作时间自由、工作方式弹性、劳动关系灵活、就业机会较多等特点,新就业形态岗位成为缓解就业压力、有效配置劳动资源的重要途径之一。此外,新就业形态岗位准入门槛相对较低,为许多来自偏远地区的农民工、困难家庭等创造了大量就业机会。相关估算显示,截至2020年底,全国电子商务、网络约车、网络送餐、快递物流四大领域的新就业形态就业规模约为5 463万—6 433万人,在7.5亿人的总就业中占比达7%—9%。此外,近年来货物运输网约车平台、劳动技能交易平台、知识分享平台、网络直播平台的新就业形态规模也在不断扩大,未来新就业形态在总就业规模中的占比有望很快达到10%以上。[1]新就业形态岗位已成为吸纳就业的"蓄水池",在稳就业等方面发挥了积极作用。

(二) 公共服务高质量发展

2021年底,国务院正式批复《"十四五"公共服务规划》(以下简称《规划》),首次界定了基本公共服务与普惠性非基本公共服务范围:基本公共服务是为保障社会全体成员基本权利、基础性的福利水平,向全体成员提供的公共服务,其供给主体为政府,强调服务均等化;非基本公共服务是为保障社会整体福利水平所必需的,又可以引入市场机制提供或运营的,尚需政府采取多种措施给以支持的公共服务,其供给需要充分发挥市场和社会组织等各种社会力量的广泛

---

[1] 马晔风,蔡跃洲.数字经济新就业形态的规模估算与疫情影响研究[J].劳动经济研究,2021,9(6):121-141.

参与作用,强调服务的普惠性。同时,《规划》还把居民付费享有的生活服务作为公共服务体系的有益补充,政府不直接提供这类服务,而是通过市场配置资源,满足人民群众多样化、个性化、高品质的健康、养老、文化、旅游等服务需求。随着我国经济社会发展水平的不断提升,基本公共服务、非基本公共服务与生活服务之间的边界也会面临调整。三类服务中,非基本公共服务与生活服务可以被纳入产业化范畴,统称为"幸福产业",基本公共服务则是推动实现共同富裕的底线条件之一。[①]

幸福产业最早由国务院原总理李克强同志在 2016 年夏季达沃斯论坛开幕式致辞中提出,他强调"我国旅游、文化、体育、健康、养老五大幸福产业快速发展,成为拉动消费增长、促进消费升级的重要经济支柱"。可见,幸福产业是以人为本、与人民群众幸福感紧密相关的产业集合,是服务业的重要组成部分。在推动实现共同富裕的进程中,旅游、文化、体育、健康、养老这类幸福产业既是增加人民群众获得感、实现"精神共富"的重要载体,又是缩小发展差距、提高居民收入水平的新兴渠道,还是培育新的经济点、增强发展新动能的有力抓手。国家统计局报告显示,十年来,中国幸福产业发展突飞猛进,服务品质与内容明显提升。从联合国发布的用于衡量各国经济社会发展水平的"人类发展指数"(HDI)看,我国已从 2012 年的 0.699 提高到 2020 年的 0.761,从"中等人类发展指数国家"发展至"高人类发展指数国家"。高端医疗、文化、旅游、体育、家政等服务逐渐成为广大人民群众服务消费的重要组成部分,数字技术等新技术驱动生活服务新业态、新模式不断涌现。在文化产业领域,"数字+文化"催生

[①] 李实,杨一心.面向共同富裕的基本公共服务均等化:行动逻辑与路径选择[J].中国工业经济,2022(2):27-41.

出大量新兴业态,"让文物活起来"的博物馆文创产品焕发新活力,新文创成为消费新亮点,2020年全国文化及相关产业增加值为44 945亿元,占GDP比重为4.4%,比2014年提高0.6个百分点;其中,文化服务业增加值为28 874亿元,占文化及相关产业增加值的比重为64.2%,比2014年提高15.6个百分点。①体育产业是新时代人民群众对美好生活需要的重要组成部分,正逐步成为绿色产业和朝阳产业,体育消费需求不断升级,2020年,全国体育产业总产出27 372亿元,增加值10 735亿元;其中,体育服务业总产出14 136亿元,增加值7 374亿元,占体育产业增加值比重达68.7%。②旅游业受疫情冲击严重,但从疫情前2019年数据来看(表6-2),国内旅游人数60.06亿人次,入境旅游人数1.45亿人次,出境旅游人数1.55亿人次,全年实现旅游总收入6.63万亿元,是当之无愧的国民经济战略性支柱产业;2021年,国内旅游人数32.46亿人次,同比增长12.7%,恢复至2019年的54.0%,国内旅游收入2.92万亿元,同比增长31.0%,恢复至2019年的51.0%。同时,旅游业在推动实现共同富裕上具有天然的富民属性,各地在推进脱贫攻坚中,依托红色文化资源和绿色生态资源大力发展乡村旅游,成为打赢脱贫攻坚战和助力乡村振兴的重要生力军。

基本公共服务是我国践行"以人民为中心"的发展理念、保障服务民生的制度安排。"促进基本公共服务均等化"也成为习近平总书记"扎实推动共同富裕"系统阐述的六条路径之一,这意味着进入新发展阶段,推动基本公共服务均等化将被赋予"共同富裕"这一鲜明的

---

①② 国家统计局.党的十八大以来经济社会发展成就系列报告:服务业释放主动力 新动能打造新引擎[EB/OL]. (2022-09-20). https://www.gov.cn/xinwen/2022-09/20/content_5710812.htm.

表 6-2 2011—2021 年旅游业主要发展指标

年份	国内旅游人数（亿人次）	国内旅游收入（亿元）	入境旅游人数（万人次）	入境旅游收入（亿美元）	出境旅游人数（万人次）	旅游总收入（万亿元）
2011	26.41	19 305	13 542	484.64	7 025	2.25
2012	29.57	22 706	13 241	500.28	8 318	2.59
2013	32.62	26 276	12 908	516.64	9 819	2.95
2014	36.11	30 312	12 850	1 053.80	10 728	3.73
2015	39.90	34 195	13 382	1 136.50	11 689	4.13
2016	44.35	39 390	13 844	1 200.00	12 203	4.69
2017	50.01	45 661	13 948	1 234.17	13 051	5.40
2018	55.39	51 278	14 120	1 271.03	14 972	5.97
2019	60.06	57 251	14 531	1 313.00	15 463	6.63
2020	28.79	22 286	—	—	—	—
2021	32.46	29 191	—	—	—	—

数据来源：中华人民共和国文化和旅游部历年《文化和旅游发展统计公报》。

时代特色。当然,这里所谓的"均等化"并不是平均主义的共享,不是简单的无差异化,而是一种合理的、有差别的分享。[①]2021年3月,国家发展和改革委员会联合20个部门印发了《国家基本公共服务标准(2021年版)》,提出基本公共服务主要涵盖幼有所育、学有所教、劳有所得、病有所医、老有所养、住有所居、弱有所扶、优军服务保障和文体服务保障等9个方面,并基于服务内容、对象、质量标准、支出责任、牵头单位等要素,为地方提供基本公共服务明确了底线要求。经过多年的努力,我国在普惠性、基础性、兜底性民生建设方面成绩显著,基本公共服务均等化程度不断得到提升(表6-3)。基本公共教育领域,2021年,九年义务教育巩固率达到95.4%,比2012年提高3.6个百分点,义务教育基本均衡县的比例达到100%。基本医疗卫生领域,2021年末,全国医疗卫生机构、医疗卫生机构床位、卫生技术人员分别为103万个、945万张、1124万人,分别比2012年末增加8万个、372万张、457万人;人民生命健康权得到切实保障,2012—2021年,孕产妇死亡率从24.5/10万人降至16.1/10万人,婴儿死亡率从10.3‰降至5.0‰。基本社会保险领域,全国基本医疗保险参保人数从2012年的5.4亿增长至2021年的13.6亿,基本养老保险参保人数从2012年的7.9亿增长至2021年的10.3亿。基本公共文化服务领域,2021年,全国广播节目综合人口覆盖率已提高至99.5%,公共图书馆、博物馆分别为3 215个、5 772个,比2012年末增加139个、2 703个。基本养老服务领域,2021年末,各类养老机构和设施总数达34万个,养老服务床位数813.5万张,较2012年增长1.1倍,社区养老服务设施建设成效显著;不断补齐农村养老服务短板,

---

[①] 李实,杨一心.面向共同富裕的基本公共服务均等化:行动逻辑与路径选择[J].中国工业经济,2022(2):27-41.

表 6-3 2012—2021 年我国基本公共服务领域部分发展指标变化状况

年份	九年义务教育巩固率(%)	孕产妇死亡率(每十万人)	基本医疗保险参保人数(万人)	基本养老保险参保人数(万人)	广播节目综合人口覆盖率(%)	养老服务床位数(万张)
2012	91.8	24.5	53 641.3	78 796.3	97.5	381.0
2013	92.3	23.2	57 072.6	81 968.5	97.8	474.6
2014	92.6	21.7	59 746.9	84 231.9	98.0	551.4
2015	93.0	20.1	66 581.6	85 833.4	98.2	669.8
2016	93.4	19.9	74 391.6	88 776.8	98.4	680.0
2017	93.8	19.6	117 681.4	91 548.3	98.7	714.2
2018	94.2	18.3	134 458.6	94 293.3	98.9	746.3
2019	94.8	17.8	135 407.4	96 753.9	99.1	761.4
2020	95.2	16.9	136 131.1	99 864.9	99.4	823.8
2021	95.4	16.1	136 424.0	102 872.0	99.5	813.5

数据来源:姜晓萍,吴宝家,吴宝家.人民至上:党的十八大以来我国完善基本公共服务的历程、成就与经验[J].管理世界,2022(10):56-69。

创新互助养老模式,截至2021年底,全国共建有各类农村互助养老服务设施13.25万个,为农村老年人安心养老提供便捷的专业服务。

(三) 区域城乡共享发展

服务业的共享发展体现在空间上则是区域的协同发展和城乡的均衡发展,值得注意的是,共享发展并不是趋同发展或同质发展,而是根据服务业的产业特质和空间分布规律,充分实现地区自身特质与服务业特色的匹配发展。

首先来看区域协同发展。米泽尔法特-克纳维克(Midelfart-Knarvik)等采用区位基尼系数的方法,对1982—1995年间欧洲36个制造行业和5个服务行业的地理集中情况的分析显示,服务业总体上比制造业更加趋于分散,随着产业结构的服务化转型,贫穷地区的追赶效应将更加推动空间扩散。[1] 佩雷斯-希梅内斯(Perez-Ximenez)等对美国各州服务行业的分析显示,除批发服务等个别行业趋于分散外,整体服务业集中度在1969—2000年间基本保持稳定,但各行业的地理集中并不具有统一的趋向和模式。[2] 具体而言,生产性服务业具有空间布局等级差异特性,其发展程度受城市的等级差异影响,城市等级越高,对生产性服务业的吸引力越强,生产性服务业发展水平相对越高,反之亦然。[3] 在城市等级体系中,不同级别和支配力的城市对应着不同档次和实力的生产性服务企业集群,

---

[1] MIDELFART-KNARVIK KH, et al. The location of European industry [R]. European Economy-Economic Papers,2000.
[2] PEREZ-XIMENEZ D, SANZ-GRACIA F. Geographical concentration of service activities across U.S. States and counties,1969-2000[C]. XVII International RESER Conference,2007.
[3] 钟韵.区域中心城市与生产性服务业发展[M].北京:商务印书馆,2007.

使区域空间结构产生明显的层次性。生活性服务业的空间分布则较大程度上与居民消费需求相对应,与制造业和生产性服务业相比,生活性服务业在行业层面的地理集中度较低,但近来也有一些研究表明,随着城镇化进程加快,特别是人口向高等级城市集聚,生活性服务业的分布也将逐渐趋于集中。[1]具体到我国服务业的空间格局,陈景华、徐金研究表明,我国现代服务业高质量发展总体差异呈缩小趋势,近年来中国现代服务业高质量发展区域协同性正在逐步增强。[2]国家统计局数据显示,2021年,全国31个省(自治区、直辖市)中服务业增加值占GDP比重超过50%的地区共有21个,而2012年这样的地区仅有4个。特别是中西部地区受益于区域开发政策支持,产业转型升级步伐加快,服务业发展速度与质量明显提升。2013—2021年,服务业增加值年均增速排名前10位的省(区)中有7个位于中西部,年均增速均高于8.8%;2021年,服务业增加值同比增速排名前10位的省(区)也有7个位于中西部,且均高于全国增速。[3]

这里借助空间基尼系数来考察我国服务业的集聚水平,空间基尼系数最早由美国经济学家克鲁格曼提出,主要用来衡量产业集聚的程度。该指标可以反映某产业(行业)在一定空间内的分布是分散还是集中,以呈现区域内产业的布局特征。其计算方法为:

$$G = \sum (X_i - S_i)^2$$

---

[1] 刘奕.中国服务业空间格局:演化、趋势及建议[J].学习与探索,2017(6):121-126.
[2] 陈景华,徐金.中国现代服务业高质量发展的空间分异及趋势演进[J].华东经济管理,2021,35(11):61-76.
[3] 国家统计局.党的十八大以来经济社会发展成就系列报告:服务业释放主动力 新动能打造新引擎[EB/OL].(2022-09-20). https://www.gov.cn/xinwen/2022-09/20/content_5710812.htm.

公式中，G 为行业的空间基尼系数，X_i 为 i 地区就业人数占全国总就业人数的比重，S_i 为 i 地区某行业就业人数占全国该行业就业人数的比重。对所有地区进行加总即为某行业的空间基尼系数。空间基尼系数的值介于 0 和 1 之间，值越大，表示该行业的空间集聚程度越高。本文采用《中国统计年鉴》中各地区城镇非私营单位就业人数的分行业数据作为基础，来考察服务业分行业的空间基尼系数。

表6-4 2016—2021 年我国服务业分行业的空间基尼系数

	2016 年	2017 年	2018 年	2019 年	2020 年	2021 年
批发和零售业	0.006 3	0.007 0	0.007 7	0.008 2	0.007 3	0.007 4
交通运输、仓储和邮政业	0.003 3	0.003 3	0.003 4	0.002 8	0.003 0	0.002 8
住宿和餐饮业	0.010 7	0.012 3	0.014 9	0.013 9	0.011 9	0.012 2
信息传输、软件和信息技术服务业	0.025 6	0.027 5	0.028 7	0.026 4	0.028 2	0.030 1
金融业	0.004 3	0.005 3	0.004 2	0.003 9	0.003 7	0.003 3
房地产业	0.007 2	0.007 4	0.008 2	0.006 4	0.006 0	0.005 7
租赁和商务服务业	0.024 5	0.025 1	0.021 4	0.014 8	0.013 9	0.014 9
科学研究和技术服务业	0.019 2	0.020 2	0.021 1	0.016 8	0.011 6	0.011 7
水利环境和公共设施管理业	0.005 6	0.005 9	0.006 0	0.003 9	0.003 1	0.003 4
居民服务、修理和其他服务业	0.025 7	0.018 5	0.022 7	0.016 3	0.017 3	0.012 3
教育	0.004 4	0.004 6	0.005 0	0.003 6	0.003 6	0.003 8
卫生和社会工作	0.003 5	0.003 8	0.004 5	0.003 2	0.003 1	0.003 1
文化、体育和娱乐业	0.009 5	0.010 0	0.010 9	0.008 3	0.008 6	0.009 3
公共管理、社会保障和社会组织	0.006 8	0.007 3	0.008 3	0.007 4	0.007 1	0.007 0

数据来源：根据历年《中国统计年鉴》相关数据计算得出。

如表6-4所示，2016—2021年间，信息传输、软件和信息技术服务业空间基尼系数相对较高，2021年达0.0301，表现出最强集聚态势；其次是租赁和商务服务业、科学研究和技术服务业，但二者正在呈逐年下降趋势，说明近年来这两个行业正在从集聚走向分散；居民服务、修理和其他服务业及住宿和餐饮业在生活性服务业中空间基尼系数相对较高，这两个行业均是为最终需求服务的，也表现出趋于集中的态势。总的来说，我国生产性服务业更倾向于集聚，同时大多数行业分布较为松散。2016—2021年间，空间基尼系数提高的行业只有4个（信息传输、软件和信息技术服务业，住宿和餐饮业，批发和零售业，公共管理、社会保障和社会组织，分别提高0.0045、0.0015、0.0011、0.0002），其余10个行业均有不同程度的下降。这说明我国的服务行业地理集中并不具有统一的趋向和模式，大多数行业空间扩散效应较为明显，服务业在部分高端行业集聚增强的同时，也逐步正在向沿海与内陆、发达与欠发达地区协同发展、纵深联动的区域发展格局演化。

再来看城乡均衡发展。同样地，服务业在城乡之间的均衡发展也同样强调城乡的差异化特色化发展，同时是指要充分发挥服务业在城乡融合、乡村振兴中的重要带动作用，让农民均等享受基本公共服务，加快发展农村服务业和农业生产性服务业，促进城乡服务业联动发展。近年来，我国基本公共服务资源在城乡之间配置逐渐趋于均衡，城乡基本公共服务差距稳步缩小。例如，在城乡医疗卫生资源配置方面（表6-5），2010—2021年间，我国城市和农村每千人拥有的医疗卫生资源数量绝对值虽有波动，但整体上来看基本处于上升趋势，尤其是农村每千人拥有医疗卫生资源绝对值稳步上升；城乡比则呈下降趋势，每千人拥有卫生技术人员城乡比由2.5下降到1.6，每千

表 6-5 2010—2021 年城乡每千人拥有医疗卫生资源比值变动情况

年份	卫生技术人员(人)			执业(助理)医师(人)			注册护士(人)			医疗卫生机构床位(张)		
	城市	农村	城乡比	城市	农村	城乡比	城市	农村	城乡比	城市	农村	城乡比
2010	7.62	3.04	2.5	2.97	1.32	2.3	3.09	0.89	3.5	5.94	2.60	2.3
2011	7.90	3.19	2.5	3.00	1.33	2.3	3.29	0.98	3.4	6.24	2.80	2.2
2012	8.54	3.41	2.5	3.19	1.40	2.3	3.65	1.09	3.3	6.88	3.11	2.2
2013	9.18	3.64	2.5	3.39	1.48	2.3	4.00	1.22	3.3	7.36	3.35	2.2
2014	9.70	3.77	2.6	3.54	1.51	2.3	4.30	1.31	3.3	7.84	3.54	2.2
2015	10.21	3.90	2.6	3.72	1.55	2.4	4.58	1.39	3.3	8.27	3.71	2.2
2016	10.42	4.08	2.6	3.79	1.61	2.4	4.75	1.50	3.2	8.41	3.91	2.2
2017	10.87	4.28	2.5	3.97	1.68	2.4	5.01	1.62	3.1	8.75	4.19	2.1
2018	10.91	4.63	2.4	4.01	1.82	2.2	5.08	1.80	2.8	8.70	4.56	1.9
2019	11.10	4.96	2.2	4.10	1.96	2.1	5.22	1.99	2.6	8.78	4.81	1.8
2020	11.46	5.18	2.2	4.25	2.06	2.1	5.40	2.10	2.6	8.81	4.95	1.8
2021	9.87	6.27	1.6	3.73	2.42	1.5	4.58	2.64	1.7	7.47	6.01	1.2

数据来源:根据《中国统计年鉴 2022》相关数据计算得出。

人拥有执业（助理）医师城乡比由 2.3 下降到 1.5，每千人拥有注册护士城乡比由 3.5 下降到 1.7，每千人拥有医疗卫生机构床位城乡比由 2.3 下降到 1.2。这反映出我国基本公共服务在城乡之间均等化发展水平明显提高，医疗、养老等基本公共服务在城乡之间普惠共享有了实质性进展。

二、杭州服务业共享发展推动共同富裕

2021 年 6 月，中共中央、国务院印发《关于支持浙江高质量发展建设共同富裕示范区的意见》，赋予了浙江重要的示范改革任务。作为省会城市，杭州提出争当浙江高质量发展建设共同富裕示范区城市范例，其通过服务业共享发展推动共同富裕主要表现在以下几方面：

（一）吸纳就业能力持续增强

如图 6-2 所示，2011 年以来，杭州市就业结构一直呈现"三二一"格局，一二产业就业比重持续下降，服务业就业比重稳步上升。2011—2021 年，服务业就业人数从 295.1 万人增长至 463.8 万人，增长了 57.2%；比重由 49.3% 提高到 61.1%，提高了 11.8 个百分点；就业结构由 11.4∶39.4∶49.3 调整优化为 4.0∶34.9∶61.1。服务业已成为杭州吸纳就业的主要渠道，成为稳就业、增收入的重要保障。

受统计数据局限，本书仅用规上服务业企业职工薪酬水平来考察服务业对增收入的贡献。2021 年，杭州共有 4 567 家规上服务业

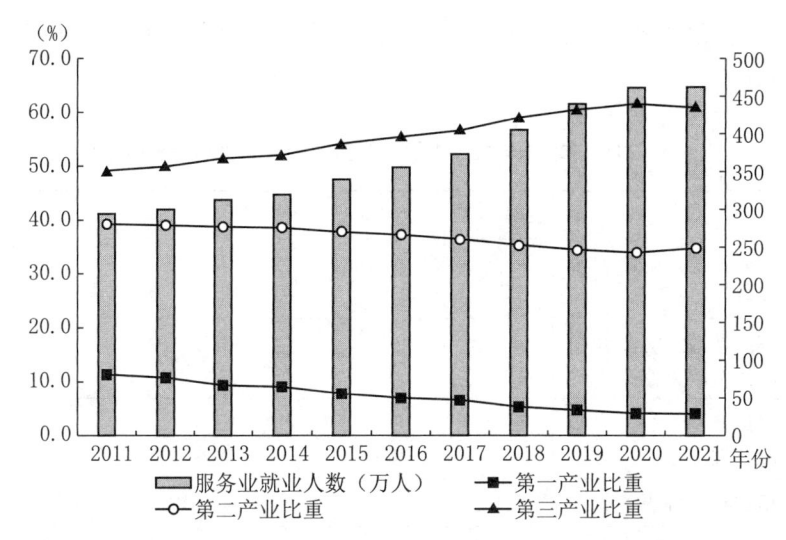

图 6-2　2011—2021 年杭州市全社会从业人员结构

企业,应付职工薪酬为 2 490 亿元,同比增长 28.6%。2017—2021年,杭州市规上服务业平均薪酬整体保持稳中有升的态势,2021 年为 23 万元,同比提高 22.6%,比 2017 年提高 66.7%。从十大行业 5 年来的平均薪酬来看(表 6-6),信息传输、软件和信息技术服务业的平均薪酬一直保持在首位,2021 年平均薪酬为 43.2 万元,同比增长 8.5%。其次是文化、体育和娱乐业,2021 年平均薪酬为 22.8 万元,同比增长 23.2%。最后是教育业,2021 年平均薪酬为 22.5 万元,同比增长 51%,增速位居第一。水利环境和公共设施管理业及居民服务、修理和其他服务业两个行业,平均薪酬较低,只有最高平均薪酬的 1/6 左右,并且 2021 年同比增速为负。整体来看,十大行业的人均薪酬趋势平稳,起伏不大,信息传输、软件和信息技术服务业一直处于领航地位,是杭州服务业的支柱产业。居民服务、修理和其他服务业平均薪酬偏低,并且 2021 年同比有所下降,该行业与人民群众生活息息相关,在很大程度上直接影响群众的幸福感,应当引起重视。

表6-6 2017—2021年杭州市规上服务业分行业平均薪酬(万元)

	2017年	2018年	2019年	2020年	2021年
交通运输、仓储和邮政业	11.3	11.7	13	14.2	15.6
信息传输、软件和信息技术服务业	25.3	31.5	36.8	39.8	43.2
房地产业(不含房地产开发)	5.9	6.9	7.6	7.8	9.3
租赁和商务服务业	9.6	9.4	10.4	10.5	11.5
科学研究和技术服务业	15.5	16.8	19.4	19.2	20.9
水利环境和公共设施管理业	8	10.6	10.8	10.8	8.8
居民服务、修理和其他服务业	5.1	5.5	6.3	7.2	6.6
教育	9.4	11.9	14.3	14.9	22.5
卫生和社会工作	10.8	11.9	13	13.6	15.5
文化、体育和娱乐业	17	17.7	17.9	18.5	22.8

(二) 幸福产业擦亮城市品牌

杭州是全国唯一连续17年入选"中国最具幸福感城市"排名榜的城市,旅游、文化、体育等幸福产业的蓬勃发展,持续擦亮这座城市的品牌,不断实现人民对美好生活的向往。

1. 旅游业

杭州是"国家文化和旅游消费示范城市""中国旅游休闲示范城

市"等国家级称号获得者,是全国知名的旅游目的地城市。"十三五"期间,游客接待量由2016年的14 059万人次提高到2020年的17 600万人次,年均增长约8.4%;旅游总收入从2016年的2 572亿元提升至2020年的3 335亿元,年均增速约11%。2020年新冠肺炎疫情使全国各大城市旅游业尤其是国际旅游的发展受到巨大影响,在这种背景下,杭州旅游跑出行业复苏"加速度",大考之下交出高分报表,2020年实现旅游总收入3 335亿元,居副省级及以上城市第1位(图6-3);旅游总人数1.76亿人次,居第5位(图6-4)。其中,乡村旅游接待游客7 080万人次,实现经营收入69亿元,恢复至2019年同期的72%和83%。

杭州在全国首创以"全域理念"谋划旅游业发展,"双轮驱动、城旅一体、产业融合、国际引领、共建共享"成为全域旅游创新示范的"杭州样本",全域旅游在城市国际化进程中发挥排头兵的作用,有效推动了旅游业的转型升级。至2020年末,全市有国家级旅游度假区

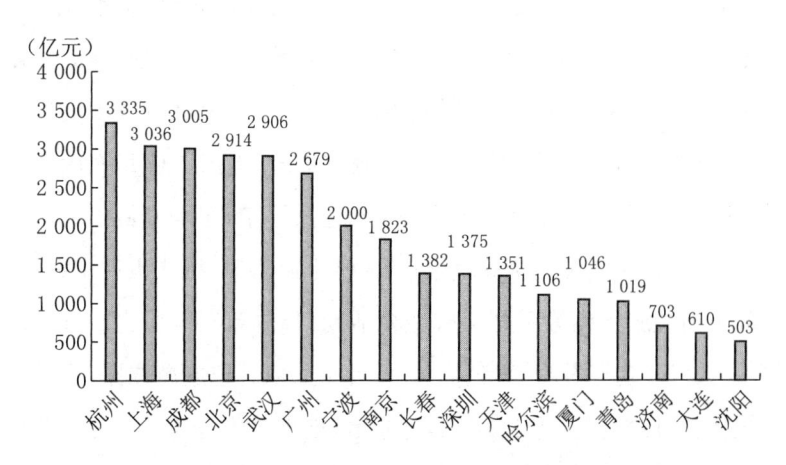

图6-3 2020年副省级及以上城市旅游总收入比较

注:数据来源于全国各地统计年鉴,重庆、西安无该数据。

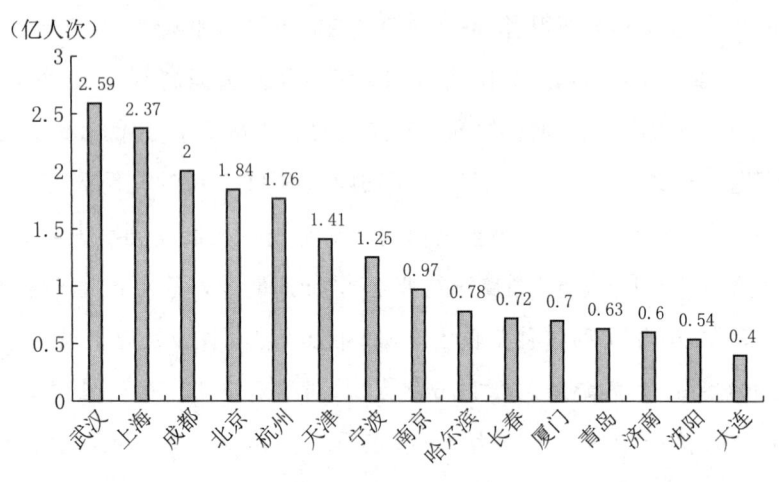

图 6-4　2020 年副省级及以上城市旅游总人数比较

注：数据来源于全国各地统计年鉴，重庆、西安、广州、深圳无该数据。

2家(湘湖旅游度假区和淳安千岛湖旅游度假区)，3A级景区57家，4A级景区42家，5A级景区3家(杭州西湖风景名胜区、杭州千岛湖风景名胜区和杭州西溪湿地旅游区)；淳安、西湖、余杭、临平、临安、建德6个区县(市)成功创建了省级全域旅游示范区，桐庐县成功创建了国家级全域旅游示范县。杭州还积极探索文旅融合发展的新路径、新方法，整合了全域范围内文化旅游资源，推出了杭州文旅新产品、新节庆、新线路、新优惠等系列文旅惠民举措；组织开展了文旅市集·杭州奇妙夜、杭州全球旗袍日、大学生旅游节、杭式生活主题屋、盛放杭州文旅盛典等系列文旅融合活动，释放新兴消费力。杭州围绕"三大世界遗产"厚植特色优势，设计了非遗特色旅游线路，推动了传统技艺、传统表演艺术等项目进景区；推进了旅游与一二三产业的深度融合，创新了"十大特色潜力行业"与旅游业深度融合模式，发展了社会资源国际旅游访问点；推出了"新经济会议目的地"独特标签,推进了会议与城市优势产业深度融合;"数字经济+旅游"跨界深度融合,全国首推"数字经济旅游十景"成为经济和旅游复合"金名片"。

2. 文化产业

杭州文化产业发展能级稳居全国前列,"十三五"期间,杭州文化产业增加值从2015年的855亿元增长至2020年的2 285亿元,年均增速达15%以上,占GDP比重从2015年的8.5%提高到2020年的14.2%(图6-5),是名副其实的国民经济支柱型产业,占浙江省文化产业规模总量的40%以上。产业发展质量、产业贡献度等多项指标稳居全国大中型城市、副省级城市前列,有力打响了全国文化创意中心品牌。联合国教科文组织"工艺与民间艺术之都"建设不断深入,"中国动漫之都""全国数字内容产业中心""华语影视内容生产中心"等产业品牌影响辐射海内外。连续举办十六届的中国国际动漫节成为全球专业、顶尖、具有引领性的产业盛会,成功举办十四届的杭州文博会成为中国四大综合性重点文化会展之一。"五个一工程"文艺

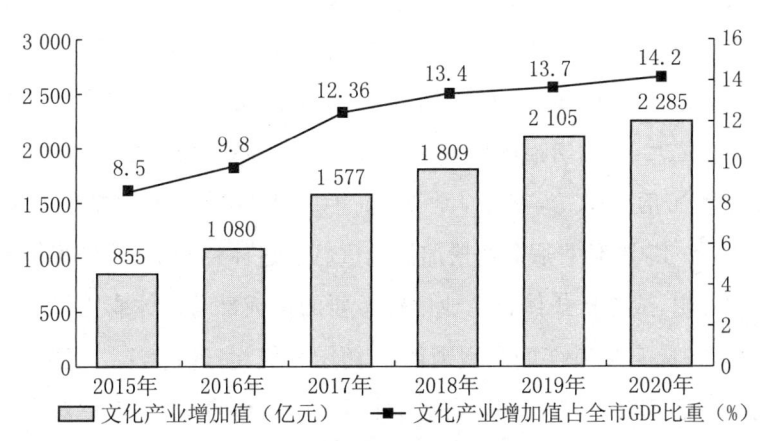

图6-5 2015—2020年杭州市文化产业增加值总量及占全市GDP比重变化趋势

精品获奖数量连续四届位居全国前列,动画作品推优数量连续多年保持全国同类城市首位。

同时,杭州文化企业发展质量领跑全国,"十三五"期末,全市拥有规上文化企业1 426家,2020年规上文化企业实现主营业务收入8 001亿元,同比增长12.41%。上市文化企业达48家,占全市上市企业总量的1/5,居全国各大城市前列。宋城演艺、华策影视、华数传媒等先后入选"全国文化企业30强",网易雷火、网易云音乐、微念科技、玄机科技、电魂科技、微拍堂、玩物得志等一大批数字文化企业蓬勃发展,成为引领全市文化产业健康快速发展的中坚力量。据专业机构研究分析,杭州规上文化企业的规模化率、产业利润率、人均产出率及总资产收益率、企业成长水平等多项指标在全国各大城市中排名第一。

3. 体育产业

近年来,杭州逐步建立起含体育制造业和体育服务业的覆盖多门类、产业组织形态丰富的体育产业体系,其中,体育装备制造、体育竞演、体育运动休闲等行业已逐步形成特色。杭州体育产业占全市GDP比重逐步上升,总产出、增加值稳居全省"双首位"。如表6-7所示,2015年杭州体育产业总产出为377.91亿元,2020年总产出已突破700亿元,年均增幅达到13.7%。产业增加值也稳步增长,2020年实现增加值223.76亿元,是2015年的1.96倍,年均增幅达到14.4%。其中,体育服务业增加值比重已超过体育制造业,经济贡献日益突出,成为杭州体育产业中最重要的构成部分。体彩销售稳步增长,2015—2020年间实现销售额191.58亿元,远超"十三五"确定的100亿元目标,人民网及《中国日报》《中国体育报》等媒体对杭州体彩工作进行了宣传报道。

表 6-7 2015—2020 年杭州体育产业发展情况(亿元)

	2015 年	2016 年	2017 年	2018 年	2019 年	2020 年
体育产业总产出	377.91	418.12	457.33	607.72	685.45	717.84
体育产业增加值	114.03	129.93	145.42	189.01	213.46	223.76
体育彩票销售额	22.56	25.78	27.47	43.45	33.97	38.35

在体育服务业中,体育竞赛表演即体育赛事正在成为杭州一大亮点。改革开放以来,杭州不断培育引进重大体育赛事,经历了起步、成长、升级阶段(表 6-8),初步形成了由大型综合赛事、顶级单项赛事以及本土特色品牌赛事等构成的赛事组合体系。尤其是 2016 年 G20 峰会的召开将杭州推上世界舞台,加之第 19 届亚运会的成功举办,杭州赛事规模与水平逐渐升级。"十三五"期间累计举办 2018 年第 14 届 FINA 世界游泳锦标赛(25 米)和世界水上运动大会、杭州马拉松、国际(杭州)毅行大会、国际泳联 10 公里马拉松游泳世界杯赛、钱塘江国际冲浪对抗赛、2019 年杭州国际网球邀请赛等 50 余项大中型体育赛事。杭州马拉松则连续 4 年成为中国田径协会的"金牌赛事",2019 年被国际田联评为"金标赛事"。

表 6-8 杭州重大体育赛事发展阶段

发展阶段	主要赛事
起步阶段:改革开放至 20 世纪末	1979 年,世界羽联第一届羽毛球世界杯赛(第二届世界羽毛球锦标赛) 1987 年,创办杭州马拉松的前身——西湖桂花国际马拉松和国际友好西湖马拉松赛

续表

发展阶段	主要赛事
成长阶段:21 世纪初至"十二五"末	2007 年,女足世界杯(杭州赛区) 2011 年,全国第八届残运会 2014 年,欧洲冠军篮球联赛中国巡回赛 同时,开发和培育了具有国际、国内影响的杭州特色的钱塘江冲浪运动和具有体育科技文化创意的 WEM 世界电子竞技大师赛等大型体育赛事,国际(杭州)毅行大会、杭州马拉松等一系列具有杭州本土特色的群体性品牌赛事活动影响力不断扩大
升级阶段:2016 年至今	2017 年,国际泳联 10 公里马拉松游泳世界杯赛 2018 年,第 14 届 FINA 世界游泳锦标赛(25 米)和世界水上运动大会 2019 年,钱塘江国际冲浪对抗赛 2019 年,杭州国际网球邀请赛 2017、2018、2019 年,杭州西湖赛艇挑战赛 2020 年,全国全民体能大赛总决赛 2023 年,第 19 届亚运会

(三) 全生命周期公共服务优质共享

杭州在争当浙江高质量发展建设共同富裕示范区城市范例的过程中,提出着力推动人的全生命周期公共服务优质共享,让人民群众看得见、摸得着、体会到"共同富裕的新生活",人民群众获得感、幸福感、安全感进一步增强。

其一,基本公共服务均等化达到新水平。"十三五"期间,涵盖基础教育、就业创业服务、社会保障等 8 个领域的基本公共服务体系更加完善,各领域的均等化实现度全部达到或超过规划目标要求。125 项基本公共服务项目的标准高于或持平国家、省规划标准,均等化、标准化完成水平位于全国、全省前列,城乡、区域、群体之间的基本公共服务差距持续缩小。基本公共服务体系协调推进机制持续完善,公共服务领域财政支出稳步增长,确保每年一般公共预算新增财力三分之二以上用于民生,全市5年累计民生投入6 750亿元,是"十二五"时期的2倍。

其二,积极探索优质教育资源共建共享。以"跨层级跨区域合作办学"为重点,深化名校集团化战略。优质市属高中"出市入县",与区、县(市)属高中集团化办学。截至2021年底,全市中小学教育集团共210个,成员单位676个,全市义务教育名校集团化覆盖率超过72%(主城区达90%以上)。其中,2021年全市新增融合型、共建型教共体结对学校(校区)175家,教共体覆盖所有乡村学校和73%的镇区学校。尤其是名师乡村工作室成为杭州"美好教育"新风景线。在高校、中小学选拔教授、特级教师等名师,在乡村学校建设125个市级名师乡村工作室,鼓励名师以名师乡村工作室为平台,培养培训乡村教师,与乡村学校合作开展教学科研工作,在乡村学校开设示范课,遴选组织1 000多位名师乡村工作室学员到北京师范大学、复旦大学、浙江大学培训,让名师走进乡村学校,乡村教师走进高校名校,推动乡村教师素质提升,延伸优质师资共享面。

其三,构建全人群全生命周期的健康服务体系。杭州是国内最早进行健康城市建设的城市之一,人群健康水平、社会发展水平、卫生服务能力等都位居全国前列。杭州是我国率先把"将健康融入所有政策"写入地方五年发展规划的城市,并推动了"将健康融入所有政策"在城市治理体系中的法制化。"十三五"期间,杭州舒心就医服务形成品牌,电子健康医保卡、电子健康档案开放共享、电子母子健康手册、出生"一件事"联办、用血费用"一站式"服务、急救志愿者互联救治等项目成为国家试点或示范样本。全生命周期服务体系加快构建,医养护一体化家庭医生签约服务形成"杭州模式",在全国基层卫生健康工作会议上交流经验;创新医养结合联合体机制,成为全国"智慧健康养老示范基地";婴幼儿照护多元普惠服务体系的杭州发展模式初步形成;基层医疗卫生机构国家标准达标率位列全省前列,国家基本公共卫生服务项目绩效评价两次荣获全国第一。公共卫生服务能力持续提升,居民健康水平显著提高,如表6-9所示,2020年,杭州市城乡居民的人均预期寿命达83.12岁,较2015年的81.85岁提高了1.27岁,5岁以下儿童死亡率从2015年的3.00‰降至2020年的2.78‰,孕产妇死亡率由6.94/10万人降至1.69/10万人,居民健康素养水平由16.95%上升至38.54%。居民主要健康指标处于全国领先水平,接近或达到中高收入国家水平,为高水平全面建成小康社会奠定坚实基础。

表6-9 2015年和2020年杭州市健康服务主要指标对比

主要指标	2015年	2020年
城乡居民人均预期寿命(岁)	81.85	83.12
5岁以下儿童死亡率	3.00‰	2.78‰
孕产妇死亡率(每十万人)	6.94	1.69
居民健康素养水平	16.95%	38.54%
医疗卫生机构(家)	4 428	5 982
医疗卫生机构床位(万张)	6.36	9.02
专业卫生技术人员(万人)	9.3	13.65
执业(助理)医师(万人)	3.48	5.31

其四,创新破解养老难题。杭州比全国平均水平提前11年进入老龄化社会,截至2021年底,全市户籍老年人口192.23万,占总人口的23.15%,80岁以上老年人口29.58万,占老年人口的15.31%。为有效破解养老难题,杭州推动养老服务全面快速发展,在第一批中

央财政支持开展居家和社区养老服务改革试点中获优秀等次,全国、全省养老服务标杆引领地位进一步强化。主要做法有:一是加大优质养老服务供给。"十三五"期间,杭州以社区居家照护为导向,214家镇街级示范型居家养老服务中心配齐六大服务功能,与2 691家村社级照料中心实现错位发展、互为补充。建成老年食堂(助餐点)1 600余家,并形成"中央厨房+中心食堂+助餐点""互联网+助餐"等多元助餐模式。在家庭养老床位、适老化改造、政府购买上门服务等方面开展个性化定制创新,成功探索"家院一体"微机构,政府购买上门服务惠及近10万困难老年群体,"一站式"养老服务圈加快推行。二是推动机构养老做优做强。推动公办养老机构公建民营、定价机制、准入轮候三大改革,实施农村敬老院提升改造三年行动计划,在强化兜底保障的同时,公办养老机构活力不断激发。截至2020年,全市共有养老机构329家,其中公办养老机构88家,民营养老机构241家(含公建民营85家),基本形成"低端有保障、中端有供给、高端有市场"的养老机构发展格局。三是智慧养老迭代升级。搭建市级"互联网+养老"平台,全天候为低收入高龄及失能老人提供"一键呼救"等三大类13小项服务,创建老年食堂无接触取餐"刷脸吃饭"、智能养老管家、养老地图等智慧应用场景。打造养老服务线上App商城"点单式"服务,将养老服务补贴打入老年人社保卡养老服务专户,在全国率先创设全市通用的养老电子货币"重阳分",可用于居家养老上门服务、养老机构床位费、护理费等支付,打破了原来的区域壁垒,形成了全市统一的养老服务市场。[①]

---

① 吴金富,徐媛媛.杭州养老服务迈入高质量发展快车道[J].中国社会工作,2020(26):30-31.

(四)服务业在集聚中开始趋向平衡

据表 6-10 显示,2020 年杭州服务业占 GDP 比重为 68.0%,各区县(市)超过这一水平的依次为下城区、西湖区、江干区、拱墅区、余杭区,这些城区已呈现明显的服务经济特征。从各区县(市)服务业增加值占全市的比重来看,余杭区当之无愧位于首位,其服务业增加值占全市的比重超过了五分之一,其次是西湖区,为 13.4%,然后依次

表 6-10 2020 年杭州各区县(市)服务业发展主要指标

	服务业增加值(亿元)	服务业占GDP比重(%)	服务业增加值占全市比重(%)	服务业增速(%) 2018 年	服务业增速(%) 2019 年	服务业增速(%) 2020 年
杭州市	**10 959**	**68.0**	**100.0**	**7.5**	**8.0**	**5.0**
上城区	781	65.5	7.1	8.0	8.2	0.8
下城区	1 088	95.9	9.9	5.8	7.0	8.0
江干区	886	86.3	8.1	4.7	6.0	5.3
拱墅区	543	81.2	5.0	3.0	7.5	1.6
西湖区	1 468	92.5	13.4	6.5	8.0	7.9
滨江区	936	53.6	8.5	5.7	7.2	5.0
萧山区	1 077	58.9	9.8	8.5	7.4	4.8
余杭区	2 322	76.1	21.2	13.6	10.0	5.0
富阳区	418	51.4	3.8	8.0	9.1	5.3
临安区	274	45.7	2.5	11.3	9.5	1.8
桐庐县	190	50.5	1.7	6.1	5.1	2.0
淳安县	140	58.1	1.3	8.8	6.2	−0.7
建德市	173	44.1	1.6	12.1	5.2	6.4

注:2021 年,杭州市进行了行政区划调整,为保持数据连续性,本书仍然基于调整前行政区划进行分析。

表 6-11 杭州非主城区区县(市)部分公共服务指标

	小学(所/万人) 2016年	小学(所/万人) 2020年	高中(所/万人) 2016年	高中(所/万人) 2020年	初中(所/万人) 2016年	初中(所/万人) 2020年	医疗卫生机构数(个/万人) 2016年	医疗卫生机构数(个/万人) 2020年	医疗病床数(张/万人) 2016年	医疗病床数(张/万人) 2020年	卫生事业人员数(人/万人) 2016年	卫生事业人员数(人/万人) 2020年
萧山区	0.57	0.60	0.08	0.09	0.30	0.33	5.63	6.49	71.89	81.11	115.75	146.00
余杭区	0.49	0.48	0.11	0.14	0.35	0.33	5.00	6.83	50.43	58.53	104.70	119.73
富阳区	0.67	0.64	0.10	0.10	0.25	0.25	6.85	3.11	50.97	61.21	90.00	101.63
临安区	0.71	0.76	0.09	0.09	0.34	0.31	8.47	9.29	49.99	59.76	81.88	111.49
桐庐县	0.66	0.64	0.10	0.12	0.32	0.29	7.78	8.35	45.13	60.85	68.66	126.47
淳安县	0.80	0.85	0.11	0.11	0.37	0.33	6.84	7.08	37.36	58.53	89.72	81.05
建德市	0.55	0.59	0.12	0.12	0.33	0.35	7.69	7.71	50.06	57.05	91.08	89.15

数据来源:根据历年《杭州统计年鉴》计算得出,各区县(市)人口为当年户籍人口。

是下城区、萧山区、滨江区、江干区和上城区,这七大城区服务业增加值占全市比重已达78%,服务业集聚效应明显。从各区县(市)服务业增速来看,表现最好的仍然是余杭区,三年增速分别达13.6%、10.0%、5.0%,均高于或保持在全市平均水平;位于近郊的富阳区、临安区服务业发展潜力较大,增速基本保持在全市平均水平以上,除临安区受疫情影响,2020年增速有所下降;远郊的建德市近年来服务业增长表现较好,尤其是2020年在全市服务业增长乏力的情况下,建德市实现了6.4%的增速,超过了全市平均水平。

基本公共服务在区域城乡之间更加均衡。从杭州7个非主城区区县(市)教育和医疗的部分指标对比来看(表6-11),除个别区县(市)的个别指标,2020年每万人拥有的小学、高中、初中、医疗卫生机构数、医疗病床数、卫生事业人员数相比2016年大多都实现了提高,尤其是每万人拥有的医疗病床数,各区县(市)均实现了大幅提升。

三、杭州服务业共享发展存在的问题

(一)服务业创造就业和居民收入的空间受限

尽管服务业已经成为杭州吸纳就业的主要渠道,但和产业结构进行对比,仍然存在偏离。从产业结构与就业结构的偏离度来看(表6-12),杭州的第一产业和第二产业近年来结构偏离度均小于0,说明产业增加值比重小于就业比重,意味着一二产业的劳动生产率低,吸纳就业能力弱;第三产业结构偏离度大于0,且保持在较高水平,这表明服务业增加值比重大于就业比重,劳动生产率高,吸纳就业能力强,

表 6-12 杭州市产业结构与就业结构偏离度

年份	产业结构 一产	产业结构 二产	产业结构 三产	就业结构 一产	就业结构 二产	就业结构 三产	结构偏离度 一产	结构偏离度 二产	结构偏离度 三产
2011	3.2%	46.5%	50.2%	11.4%	39.4%	49.3%	−8.2%	7.1%	0.9%
2012	3.1%	44.6%	52.3%	10.8%	39.2%	50.1%	−7.7%	5.4%	2.2%
2013	2.9%	42.2%	54.8%	9.4%	38.9%	51.6%	−6.5%	3.3%	3.2%
2014	2.8%	41.6%	55.6%	9.1%	38.7%	52.2%	−6.3%	2.9%	3.4%
2015	2.7%	39.4%	58.0%	7.8%	37.9%	54.3%	−5.1%	1.5%	3.7%
2016	2.5%	36.1%	61.4%	7.0%	37.4%	55.6%	−4.5%	−1.3%	5.8%
2017	2.3%	33.8%	63.9%	6.6%	36.6%	56.8%	−4.3%	−2.8%	7.1%
2018	2.1%	32.8%	65.1%	5.3%	35.5%	59.2%	−3.2%	−2.7%	5.9%
2019	2.1%	31.4%	66.5%	4.7%	34.6%	60.7%	−2.6%	−3.2%	5.8%
2020	2.0%	29.8%	68.2%	4.1%	34.1%	61.8%	−2.1%	−4.3%	6.4%
2021	1.8%	30.3%	67.9%	4.0%	34.9%	61.1%	−2.2%	−4.6%	6.8%

但就业不充分,创造就业的空间受限,影响了服务业的共享发展水平。加之随着机器人和人工智能等新技术的兴起与应用,服务业作为主渠道的就业压力将比以往更大。

正如前文中表6-6分析结果显示,杭州与人民群众生活息息相关的部分生活性服务业行业平均薪酬较低,这将直接影响人民群众的幸福感获得感。同样用规上服务业企业职工薪酬水平来考察各行业内部低收入单位占比情况(表6-13),以此来分析服务业是否带来大多数居民收入的增加。从行业内部来分析,信息传输、软件和信息技术服务业低收入单位占比最高,2021年达到了90%,但其平均薪酬也是最高的;同时交通运输、仓储和邮政业,科学研究和技术服务业,文化、体育和娱乐业,教育等行业低于平均薪酬水平的单位占比

表6-13　2017—2021年杭州市规上服务业行业内部低于平均薪酬单位占比(%)

	2017年	2018年	2019年	2020年	2021年
交通运输、仓储和邮政业	85.1	80	81.4	84	79.5
信息传输、软件和信息技术服务业	89.1	91.6	91.5	92.3	90
房地产业(不含房地产开发)	44.9	41.2	37.6	37.5	37.2
租赁和商务服务业	57.5	54.9	56.7	56.5	51.7
科学研究和技术服务业	75.7	75.4	76.1	73.3	71.1
水利环境和公共设施管理业	65.7	73.2	62.4	69.3	44.6
居民服务、修理和其他服务业	47	48.3	45.7	57.2	36.7
教育	70	60	69	73.2	77.8
卫生和社会工作	72.7	70.2	70.1	71.1	64.5
文化、体育和娱乐业	77.3	75.6	77.5	79.9	80.3

也较高。行业内部薪酬差距较大,头部高收入企业和大量低收入中小企业并存,中小企业发展动力不足。要提高服务业对居民收入的贡献,必须关注这些富有成长性的中小企业,如果将这些企业的收入水平往上拉一拉,将对扩大中等收入群体规模产生明显效应。

(二) 基本公共服务供给能力有待提升

首先,公共服务供需结构性矛盾仍然存在。随着常住人口机械净流入量不断加大,主城区教育、医疗、养老等重点领域的公共服务逐渐处于紧平衡状态。学龄人口增长较快,基础教育配套压力不断显现,尤其是学前和高中教育资源供需矛盾较为集中。基层诊疗服务能力有待提升,基层医疗机构存在医疗服务项目局限、医疗业务水平不高、公共卫生应急处置能力薄弱等问题。部分偏远乡镇养老设施资源闲置、利用率不高问题依然存在,社区居家养老服务照料中心可持续发展机制尚未建立,社区居家养老的基础地位尚未夯实。

其次,基本公共服务标准化建设仍然有待加强。基本公共服务资源和信息共享不够充分,在标准制定、实施、应用、宣传,以及标准水平城乡均衡、动态调整、监测评估方面探索创新不足。社会事业资金投入机制不够完善,养老基金收支矛盾日渐突出,社会事业和公共服务的供给方式和供给主体多元化进程偏慢,行业组织、社会力量参与基本公共服务的路径不够通畅、参与度有待提高,政府与社会资本合作模式尚未完全建立。

最后,"一老一小"福利型人口持续增长带来挑战。"十四五"期间,杭州"一老一小"福利型户籍人口总量持续增加,预计从2021年的239万人增加到2025年的292万人,占全市户籍人口比重从2021年的19.6%提升至2025年的22%;全市60岁及以上常住老年人口2025年预计达264万人,年均增长约13万人,3岁以下婴幼儿人口总数预计将每年保持在25万—30万人的区间。[①]"一老一少"福利型人口增长,将持续加大公共服务供给压力。人口老龄化程度不断加深,未成年人口数量增加,会给医疗卫生、养老保障、养老服务等公共服务体系带来挑战。高龄孕产妇及胎儿保健等妇幼医疗服务需求,以及托儿所、幼儿园、小学等教育服务需求将大幅增加,杭州在医疗卫生和基础教育方面的供给保障压力会进一步加大。

(三) 区域不平衡问题仍然较为突出

临安、桐庐、淳安、建德位于杭州西部山区,是杭州推动实现共同富裕的重点区域。山区四区县(市)发展不平衡不充分的问题仍然突出,区域间发展差距较大。从服务业来看,服务业增加值总量偏小,占全市服务业增加值的比重逐年下降(表6-14),2021年仅占全市服务业增加值的6.5%,比2018年下降了2.1个百分点。四区县(市)服务业产业层次也较低,传统服务业仍占主要地位,信息服务、科学技

表6-14 杭州山区四区县(市)的服务业增加值占全市比重

	服务业增加值占全市比重			
	2018年	2019年	2020年	2021年
临安区	3.0%	2.7%	2.5%	2.3%
桐庐县	2.0%	1.8%	1.7%	1.6%
淳安县	1.6%	1.4%	1.3%	1.2%
建德市	2.0%	1.6%	1.6%	1.4%
合计	8.6%	7.5%	7.1%	6.5%

① 数据来源于2022年10月21日杭州市政府发布的《杭州市"一老一少"整体解决方案》。

术和研究等新兴服务业发展滞后,服务业现代化水平不高。

公共服务区域不平衡问题依然突出。从财政实力看,尽管10年来主城区累计向临安、桐庐、淳安、建德4个区县(市)提供协作资金近40亿元,但财政实力仍然差距过大(表6-15),尤其是桐庐、淳安、建德财政总收入勉强维持在40亿元至60亿元,这导致了区域间民生支出保障能力也不够均衡。从设施供给看,区县(市)之间在教育、医疗、文体、养老等公共服务领域存在资源供需不匹配、设施服务量质差距较大等问题,社会资源和非基本公共服务城乡差距、区域差距、群体差距依然较大,行政区划调整后的部分城区公共服务设施建设任务较重,尤其是余杭、临平[①]、钱塘[②]等人口净流入大区和产业新区存在服务配套滞后的情况。新城市框架下公共服务资源标准化难度提升,相对应的公共服务基础设施、配套标准需进一步规范,需做好与新的城市格局相符的城乡区域差异化设置。

表6-15 2020年杭州各区县(市)财政总收入与一般公共预算支出

	财政总收入(亿元)	一般公共预算支出(亿元)
杭州市	3 854.2	2 069.7
上城区	160.6	52.4
下城区	145.7	54.3
江干区	196.7	82.4
拱墅区	154.4	60.6
西湖区	317.8	109.5

---

① 2021年4月9日正式设立杭州市临平区,以原余杭区的临平街道、东湖街道、南苑街道、星桥街道、运河街道、乔司街道、崇贤街道、塘栖镇的行政区域为临平区的行政区域。

② 2021年4月9日正式成为杭州市下辖区,前身为2019年4月经浙江省人民政府正式批复同意设立的钱塘新区和原杭州经济技术开发区。

续表

	财政总收入（亿元）	一般公共预算支出（亿元）
滨江区	358.4	126.3
萧山区	461.0	275.6
余杭区	825.9	413.6
富阳区	138.7	102.5
临安区	109.6	90.5
桐庐县	58.3	56.4
淳安县	40.1	76.7
建德市	55.6	59.3

四、杭州服务业共享发展的典型案例

（一）临平区：以建设嵌入式体育场地增强人民幸福感

所谓"嵌入式体育场地"，是指为加强土地集约利用，在社区（小区）、公园绿地、滨水绿道、桥下空间、屋顶等区域，见缝插针式配套足球、篮球、排球三大球，以及乒乓球、羽毛球、网球三小球和门球等，供全年龄段人群运动健身的公共体育设施。扎实推进嵌入式体育场地设施建设是有效解决群众"健身去哪儿"问题，实现全生命周期体育公共服务优质共享的重要抓手。2022年，杭州印发了《杭州市嵌入式体育场地设施建设导则（试行）》和《杭州市嵌入式体育场地设施建设三年行动计划（2022—2024年）》。临平区通过政府主导、统筹规划，在全市率先建立了嵌入式体育场地设施的工作专班、管理制度、数字平台，构建了"全域均衡、全龄友好、全民共享"嵌入式体育场地体系。临平区现有嵌入式体育场地1 202个,面积65.99万平方米,对现有居住用地的覆盖率达到了95.99%。

编制全区专项规划。在全市率先编制《临平区嵌入式体育场地设施建设专项规划》,摸排全区嵌入式体育场地设施、用地数据,编制了"三图三表",谋划"两带串联、多核引领"的空间布局结构,促进嵌入式体育场地布局与城市发展格局、人口分布、市民需求相匹配,形成"全域均衡、全龄友好、全民共享"的嵌入式体育场地体系。

开放一批公共场馆。落实《临平区推进学校体育场地向社会开放实施方案》,扎实推进包括亚运场馆、学校、机关企事业单位在内的各类公共体育场馆(地)的综合利用,低收费、免费对外开放使用,真正做到还馆于民。

探索"场馆+运动+商业"模式。立足本区域运动人群日益增长和不断迭代的健身需求,联合各类体育协会、社会组织、社区和企业等社会主体,共同参与嵌入式体育场地设施的建设,积极探索"场馆+运动+商业"的运营模式。

满足"一老一小"需求。嵌入式体育场地的规划建设与儿童友好城市和老年友好社会打造充分融合,一站式满足"一老一小"需求。一方面依托嵌入式体育场地设施,布局儿童研学基地、儿童游乐、户外露营等项目,开展儿童体能训练、心理素质训练及兴趣培养活动,使儿童广泛参与其中。另一方面,重点在老年人口比例高的区域布局一批门球、太极拳、广场舞等场地设施,让老年人可以在家门口强身健体。

综合集成多种功能。充分挖掘城市"金角银边"空间,布局多元服务场景,促进空间集约利用。如杭州跑步中心利用沪杭铁路沿线夹角区域的荒地,以"全民体育"为主题,设有6类专业球馆、健身中心及营地、驿站,综合日常健身、体育培训、赛事、休闲等多种功能,日均流量超过2000人次。

搭建智慧管理平台。建立临平体育场地数字管理平台,将嵌入式体育场地设施数据纳入临平区文旅大数据平台,接入"亚运在线",优化全民健身工程网络,扩大服务覆盖面。建设一舱两平台(驾驶舱、管理端、客户端),方便市民随时查询周边嵌入式体育场地设施并进行咨询、预约等操作,进一步提升嵌入式体育场地设施的知晓度、使用率。

制定新建住宅小区嵌入式体育场地建设规范(指导意见)。在城市增量空间布局方面,研究制定新建住宅小区建设嵌入式体育场地设施的面积、项目的标准要求,并出台配套政策,形成联审联评规范流程,不断增加嵌入式体育场地设施供给,更好满足群众需求。

(二)桐庐富春江镇:文旅幸福产业促共富

桐庐县富春江(芦茨)乡村慢生活体验区,于2012年9月经浙江省人民政府批准,是全省首个乡村慢生活体验试点区。区域总面积约62平方千米,以富春江镇的芦茨、茆坪、石舍三个村落为节点,与富春江—新安江国家级风景名胜区的严子陵钓台、白云源风景区交错相融。富春江镇立足生态资源和文旅产业优势,走出了一条以文旅幸福产业促共富的可持续发展道路。近年来,获评省级旅游风情小镇、省级放心消费示范建设样板单位、省级疗休养基地、省老年养生旅游示范基地、杭州市现代服务业培育类集聚区等荣誉称号。其主要经验有:

第一,高质量发展民宿经济。积极践行绿色发展理念,打通"两山"转换通道,走出一条"民宿支撑、能人带动、全民参与"的"共富路"。区域内共开办各类民宿250余家,形成高、中、低端民宿协调发展新格局,每户每年营收普遍超过30万元,部分中高端民宿可达150万元以上,吸引大量人才返乡入乡就业创业,创造民宿管家、维修维护、卫生保洁等工作岗位1 000余个,吸收本地雇员比例高达80%,真正让村民实现"家门口就业"。2021年芦茨村居民人均可支配收入达到78 900元,高于同期省、市城乡居民人均可支配收入;其中,家庭年可支配收入10万—50万元的占比70.46%,20万—60万元的占比42.23%,2万元及以下的占比2.4%,[①]收入分配结构较为合理,中等收入群体不断壮大。

第二,厚植文化艺术底蕴。三个村中高端民宿集聚区注重将文化基因与生态资源相结合,打造放语空胶囊书店、达染茶坊、洒秀咖啡馆等新型流量空间。盘活芦茨老街旧房及闲置公共区块,先后引进剪纸馆、根雕馆等文创项目。推进艺术田野、马岭古道提升建设,举办健身健美大赛、梅红春江·越剧千人唱等文艺活动。青龙坞通过旧房改造提升,先后引进多个高端民宿与网红打卡点,成为《还有诗和远方》《奇异剧本鲨》等大流量综艺拍摄地,知名度大幅提升。石舍村通过统一设计规划,引进三只蜗牛、洒秀、五行造物局等业态,打造"慢慢文创艺术街区",为慢生活体验区建设增添文艺光彩。

第三,以产业兴盛带动公共服务提升。重点关注老弱病残群体,实行孤寡老人、残疾人等困难群体资金补助政策。通过政府购买居家照料服务、推出老年食堂优惠餐、举办"长寿宴"、开展"红色代办"志愿服务等举措,打造老年友好型乡村。开设培训班传授麻糍、笋干、咸鸡等农产品制作工艺,指导包装、上架网络平台等。在做好老

---

① 张芸芸,王雪春,张权.芦茨村:释放生态红利 促进共同富裕[J].杭州,2021(20):20-23.

有所依工作的基础上,还致力于幼有所养,每个村都建立儿童之家和复兴少年宫,通过以德育人、以技促能、以乐促智,为少年儿童提供学习益智、快乐成长、实现梦想的良好环境条件,通过举办"小小村长"、巡河护水等系列活动,助力乡村振兴和共同富裕。

第四,生态环境持续改善。生态资源是富春江镇的立镇之本,将生态资源转化为产业优势的同时,富春江镇也不忘将经济利益回报给生态环境。近年来,县、镇两级政府累计投入 8 000 余万元,用于 3 个村的小流域整治、农村公路、立面改造、污水零直排、网络基站等基础设施建设,并于 2019 年底通过省级"美丽河湖"验收。村域森林覆盖率 91.5%,负氧离子浓度为 7 136 个/cm^3(实测年平均值)。探索实践村集体生态入股模式,部分村民年终还可获得 1 000 元/人生态林补助,良好生态环境已经成为当地最普惠的民生福祉。

(三)农村养老:养老服务城乡共享实践

杭州将农村养老纳入社会养老服务体系建设全局,不断补齐农村养老服务短板,推动养老服务领域"共同富裕"。

第一,资源融合打造农村"托老所"。在法律允许的范围内,积极探索集体经济组织使用集体所有土地建设居家养老服务设施的新模式,该类型养老服务设施只为本集体经济组织成员服务,以此构建起以村级照料中心和乡镇示范型居家养老服务中心为主的 20 分钟农村居家养老服务圈。探索打造 10—30 张床位的具有独立法人资格的"家院一体"微机构,依托慈善基金及长期护理保险等,引入第三方进行可持续运营,实现了村建民营、市场化运作,真正实现"垂暮不离亲、养老不离家"。

第二,多元融合实现养老"不离亲"。积极推行"中央厨房+中心食堂+助餐点"、村(社)自建食堂、志愿服务配送或邻里互助等模式,解决农村老人就餐问题,已建立农村助餐机构1 105家,其中老年食堂750家、助餐点300家、社会餐饮企业55家。同时,杭州还致力于帮助城乡困难老年人家庭进行适老化改造,尤其是在农村结合自建砖瓦房、土房等房屋内部构造差异性和生活传统习惯方面,推行"一户一策"改造。依托就近村卫生服务中心或县级医疗机构,在农村微机构内为老年人开展物理康复、中医理疗康复、医养结合等特色康养服务,"老有颐养"成为每位农村老年人"标配"。

第三,智慧融合破解"最后一公里"问题。杭州搭建了专门的市级"互联网+养老"平台,在横向与纵向上加强与各级各部门数据的交互,实现对老人信息的动态化、实时化分析。为农村低收入、高龄及失能老年人开通电子养老卡,并推行全市范围通用的电子货币"重阳分","重阳分"既可用于居家养老上门服务,也可用于支付各类养老机构的床位费及护理费等,有效推动了养老服务智慧化。杭州已累计发放"重阳分"2.96亿元,惠及22万余老年人,提供助洁、助餐、助浴、代办、康复等53项服务,回访满意率96%,打破了原来的区域壁垒,形成了全市统一的养老服务市场。

第七章
杭州实践的价值贡献与政策优化

一、杭州以服务业高质量发展探索中国式现代化道路的价值贡献

中国式现代化是人口规模巨大的现代化,是全体人民共同富裕的现代化,是物质文明和精神文明相协调的现代化,是人与自然和谐共生的现代化,是走和平发展道路的现代化。杭州按照新发展理念指引进行的服务业高质量发展实践,以服务业创新发展作为技术—经济范式变革的主要领域,以服务业协调发展作为构建现代化经济体系的桥梁纽带,以服务业绿色发展作为资源环境约束条件下的突围策略,以服务业开放发展作为置身于世界城市网络的重要抓手,以服务业共享发展作为实现全体人民共同富裕的有力支撑,这样的地方探索是对中国式现代化道路的生动诠释。

(一)以服务业创新发展作为技术—经济范式变革的主要领域

"范式"(Paradigm)一词最早由托马斯·库恩于1962年在《科学

革命的结构》一书中提出,指行业共识的价值观、方法论和思维原则。1982年,创新经济学家多西将科学哲学的"范式"概念引入,提出了技术范式的概念,并将其定义为"解决所选择经济问题的一种模式"。1985年,演化经济学家卡萝塔·佩雷斯提出用技术—经济范式来解释技术革命和经济长波的关系,她将技术革命、产业革命和技术—经济范式变迁联系起来,将技术—经济范式概括为通过新技术的扩散应用,成倍放大其对经济的影响,最终改变社会制度结构的组织方式。①在技术进步的背景下,生产方式及其所对应的附属技术和系统都会发生相应的变化,进而扩散到其他领域,引发经济增长方式与制度变迁,重塑社会形态。②技术创新是技术—经济范式变迁的主要原因,这个变迁过程通常包括多组渐进性技术创新或颠覆性技术创新,最终形成对整个经济世界产生根本影响的技术体系,并扩散至各个领域,实现技术创新与组织创新、管理创新、制度创新的关联融合。

人类自瓦特改良蒸汽机以来,已历经多次科技和产业革命浪潮。第一次产业革命也就是马克思所讲的工业革命,起源于18世纪60年代的英国,标志是蒸汽机的发明和应用与牛顿力学的诞生,这次革命是资本主义由工场手工业到大机器生产的重大飞跃,形成了以纺织工业为主导的产业结构,也使人类社会从农业社会迈向了工业社会,"工厂制"彻底代替了家庭作坊式的生产组织方式。第二次产业革命则发生在19世纪后半叶和20世纪初,标志为电力的广泛运用和电动力学的诞生,产业发展上导致了电力、化工等新技术和新

---

① PEREZ C. Microelectronics, long waves and world structural change: new perspectives for developing countries[J]. World Development, 1985, 13(3):441-463.
② 黄群慧,贺俊."第三次工业革命"与中国经济发展战略调整——技术经济范式转变的视角[J].中国工业经济,2013(1):5-18.

产业群的形成和发展,"大规模生产"成为制造业的主导发展方式。两次工业革命使人类的生产和生活方式发生了根本性的变化。在发达国家,机械劳动代替了手工劳动,大批量成规模制造产品的现代大工业成为社会生产的主导,社会劳动生产率快速提高,社会财富积累速度和规模空前扩张,人类社会进而走向了工业文明。到20世纪上半叶,这场革命已在一批工业发达国家中取得了卓越成就。始于20世纪中叶的第三次产业革命,以晶体管的发明、微电子制造技术的飞速发展及量子力学为标志,蓬勃发展至今。这场产业革命相比前两次革命,对人类社会带来的影响是翻天覆地的,对于人类正在迎来一场划时代的大变革这一判断,已成共识。与第一次产业革命的机械化生产、第二次产业革命的电气化生产相比较,第三次产业革命则以大数据、云计算、物联网等技术为代表,将产业发展带入了"数字化"时代。随之而来,生产系统也朝着数字化、智能化改变,与前两次产业革命相比,网络信息技术的渗透与数字化的知识和信息等关键生产要素的加入成为这场革命中最显著的特征,网络化生产组织正成为新范式,用户由传统的价值接受者转变为定义者,参与价值创造。因此,第三次产业革命是一场技术—经济范式意义上的技术、管理、制度全面协同变革,中国式现代化道路与这场产业革命不期而遇、交织重叠,只有积极投身这场变革,主动创新,才能做大现代化"蛋糕",加速现代化进程,才能适应甚至引领这场全球产业发展范式与竞争格局的重大调整。

杭州紧抓数字经济发展机遇,在全球新一轮技术—经济范式变革中占据先发优势,其中,服务业创新发展是核心力量,其实践逻辑如图7-1所示。第一,服务业开展的技术创新诞生了技术—经济范式的源头,即包括以5G为代表的通信技术,以物联网为代表的网络

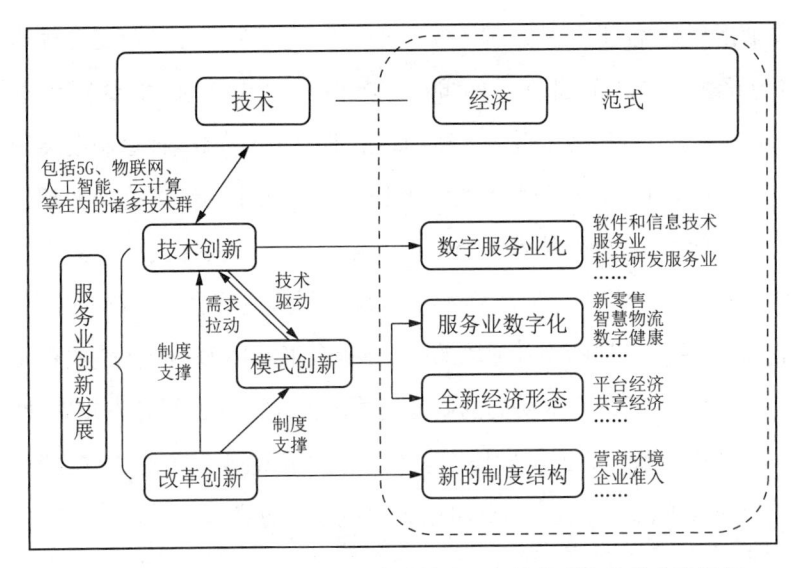

图 7-1　杭州以服务业创新发展牵动技术—经济范式变革的实践逻辑

连接技术,以人工智能、云计算为代表的计算技术和处理技术等在内的诸多技术群,这主要体现在软件和信息技术服务业、科技研发服务业等行业的贡献中。这些行业对"数字""信息""数据"等一系列数字经济时代的新要素进行市场化应用,形成新业态、新模式、新产业,即数字产业化过程。同时,随着人类劳动的服务化进程,知识劳动成为主导,智能智慧服务代替简单制造劳动,数字的产业化过程必将是"服务业化"的过程。第二,服务业进行的模式创新是数字技术等一系列新技术簇群驱动扩散至整个产业体系中产生重大影响的重要手段。一方面,新技术扩散至服务业的各个领域,推动传统服务业数字化改造与现代化提升,新零售、智慧物流、数字健康等新兴领域发展突飞猛进,服务业数字化形成的新产业形态成为经济增长新动能;另一方面,数字技术的突破式创新打破了传统经济的垂直化、部门化结构,平台经济、共享经济等具有扁平化横向分层特征的全新经济结构逐渐形成。①杭州表现特别亮眼,2020年,杭州全市的平台交易额达8万亿元,约占全国总量的60%,电商平台110家,平台网店近900万家。②第三,为了适应上述创新活动带来的变化,社会制度结构也要与之相呼应,那么服务业改革创新则是技术—经济范式创新带来的必然结果,也是技术—经济范式创新实现的制度支撑。杭州进行的着力优化服务业发展营商环境,积极创造适宜服务业新产业、新业态、新模式发展的制度环境的改革探索,正是技术—经济范式意义上随着技术、管理全面协同的制度变革。上述三类创新齐头并进,推动了杭州以服务业创新发展牵动技术—经济范式变革的实践之路,为中国式现代化的技术—经济范式提供了地方样板。

(二) 以服务业协调发展作为构建现代化经济体系的桥梁纽带

党的十九大报告首次提出"现代化经济体系"的概念,指出"建设现代化经济体系是跨越关口的迫切要求和我国发展的战略目标"。2018年1月,习近平总书记在主持十九届中央政治局第三次集体学习时深刻指出:"只有形成现代化经济体系,才能更好顺应现代化发展潮流和赢得国际竞争主动,也才能为其他领域现代化提供有力支撑。"③他从七个方面全面论述了现代化经济体系包含的内容:"创新引领、协同发展的产业体系是要实现实体经济、科技创新、现代金融、人力资源协调发展。统一开放、竞争有序的市场体系是要形成市场

---

① 杨青峰,李晓华.数字经济的技术经济范式结构、制约因素及发展策略[J].湖北大学学报(哲学社会科学版),2021,48(1):126-136.
② 杭州用"数智监管"让平台经济"行稳致远"[N].杭州日报,2021-06-04.
③ 习近平谈治国理政(第三卷)[M].北京:外文出版社,2020.

准入畅通、市场开放有序、市场竞争充分、市场秩序规范的现代市场体系。体现效率、促进公平的收入分配体系是要实现收入分配合理、社会公平正义、全体人民共同富裕。彰显优势、协调联动的城乡区域发展体系是要实现区域良性互动、城乡融合发展的区域协调发展新格局。资源节约、环境友好的绿色发展体系是要实现绿色循环低碳发展,形成人与自然和谐发展现代化建设新格局。多元平衡、安全高效的全面开放体系是要发展更高层次开放型经济。充分发挥市场作用、更好发挥政府作用的经济体制是要实现市场机制有效、微观主体有活力、宏观调控有度。"[1]在现代化经济体系中,现代化产业体系是物质基础,没有产业支撑,现代化经济体系就如同无水之鱼。而这样一个"实体经济、科技创新、现代金融、人力资源协调发展"的产业体系,打破了从一二三产业门类角度认识和推动产业体系调整的传统分析框架,并构建了基于生产要素投入角度的全新分析框架,能够避免产业体系分割所造成的失衡,是对产业经济理论的重大创新。[2]实体经济、科技创新、现代金融、人力资源四者中均有服务业的身影。实体经济是产业体系的根基,而实体经济并不只是制造业,与制造业相关联的生产性服务业也包含其中,甚至包括商业、教育、文化、艺术、体育等精神产品的生产和服务。尤其是随着数字经济的发展,实体经济的内涵和外延还在不断变化。科技创新已经悄然发生在服务业企业中,而涵盖科研、成果转化、技术服务等在内的科技服务业更是科技创新的主体领域。现代金融、人力资源两者则是以现代服务业为主体的领域,是现代化经济体系的重要因素支撑。

在早期的服务经济理论中,服务业就天然具有这种打破三次产

---

[1] 习近平谈治国理政(第三卷)[M].北京:外文出版社,2020.
[2] 郭威.深刻把握现代化经济体系的科学内涵[J].理论导报,2022(5):38-41.

业框架、作为中间投入的产业属性。尤其是从分工与专业化角度来看,服务业作为中间投入,对其他部门(如制造业)的发展有着极大的正外部性。谢尔普(Shelp,1984)指出:"农业、采掘业和制造业是经济发展的砖块(bricks),而服务业则是把它们黏合起来的灰泥(mortar)。"[1]里德尔(Riddle,1986)构造了一个"经济部门相互作用模型",以此描述服务在社会分工中的独特作用,即服务不是"边缘化的或奢侈的经济活动",而是处在经济核心地带的活动。他认为:"服务业是促进其他部门增长的过程产业。……服务业是经济的黏合剂,是便于一切经济交易的产业,是刺激商品生产的推动力。"[2]在新的技术—经济范式下,产业之间相互渗透、融合发展的趋势愈来愈明显,服务业内部各行业之间以及服务业与其他产业开始相互嵌入、衍生、转化、合成、赋能等,服务业的"黏合剂"功能更加突出。

杭州从三次产业视角来推动服务业协调发展的实践,正是对服务业作为现代化经济体系"黏合剂"的有力佐证,在产业之间建立起了互通互融的桥梁纽带,实践逻辑如图 7-2 所示。首先,生产性服务业比重上升且运用"自增强机制"(self-enforcing mechanism)搭建服务业内部行业之间的桥梁纽带。近年来,杭州服务业内部结构不断优化,生产性服务业比重大幅提升,占全市服务业增加值比重由 2013 年的 46.7% 上升至 2020 年的 60.3%,提高了 13.6 个百分点。同时,生产性服务业的"自增强机制"不断发挥作用,从而使服务业各行业之间通过内部学习、创新、知识传播建立起联系通道,进而容易

---

[1] SHELP R. The role of service technology in development[M]. New York: Praeger Publishers, 1984.

[2] RIDDLE D I. Service-led growth: the role of the service sector in world development [J]. The International Executive, 1986, 28(1):21-28.

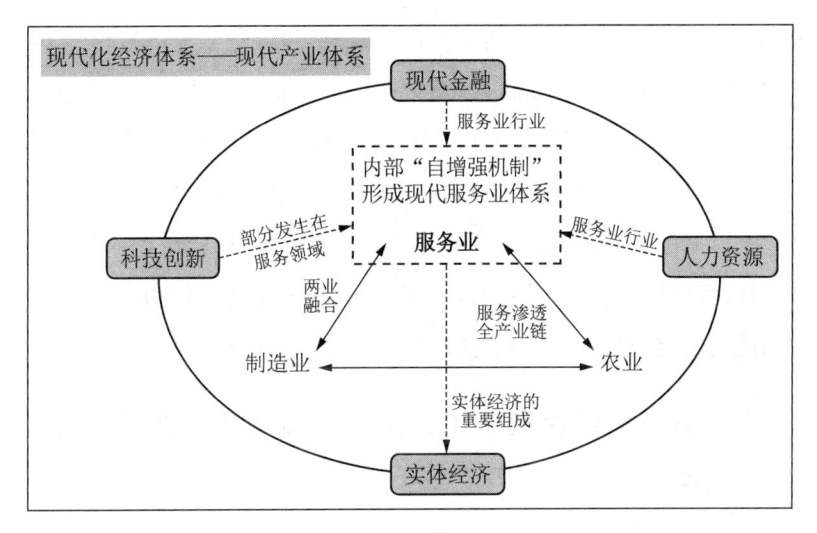

图 7-2　杭州以服务业协调发展搭建现代化经济体系桥梁纽带的实践逻辑

形成服务业的规模优势。例如,杭州运用科技手段重塑传统金融产品、服务与机构组织而诞生的金融科技,使杭州在新兴金融赛道上赢得先机;数字经济与传统商贸业结合产生的直播电商、跨境电商等新业态、新模式也成为传统服务业转型升级的典型方式。其次,开展"两业融合"实践,搭建与先进制造业之间的桥梁纽带。杭州以数字化改革为引领,积极探索先进制造业和现代服务业深度融合路径,探索形成具有杭州特色的"两业融合"路径,有效推动制造业呈现出动能转换、结构优化的高质量发展态势。2020 年,杭州高端装备制造业规上企业利润总额、利税总额、研发费用、新产品产值占规上工业的比重分别达到 21.3%、21.1%、26.3%和 29.0%,主要效益指标增幅均高于规上工业增幅。截至 2020 年,全市高端装备制造业领域拥有单项冠军企业 13 家、隐形冠军企业 12 家。最后,杭州将服务业作为构建农业全产业链的重要手段,一方面推动信息技术、科技、金融、物流等生产性服务业全面与农业产业链融合,促进农业高效增值;另一方面大力推动农文旅融合,赋能乡村,促进了乡村旅游的升级发展,打造了一批乡村旅游产品以及网红"打卡地"。例如余杭区径山村和塘栖村分别依托山和水的独特风貌,打造"禅茶灵地、富美径山"和"望得见山、看得见水、记得住乡愁"的美丽乡村品牌;桐庐县深澳村和梅蓉村依托得天独厚的自然环境、古朴厚重的文化积淀,成为艺术引领、农旅结合、人才聚集的国际乡村旅游目的地。

(三) 以服务业绿色发展作为资源环境约束条件下的突围策略

20世纪70年代初期以来,人类对自然资源的消耗量已超出地球生产和再生自然资源的能力,人类依赖自然资源"寅吃卯粮"进行生产和消费的道路变得不可持续,由此发生的极端天气增多等气候现象已成为人类及地球可持续发展的主要威胁,绿色发展成为世界各国面临的紧迫选择。我国长期以来以资源环境换发展的传统粗放增长模式也难以为继,党的十八大以来,国家将生态文明建设提升到空前高度,并提出"绿水青山就是金山银山"的发展理念,加快实现人与自然和谐发展成为共识。"双碳"目标的提出更是体现出我国在资源环境约束条件下走高质量发展道路的决心,充分体现了大国担当与责任。"双碳"目标是一场系统性变革,产业结构必然在其约束下进行调整升级。首先,限制碳排放容量对产业发展来说是硬约束,将要求产业结构根据既定能源结构目标进行相应调整,能源产业、重化工业等高碳排放的产业必将受到约束与限制。低碳化将成为产业竞争新标准,产品和原材料的碳含量指标将同成本、质量和服务一道成为企业的核心竞争力。其次,清洁和零碳技术的创新及广泛应用,将对高碳高耗能产业进行绿色化低碳化改造,先进深度脱碳技术的创新能力将成为国与国之间的重要竞争领域。最后,"双碳"目标将促进绿色低碳产业、各类可再生能源产业迅速发展,能源、电力、材料、建筑以及生产制造、交通运输等诸多领域将出现一系列创新成果,新产业、新业态、新产品、新服务不断涌现,节能环保、碳交易等与减碳相关的新兴产业将成为新的经济增长点。

为高质量推进碳达峰碳中和,杭州从服务业绿色发展维度破解资源环境约束,探索可持续发展突围之路,如图 7-3 所示。第一,以服务业绿色低碳发展来应对碳减排硬约束。尽管服务业相比制造业能耗水平已相对较低,且已建立起以服务业为主导的产业结构,但杭州仍然全方位推动产业结构绿色化低碳化发展,在服务业领域加速绿色科技运用,加快数字技术赋能,着力推动交通、快递、餐饮住宿、会展等行业节能降碳。尤其是作为快递业先锋城市,杭州围绕近年来困扰快递业的包装垃圾问题持续破题,按照"禁、限、减、循、降"的总体思路,推进包装材料源头减量,提升快递包装规范化水平,推动

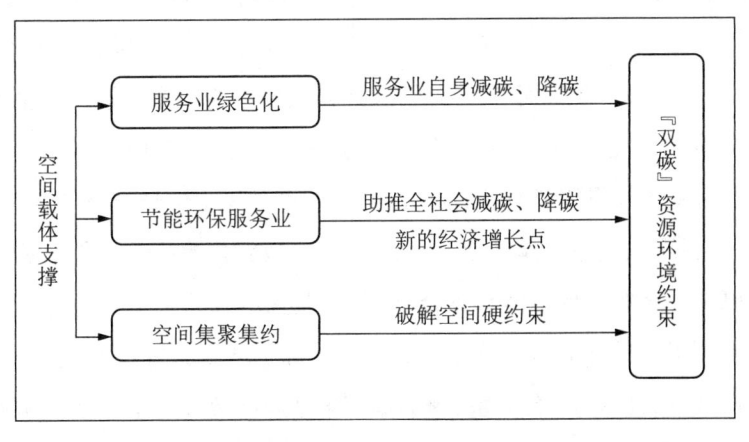

图 7-3 杭州以服务业绿色发展破解资源环境约束的实践逻辑

减少电商快件二次包装,规范快递包装回收和处置,绿色治理成效显著。值得一提的是,杭州运用数字经济优势来推动服务业创新发展,同时推动了服务业的绿色发展,数字技术在减少资源要素投入的同时使服务业提供的服务更加个性化与智能化,有效提升了产业发展效率。第二,大力发展节能环保服务业,既将其作为全社会绿色发展的助推器,也作为高质量发展的新经济增长点。杭州节能环保产业发展迅速,2020年规上企业实现工业增加值355.7亿元,占全市规上工业增加值的9.79%,实现销售产值1408.7亿元,年均增幅17.5%,这为节能环保服务业的发展奠定了坚实基础。一方面,杭州加速推进节能环保技术创新与运用,以一批绿色技术创新主体作为绿色产业链中的新增长极,例如以蓝星杭州水处理研究开发中心、沼气太阳能科学研究所、西湖大学、白马湖实验室、之江实验室等为代表的科研院所绿色技术创新主体,以浙江大学、杭州电子科技大学、浙江工业大学、浙江理工大学等为代表的高等院校绿色创新主体等。另一方面,积极培育壮大相关服务业企业,推广合同能源管理等市场化节能减碳模式,在能源在线监控、环境应急监测、农村污水在线治理等领域形成了一批创新的技术、产品、设备和服务,处于全国领先水平。第三,从空间上破解资源环境约束,提升服务业的产出贡献。从服务业集聚区、特色小镇、现代服务业创新发展区再到"亩均论英雄",杭州服务业集聚发展具有一定的发展规律,即基于本地化产业特色,不断进行技术、业态及模式创新升级,并顺应数字化改革趋势进行数字化赋能。这些平台载体有重合有交叉,但其承载的服务业内容与业态实现了更迭升级,创新资源、高端人才和资本要素等持续集聚,发展质效显著提高,最终,通过空间集聚推动经济效益与生态效益实现双赢。

(四) 以服务业开放发展作为置身于世界城市网络的重要抓手

从凯迈格尼(Camagni,1993)到丝奇雅·沙森(Saskia Sassen, 2001),再到泰勒(Taylor,2002),全球城市与世界城市网络理论表明,全球城市(global city)一般是全球化经济的流量枢纽和控制节点;往往吸引着各类具有总部功能的跨国公司,是跨国公司在全球布局的重要战略点;具有高度发达的服务经济结构,尤其是集聚大量生产性服务机构,以此控制并连接着全球的经济运行,其运行规范与治理水平是高度国际化的。随着全球化和信息化的持续推进,世界城市网络逐渐形成,这个网络不仅包括位于顶端的全球城市,也包括诸多一般城市,它们通过各种商品、服务、要素流与其他城市发生联系,并逐渐融入全球一体化进程中。这些城市间接或直接参与全球经济,在连接国际经济与国内经济中的地位和作用逐步提高,成长为国际化城市,成为世界城市网络的节点之一。这一过程实质上也是城市国际化进程。

为什么服务业开放发展对于当代中国城市融入世界城市网络甚至成长为全球城市特别重要?可以从两方面来解释。第一,全球城市的核心功能主要由服务业来体现。全球城市的核心功能是在全球范围内进行资源配置,是控制和协调全球经济社会的枢纽和中心。早期全球城市的核心功能是资源集聚扩散,以存量扩张为主,而当代的全球城市核心功能则已转变为资源配置,以流量组合为主,即对流进来的资源要素进行有效组合、配置,配置以后再流出去并且带来更大的产出,因此,当代全球城市发展依赖资源流量组合或要素组合的创新,而不是资源集聚扩散的数量积累。[①]资源配置功能的实现,需

---

① 李正图,姚清铁.经济全球化、城市网络层级与全球城市演进[J].华东师范大学学报(哲学社会科学版),2019,51(5):67-78.

要构建起全球功能性机构、辐射全球的运营平台、全球布局的流量门户、汇集创新创业创意、制定引领全球标准等一系列高端服务功能的支撑体系。全球化与世界级城市研究小组和网络组织（GaWC）每年发布的世界城市排名体系，主要依据就是"高级生产者服务业"参与全球合作的深度与广度，强调城市在全球合作网络中的重要性，该方法已经成为一个评判全球城市的公认标准，足以显示生产性服务业之于全球城市的重要性。第二，服务业开放是中国城市在世界城市网络尤其是全球创新链中具有话语权的必由之路。改革开放以来，中国城市融入世界城市网络的路径从产业层级来看主要靠制造业，尤其是通过加入全球价值链（GVC）进行国际代工，中国城市主要处在 GVC 底部的加工、装配、生产等低附加值环节，利用外资和对外贸易也主要发生在制造业环节。如果说基于全球价值链（GVC）的制造业增长模式为经济全球化 1.0 版，那么 2.0 版经济全球化的一个重要使命就是，在 1.0 版经济全球化制造业发展的基础上，重点依托制造业转型升级和"两新"产业（高新技术产业和战略性新兴产业）的发展，加速推进基于全球创新链（GIC）以现代服务业为核心实现"两业融合"的发展模式。[1]换句话说，新一轮的全球化必须转变发展方式，要通过产业升级去抢占创新链的环节，如基础研究、应用研究、技术开发、成果转化、新品推出、持续改进等，才能避免低端锁定，在世界城市网络中占据制高点、形成话语权。创新链的这些环节正是 GVC 两端的高端经济活动环节，亦即研发、设计、品牌、营销等高端服务环节。

　　服务业的开放发展在杭州城市国际化进程中扮演了不可或缺的角色，为拓展城市服务半径、增强城市控制支配能力、提高杭州在世

---

[1] 吴福象.双循环格局下中国深度参与全球创新链治理研究[J].河北学刊,2021,41(5):158-170.

界城市网络中的地位发挥了至关重要的作用(图7-4)。第一,以高附加值服务贸易塑造外贸增长新亮点。作为全国服务外包示范城市和深化服务贸易创新发展试点城市,杭州大力推进数字服务、文化服务、金融服务、其他商业服务等新兴服务贸易出口,积极承接面向全球市场的高技术、高附加值服务外包,加快推动服务贸易数字化转型,极大地提高了服务贸易竞争力,同时在货物贸易受到影响的这些年为外贸增长塑造了新亮点。例如,杭州2020年服务进出口额2 813.1亿元,同比增长11.7%,其中,出口额1 469.2亿元,同比增长20.3%;同年货物进出口额5 934.16亿元,同比增长仅5.9%,其中,出口额3 693.23亿元,同比增长仅2.1%。第二,以双向可逆的服务业开放嵌入全球创新链。杭州服务业"高质量引进来"与"大规模走出去"并举,从全球获取资金、技术、市场、战略资源,拓展经济发展空间,增强开放型经济发展的动力和后劲。尤其是"杭州服务""走出去",

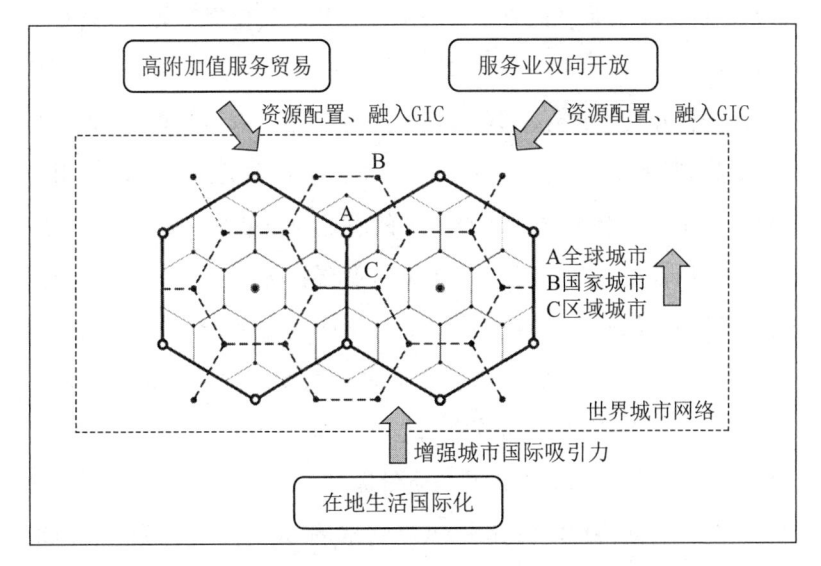

图7-4 杭州以服务业开放发展推动城市国际化的实践逻辑

开启了资本与管理输出、平台输出、标准输出甚至全球研发、制造、营销网络新局面,提高了企业的国际化经营水平和全球配置资源能力。第三,以在地生活国际化增强城市国际吸引力。从城市国际化视角来看待服务业开放发展,在地生活国际化显得尤为重要,这是增强城市国际吸引力、将国际元素与本地元素有效融合的关键支撑。杭州在国际社区、国际教育、国际医疗等领域进行探索,尽管尚有不足,但已形成了较为浓厚的在地生活国际化氛围。

(五)以服务业共享发展作为实现全体人民共同富裕的有力支撑

全体人民共同富裕是中国式现代化的本质要求,也是共产党人矢志不渝的奋斗目标。服务业共享发展是共同富裕的题中应有之义。具体体现在:首先,共同富裕是"全体人民共同富裕",那必然要求做大蛋糕,做大蛋糕的首要任务就是构建现代化经济体系,只有生产力充分发展,物质极大丰富,才能为实现共同富裕提供强大经济基础。我国构建现代化经济体系进程中,服务业一直是短板,服务供给能力不足,服务质量亟待提高,服务业对产业体系的融合带动作用尚未充分挖掘。只有充分发挥服务业的就业拉动效应、收入增长效应与产业互动效应,才能真正构建起现代化经济体系,进而推动共同富裕目标实现。就业拉动效应是指服务业具有就业"蓄水池"功能,能显著带动全社会就业;收入增长效应是在就业拉动的基础上带来从业人员收入递增;产业互动效应则是前文描述的三次产业互动融合,带来整个产业体系的效率提升与质量提升。这三大效应联动将会不断提高全社会富裕程度。其次,共同富裕是"人民群众物质生活和精神生活都富裕",可见,共同富裕社会是在文明全面跃升基础上实现人的全面发展的社会,那就需要满足人民群众个性化、优质化、服务化的消费需求,公平参与文化活动、享受品质文化服务的文化需求,公平接受教育、充分就业、医疗、养老等的服务需求。[1]这必然要求以满足人的直接需求为目的的那部分服务业(即消费性服务业和公共服务业)尽快实现共享发展,使发展机会更均等,发展成果人人共享。尤其是基本公共服务均等化是共同富裕的底线条件之一,高水平的基本公共服务均等化将是服务业共享发展的重要任务。最后,缩小城乡差距与区域差距是推进共同富裕的两大重要着力点。从国家层面看,服务业差距是其中重要一环,尤其是农村以及欠发达地区有大量人口需要更高质量、更多元、更普惠的服务业供给,还需要生产性服务业去带动当地的制造业与农业发展;从城市层面看,仍然存在城乡差距和区域差距,特别是一些具有生态功能的区域,更加需要通过发展具有生态意义的服务业来实现经济发展与生态保护的双赢,服务业的共享发展之于这些区域更具现实意义。

  杭州在争当浙江高质量发展建设共同富裕示范区城市范例的过程中,通过服务业共享发展形成对共同富裕的有力支撑,如图7-5所示。第一,就业拉动,奠定共同富裕的物质基础。杭州服务业就业人员占比已过60%,成为名副其实的就业主渠道和主动力,并同步带来了居民收入的增长。此外,杭州作为数字经济先锋城市,平台经济迅速发展,依托互联网平台就业的现代家政服务业劳动者、网约配送员、网约车驾驶员、货车司机、互联网营销师、快递员等新就业形态劳动者成为重要的劳动力量。尤其是近年来就业形势受到国内外一系列复杂因素影响不容乐观,但服务业就业弹性与柔性较大的特性有

---

[1] 张慧君,杨勇.新发展阶段共同富裕:科学内涵、现实图景与实践路径[J].企业经济,2022,41(10):46-53.

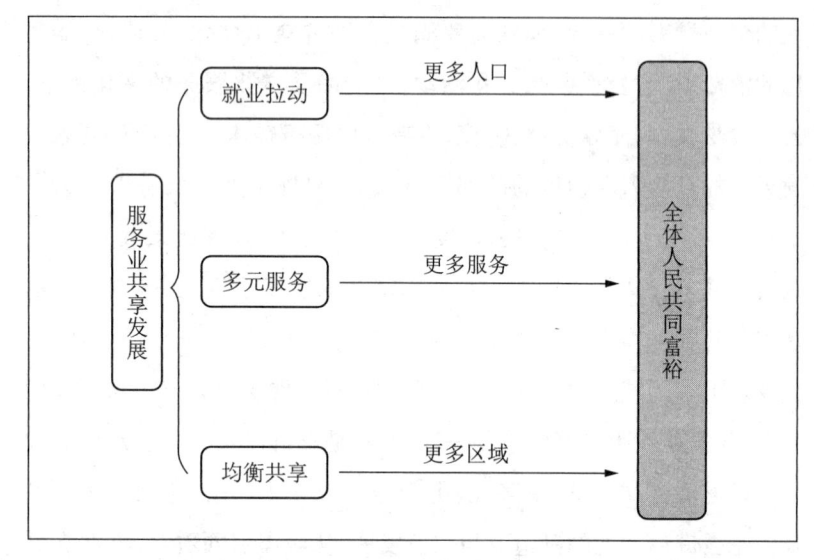

图 7-5　杭州以服务业共享发展助力全体人民共同富裕的实践逻辑

力顶住了就业形势的严重冲击,杭州的年末城镇登记失业率由 2020 年的 2.42% 下降至 2021 年的 2.34%。就业拉动带来更多人参与财富创造,为推动共同富裕打下了良好基础。第二,多元服务,满足人民日益增长的美好生活需要。杭州从"幸福产业"和基本公共服务均等化两方面发力,既用市场化的方式来为人民群众提供旅游、体育、文化等丰富的精神文化产品,又以共建共享的思路来推动全生命周期公共服务优质共享;既强化了政府的兜底责任,又激活了市场主体、社会组织和公民参与治理的动力。例如在破解养老难题上,杭州构建了居家、社区、机构层面的互联互通机制,实施公办养老机构公建民营、家庭养老床位建设等举措,在增加养老服务供给的同时提升了养老服务质量,更加多样化、专业化地为老年人提供服务。第三,均衡共享,推动全体人民共同富裕。杭州尽管是经济水平较为发达的沿海城市,但仍然存在区域差距、城乡差距,尤其是临安、桐庐、淳安、建德四区县(市)发展不平衡不充分是制约杭州推动共同富裕的主要难题。杭州通过文旅产业赋能城乡共富、跨区域跨层次名校集团化办学、优质医疗资源精准下沉、人才"西进"等方式不断进行探索,实现了优质服务尤其是基本公共服务的全覆盖,为带动落后地区一起走向共同富裕创造了基础条件。

二、现代化进程中推动杭州服务业高质量发展的政策建议

站在新的发展阶段,杭州应紧紧围绕创新、协调、绿色、开放、共享新发展理念,加快推动服务业向高质量发展迈进,才能在新一轮国际竞争中形成新的竞争优势。为此,从杭州亟须补短板的角度提出推动服务业高质量发展的政策建议:

(一)增强服务业国际化支配力与控制力

全球城市理论与实践表明,全球城市网络中的顶尖城市通常具有强大的经济支配力和控制力,能发挥全球配置资源的强大功能,既是国内大企业和大企业总部的集聚地,也是跨国公司总部的首选地。企业总部、国际金融、交通运输、通信技术及高水平的商务服务是这些城市极力推进的领域。从杭州的发展现实来看,这类服务业发展明显不足,尤其是从前文分析中可以看出,商务服务业无论从产业发展水平还是利用外资水平来看都较为滞后,现代物流的流通配置能力还存在明显短板,总部经济受城市能级影响发展也不足,生产性服务业供给也不足。同时,国际化支配力与控制力还体现在标准与品

牌上，只有成为标准的制定者和引领者，拥有一批具有国际竞争力的服务品牌，才能形成城市与产业的核心竞争力。综观那些在世界城市网络中处于顶端位置的全球城市，其无一不是服务业标准的领跑者且拥有一大批在全世界进行输出的文化服务、专业服务、技术服务的文化品牌。由此，应着力从以下几方面来提升杭州服务业的支配力与控制力。

1. 加快集聚总部经济和国际商务机构

加强对跨国公司发展布局趋势与国际贸易投资规则变化的研究，鼓励金融、医疗、教育、信息、体育、文化等领域跨国公司或国际组织在杭州设立地区总部和功能性机构，引导在杭跨国公司地区总部、总部型机构提升能级、拓展功能，深度融入全球产业链、价值链和创新链，提升杭州在国际竞争中的地位和影响力。做强、做优、做大总部经济，健全全球精准招商联动机制和跟踪服务机制，引进一批更高能级、更有影响力的标杆型总部企业。把总部经济作为"地瓜经济"①的主要形态，鼓励本土民营企业开展全球布点、跨国经营和海外并购，构建全球研发、制造、营销网络，开展商业模式创新，不断提升本土民营企业总部层级，推动"地瓜经济"提能升级。加快发展咨询评估、法律服务、会计审计、税务、人力资源服务、信用中介、勘察设计、工程咨询等服务业，引导商务服务机构向专业化、规模化、国际化发展。依托已建和在建的高端化商务楼宇，加快引进和培育从事国际管理咨询服务、国际研究顾问服务、国际公共关系服务、国际翻译

---

① 习近平在浙江工作期间提出著名的"地瓜理论"：地瓜的藤蔓向四面八方延伸，为的是汲取更多的阳光、雨露和养分，但它的块茎始终是在根基部，藤蔓的延伸扩张最终为的是块茎能长得更加粗壮硕大。"地瓜经济"则是浙江创新形成的市场和资源"两头在外"的高增长模式。

服务等国际性商务服务行业的市场主体,使其成为在杭国际、国内企业在国际贸易、投资等领域的"润滑剂",从而积极融入全球性的商务服务分工体系。

2.畅通物流服务网络,补齐物流短板

2019年以来,国家发展改革委已牵头发布四批国家物流枢纽年度建设名单,包括95个国家物流枢纽,覆盖30个省(自治区、直辖市)及新疆生产建设兵团,然而杭州一直没有创建成功,物流短板已经成为杭州融入国际国内"双循环"格局的桎梏。下一步,应鼓励物流业由基础性物流服务向高附加值服务转型升级,通过完善联运设施提高港口联动效率与能力,推动实现一体化转运快捷衔接,加快形成内外联通、安全高效的物流网络。加快构建智慧物流体系,广泛应用物联网、云计算、大数据等新一代信息技术,推动传统物流企业转型升级,培育"数智化"转型示范企业和智慧物流园区。积极吸引国际物流企业区域功能总部落户杭州,支持本地物流领军企业向总部业态转型升级,引导龙头企业构建"物流基地+物流(配送)中心+末端配送网点"的集约化、智慧化、绿色化物流供应链体系。构建流通与生产协同发展的供应链平台,鼓励流通企业与供应商、生产商实现供应链需求、库存和物流实时共享可视,由此推动生产端的生产资源实现最优配置。打造国际快递网络和跨境仓储配送体系,建设一批国际快件转运中心和海外仓,形成高效的国际快递配送网络体系。创新"互联网+口岸"新服务,建设具有数据联通、数字围网、秒级通关、智能物流、综合服务等功能的"数字口岸",为数字贸易特别是跨境电商发展补齐物流短板。力争将杭州建成具有生产组织中枢功能、服务民生消费功能、国际商务营运功能、物流服务创新功能的国际化物流枢纽城市。

3. 增加高端生产性服务业供给

推动生产性服务业与一二产业的更高水平融合发展,瞄准带动力强、供需矛盾突出的重点领域,集中力量加快升级。第一,扩大软件与信息服务、金融服务、数字贸易等优势领域。加快发展新一代信息技术产业,针对制造业企业智能转型过程中研发、设计、工艺、仿真、制造、试验检测等方面存在的突出问题,实施工业软件创新工程,研发工业软件及测试平台,开展工业操作系统、实时数据库、工业中间件、工业应用软件等基础共性关键技术攻关,形成一大批自主研发实力强、市场占有率高的工业软件企业。增强金融服务实体经济的能力,推进大数据、云计算、人工智能、分布式技术、信息安全技术等在金融领域的融合创新,创新金融科技监管,大力发展支付清算、大数据、征信、智能投研等金融科技支柱产业,建设集金融科技、网络金融安全、网络金融产业、移动支付等于一体的国际金融科技中心。以贸易服务转型升级为目标,大力发展工业电子商务、跨境电子商务、数字内容等数字贸易服务,培育一批具有国际竞争力的垂直电子商务平台,聚焦云服务、大数据、物联网等领域,支持实施一批数字贸易高端服务项目。第二,抢占新兴服务领域。例如,抢占科技研发服务新领域,重点发展研究开发、工业设计、技术转移转化、创业孵化、知识产权、科技中介服务等领域,积极培育智能设计、虚拟设计、集成设计、众包设计等新业态,引进培育各类研发设计创新服务机构,支持高校、科研院所、大型企业面向市场提供多样化的科技服务,推进大科学装置、国家级创新中心、产业创新服务综合体等建设;抢占检验检测认证服务新领域,全面提升检验检测供给质量,重点发展检验检测、标准、计量、认证认可等第三方检验检测认证服务,引进培育一批国内外知名检验检测品牌机构,推广"智慧检测""共享实验室"等检验检测新模式,构建面向产品研发、原料采购、生产制造、售后服务等全过程产业链、产品全生命周期检测技术服务能力;抢占人力资源服务新领域,发挥杭州作为人才净流入地的优势,重点发展人力资源服务外包、高级人才寻访、人力资源培训、人才测评、人力资源管理咨询等服务,鼓励开展"人力资源+金融"等服务,鼓励城西科创大走廊等重大科创平台建设高层次人才创新创业基地等人力资源服务产业园。

4. 打造并输出"杭州服务"标准与品牌

标准是经济和社会活动的技术依据,瞄准国际标准,最终成为新的国际标准的输出者和引领者,在国际上拥有更强的话语权,是服务业高质量发展的重要方向。杭州结合产业优势,在服务业的国际标准制定上走在前列,例如,全国电子商务质量管理标准化技术委员会(SAC/TC563)秘书处落户杭州,标志着杭州牢牢抢占全国电子商务质量管理标准话语权;国际标准化组织电子商务交易保障标准化技术委员会(ISO/TC321)秘书处落户杭州,既标志着我国成为ISO/TC321秘书国,也标志着杭州成为全球电子商务交易保障标准研制"策源地";杭州还是国际标准化组织(ISO)授权的全球首个"国际标准化会议基地",这打破了日内瓦作为国际标准化会议唯一举办城市的垄断,诸多国际标准化会议将分流到杭州举办,也带来了近年来杭州会议业的蓬勃发展。在此基础上,应持续推动建立"杭州服务"标准,积极发展标准化服务业,引导和鼓励标准研究机构、各类企业事业单位以及社会团体拓展标准、计量、认证认可、检验检测资源深度融合的标准化服务全链条,为企业提供标准比对、贯标培训等定制化标准技术解决方案。推动政府主导制定标准与市场自主制定标准协同发展。鼓励社会组织分行业遴选和公布一批质量领先、管理严格、公众满意的服务标杆,总结推广先进质量管理经验。鼓励企业制定高于国家标准或行业标准的企业标准,在跨境电商、信息服务、数字安防等领域积极创建国际一流标准。加大消费品采用国际标准的力度,推动内外销产品"同线、同标、同质"。

在建立服务业标准的基础上,应着力推出一批具有国际竞争力的"杭州服务"品牌,推广实施优质服务承诺标识和管理制度,支持行业协会、第三方机构开展服务品牌培育和塑造工作,树立行业标杆和服务典范。例如放大数字服务的引领优势,在平台经济、数字安防、跨境电商、直播电商、金融科技等细分领域扶持打造一批品牌企业与品牌服务;充分发挥西湖、大运河、良渚遗址三大世界文化遗产与宋韵文化等城市文化资源的效应,在文化、旅游、体育等细分领域推出一系列国际认可度、传播度高的服务 IP。同时,要进一步健全服务品牌培育和评价标准体系,推动服务业企业树立品牌意识并积极开展行业或区域的品牌认证。开展杭州服务品牌宣传、推广活动,以"一带一路"建设为重点,推动"杭州服务""走出去"。持续推进行业信用体系建设,加大品牌知识产权保护力度,完善第三方质量评价体系。

(二) 大力推进现代产业体系深度融合

数字技术等新技术的赋能,加大了产业融合的可能性与可行性,由此诞生的大量产业跨界成长的新场景、新赛道,成为企业发展壮大、产业迭代升级、城市换道超车的必由之路。应大力推动三次产业深度融合,促进服务业内部有机融合,培育产业融合新业态、新模式,促进产业相融相长、耦合共生。

1. 推动现代服务业和先进制造业深度融合

"两业融合"是你中有我、我中有你的产业融合过程,既包括制造业服务化,也包括服务业反向制造化。要鼓励企业积极开展智能化生产、柔性化定制、共享工厂、服务衍生制造、工业旅游等新业态新模式,并支持企业通过多种方式进行资源整合与链条互嵌,打造平台型组织。围绕杭州的标志性产业链,根据产业特性,探索合适的融合发展路径。例如,在智能装备制造和服务融合方面,高度重视高端工业软件开发应用,提升工业互联网能级,延伸设备远程诊断、运维、优化等服务,培育一批具有总承包能力的大型综合性装备企业;鼓励发展装备融资租赁、重大装备首台套保险;支持大型工程装备、数字安防等龙头企业由制造商向系统集成商、总承包商、整体解决方案提供商升级。在轻纺工业与服务融合方面,推动纺织、服装、家居等块状特色产业时尚化升级,培育一批面向中小企业的供应链集成服务商,建设一批特色工业设计基地、网上设计交易平台,降低生产成本,提高产品附加值;促进各类电商平台与时尚制造企业产销对接,将电商平台大数据优势转化为制造企业柔性化生产的支撑条件。推动电子商务与实体经济深度融合,依托跨境电商平台、专业营销机构、跨境电商服务商等,引导更多传统外贸和家纺服装、五金工具、家居卫浴、休闲食品等制造业企业创新销售模式,运用电商开拓国际市场。

同时,要大力培育扶持"两业融合"领军企业。发挥中控、传化等国家服务型制造试点示范龙头企业的带动作用,积极支持大型制造企业向产业链价值链两端延伸,拓展研发设计、维护管理、仓储物流、融资租赁、总集成总承包及一体化解决方案等增值服务,推动制造企业向"产品+服务"提供商、系统集成商和整体解决方案提供商转型。鼓励支持制造业企业将非核心业务向市场释放,做强核心技术和关键环节,培育总部基地、研发中心、销售中心,增强行业定价权、话语权,塑造"总部杭州"优势。支持大型服务企业或平台利用信息、渠道等优势,向制造环节延伸拓展业务范围,推广服务衍生制造等服务业制造化模式,支持互联网企业建设制造网络共享平台,推动创新资源、生产能力和市场需求的智能匹配和高效协同。

2. 推动现代服务业和现代农业深度融合

瞄准乡村商贸流通业、休闲旅游、数字信息、综合服务等方向,提升农业附加值,助力"乡村振兴"战略。一是优化乡村商贸流通业。加快推进农产品仓储保鲜冷链物流设施建设工程,培育中央厨房、直供直销、加工体验等新业态。加强农村寄递物流体系建设,持续提升农村物流畅通能力,着力破解农村物流"最初一公里""最后一公里"问题。二是拓展乡村数字经济发展空间。鼓励发展电子商务平台、电子商务专业村和电子商务服务企业,以新型电商引流构建优质特色农产品销售网络,扩大线下体验点布局,打通农产品上行通道。加强数字基础设施建设,拓展智慧农业服务、农业科技信息服务等乡村数字服务,打造乡村数字经济新业态。三是提升乡村休闲旅游业品质。加大乡村景观、历史文化、特色农业等资源的保护性开发力度,大力发展休闲农业、农耕体验、民宿经济、森林康养、运动休闲等一三产业互动新业态、新模式。四是加快补齐乡村服务业短板。大力发展农资供应、土地托管、代耕代种、统防统治、烘干收储等生产性服务业,推进废弃物资源化利用、病死动物无害化处理等服务专业化发展。提升养老托幼、卫生健康、环保服务、餐饮家宴等农村生活性服务业的发展质量。

3. 强化服务业内部深度融合

顺应产业融合发展趋势,推进服务业内部领域交叉渗透和资源整合。支持服务企业拓展经营领域,发挥平台型企业的引领作用,带动创新创业和小微企业发展,共建"平台＋模块"产业生态圈。推动人工智能、云计算、大数据等新一代信息技术在服务领域深度创新与应用,提升服务业数字化、智能化发展水平,引导传统服务业企业增强个性化、多样化、柔性化服务能力。大力发展"文旅＋""科技＋""金融＋""物流＋""商贸＋"等,实现服务业态创新、功能完善和环节重组,通过多样化、多层次的合作,实现现代服务业聚变式发展。例如,"文旅＋",形成工业遗产旅游、商务会展旅游、运动赛事旅游等新业态;"金融＋",形成金融科技、绿色金融、文创金融、物流金融等新业态。

(三) 抓住亚运契机培育文体旅新增长点

世界各国城市经验表明,全球性、国际性的大型体育赛事、会议等"大事件"的举办,能够促进城市基础设施建设、产业升级和综合服务功能完善,实现城市位势快速提升。杭州继成功服务保障G20峰会后又承办第19届亚运会,证明这座城市不仅具有较高的经济社会发展水平,而且具备国际化的文化软实力、传播影响力和城市美誉度,还将因举办亚运会而进一步提高城市国际知名度,促进城市经济社会全面发展,深度融入全球治理体系,更有利于打造世界一流的社会主义现代化国际大都市。抓住亚运契机和文体旅融合发展新趋势,结合杭州独特的文化底蕴、天然的会展旅游业基础,运用政策、技术等手段深度整合资源,进一步放大亚运综合效应,发挥产业叠加效应,将文体旅服务业培育成新的增长点,进而推动城市以本地优势要素资源吸引全球性资本。

1. 文化赋能增强杭州国际竞争力

杭州拥有西湖、大运河、良渚遗址三大世界文化遗产,深厚的历史文化底蕴为发展文化产业创造了独特优越的条件。要深挖文化内核,在文化产业中深度融入数字经济的基因,把杭州作为"历史文化名城"和"现代化国际大都市"的两张金名片,以立体、全面的方式呈现出来。一是积极推进文化机构的海外影响力建设和研究。对标世界城市名册对文化机构的评价标准,大力推进南宋德寿宫遗址博物馆、中国丝绸博物馆等建设和提升,增强对本土文化及机构的学术研究与文献翻译,为海外学术交流、对外宣传展示奠定文化厚度。二是大力研发兼具杭州特色和国际元素的文创产品。挖掘三大世界文化遗产、数字经济等具有杭州特色的元素,在产品设计上遵循国际传播规律,找准与不同国家、地区文化间的共通点,在情感共鸣中加深文化认同。借鉴国内其他省市文化"破圈"的成功经验,从"好听、好玩、好看"入手,用心挖掘能够与国际接轨、易于激发不同民族情感共鸣的传统文化要素,打造更多能够展现杭州城市精神的艺术作品,持续推动杭州核心文化基因 IP 化、生活化、产业化、国际化,让古今对话成为可能,中外交流更加生动。三是加大数字科技在产品研发上的运用。如对亚运吉祥物进行"活化"利用,运用动态捕捉、虚拟主播等技术,让吉祥物参与节目制作,生动展示杭州独特韵味;将杭州元素与裸眼 3D 技术结合,制造街头网红打卡点,引爆年轻人"二创"热情,借助短视频平台推广宣传。

2. 推动文体旅跨界融合发展

文体旅产业融合是当代产业发展的趋势性特征,也是推动服务业高质量发展的重要环节,亚运会的举办为杭州文体旅融合发展创造了绝佳机遇。一是以品牌赛事为抓手,提升文体旅产业的综合吸引力。整合全市 57 个亚运场馆资源,积极承接高品质国际体育赛事,推出具有国际影响力的自主品牌赛事,以赛事流量吸引国内外游客,开发体育旅游、赛事旅游产品,为发展文旅产业开拓客源市场。二是对体育场馆进行产业化运营,打造城市新地标。分离亚运场馆的所有权和经营权,借鉴北京五棵松体育馆、上海梅赛德斯-奔驰文化中心的运营方式,与世界顶级体育演艺中介组织合作,持续引入演艺剧目和赛事,打造杭州国际文化体育娱乐时尚新地标。三是重视以"体育＋"元素丰富游客体验。针对不同年龄层和喜好群体定制主题旅游产品,融入参与性高、趣味性强的体育项目,让游客在旅游中感受杭州文化和体育的魅力。依托杭州城区和临安区独特丰富的山地资源,开发山地自行车、山地越野、山地速跑、峡谷溯溪探险等户外山地运动产品。利用千岛湖、新安江、富春江等水域资源,开发游艇、皮划艇、帆船、漂流等特色水上运动产品。针对高端市场客群,开发低空飞行、滑雪、赛车等新兴旅游产品。

3. 全力打造国际赛事之都

全球顶尖的国际赛事之都一般具有以下重要特征:拥有国际顶级大型体育赛事的组合体系,在举办国际顶级重大赛事方面全球领先;大多是国际顶级职业联赛的主办城市,且往往拥有国际知名的职业体育俱乐部;赛事的组织运作主要通过市场机制来实现;赛事的举办必须同时甚至主要是适应城市居民内生的体育文化需求,也就是构建起居民、体育、赛事与城市的"共同体"。对照先进经验,杭州可从四方面发力。一是提高赛事体系能级。充分利用亚运场馆等优质场地设施,提前谋划具有国际影响力的大型综合赛事,积极引进筹办国际顶级单项赛事。培育壮大杭州马拉松等自主品牌体育赛事,鼓励发展原创商业性自主品牌赛事。此外,要抓住杭州的电竞产业优势,将电子竞技等一系列数字赛事模式作为杭州打造国际赛事之都的重要突破口,与国际电竞行业协会组织、全球知名电竞游戏企业对接,积极引进和培育高规格的电竞赛事,支持举办高水平的国际电竞赛事,探索创办具有杭州特色的电竞品牌赛事,将杭州打造成为国内外顶级电竞赛事举办的首选城市之一。充分发挥杭州的数字经济优势,抢先在体育游戏项目开发、国际赛事项目选择、国际电子体育赛事规则制定领域开展探索,抢占未来电子竞技国际体育项目话语权。二是大力发展职业体育。超常规引育职业体育俱乐部,出台相关政策,对在杭州注册并冠"杭州"队名的职业体育俱乐部按项目类别、影响力、职业联赛等级和投入等进行资助,并引导职业体育俱乐部商标注册成为城市文化品牌,鼓励职业体育俱乐部回馈城市。利用杭州日渐提升的国际影响力和亚运场馆设施优势,谋划契合杭州需求的职业体育赛事,推动职业体育赛事大众化,打造集职业球队、青训学校、球迷消费、运动项目文化于一体的职业联赛生态圈。三是优化赛事组织体系。积极引导社会资本参与体育赛事发展,吸引国际著名体育经纪、体育金融、体育保险、体育咨询等体育中介机构入驻,提升杭州体育赛事资源全球化配置水平。通过进一步优化审批流程、健全赛事"一站式"协调服务机制、完善赛事评估机制等,提高体育赛事科学化管理能力。推动智能技术在体育赛事领域广泛应用,加快体育赛事数字化转型步伐。四是打造"体城共同体"。打造创新进取、优雅时尚、智能智慧、独具魅力的杭州体育文化,并通过加强体育对外交流与国际传播,不断提升杭州体育文化的全球影响力。倡导"人人想健身"的现代化生活方式,让经常参加体育锻炼成为市民健康生活的重要组成部分。营造更加融合的体育设施布局、更加丰富的体育消费场景,提升运动场地租赁公益性和便捷性,满足不同的消费群体的体育消费需求。

（四）不断丰富在地生活国际化供给

在地生活如何既满足本地消费者需求，又吸引更大范围的消费者目光，将是增强城市吸引力的重要方式。杭州在地生活在国际化吸引力方面存在短板，这需要丰富与此相关的服务业供给，以满足更大范围人群的消费需求。

1. 创新国际化公共服务提供模式

鼓励通过中外合作办学、海外名校办学、外籍知名人士办学、本市学校开办国际班等方式，提供国际化教育服务，满足公众和外籍人员子女在杭州接受优质国际化教育的需求；利用外籍人员子女学校的多余学位，鼓励学校向长三角地区城市扩大招生范围，更加充分地利用本市现有教育资源，不仅满足外籍人士在子女教育方面的多层次需求，更是通过大范围的国际招生，提升杭州城市国际化吸引力和影响力。扩大国际化医疗资源供给，鼓励建设外商独资医院、外资综合医院，探索设立符合外籍人士就医习惯的全科门诊，建立健全国际医疗服务结算体系、国际赛事活动医疗保障机制等；充分融合中医诊疗与旅游资源的优势，鼓励医疗机构开展医疗旅游项目，并提供联络大使馆及国际组织、帮助延长签证、联络保险公司申请理赔、旅游建议咨询等服务。

2. 增强多元文化服务供给能力

国际上对文化设施的配置有相应的标准，例如按联合国教科文组织的要求，每 3 000—5 000 位市民就应该配备一家规范的公共图书馆。对照国际标准，杭州要针对公共图书馆、剧院数量少的突出短板，配置基础设施。公共图书馆逐步改变大规模、集中式建设的方法，以现有的公共图书馆为基础，重点增加图书馆藏书量，并开设更多区级分馆,建设更多社区级图书馆。以上海为标杆,建设世界一流水平的剧院以及剧场群,筑巢引凤,引进戏剧、音乐演出、舞蹈演出等具有国际一流水准的文化产品。丰富国际餐饮文化,积极争取杭州进入米其林全球美食红宝书,通过引进米其林餐厅、构建国际美食文化街区等方式,满足消费者日益增长的高端餐饮服务需求。推动国际高雅艺术团体来杭演出,积极推动百老汇、国际芭蕾艺术团、高端交响音乐团定期来杭演出。定期举办杭州市国际艺术节,推出艺术作品展、艺术巡演、艺术文化体验等系列活动,助推全市国际化文化氛围打造,提升多元艺术文化服务供给能力。

3. 着力打造国际化消费场景

由于消费者需求的变化,"场"的形态将完全改变,消费者既可线上购买,又可到店购买,既可到店消费,又可享受到家服务,消费场景多元化。"无处不在"的场景特性将使新消费打破时间、空间、人群的局限,产生更多发展可能。杭州可通过营造无边界消费场景,在全球展现消费引领者的潜力。一是创建国际化消费地标。在核心商圈、特色商街等重点区域,融合网红商业、美学空间、粉丝经济等潮流元素,加强休闲功能和优化空间体验。可通过定期筹划举办购物狂欢节、潮流品牌发布会、国际美食节、时尚快闪等大型活动,或通过街道分时管控举办形式多样的赛事节庆活动,丰富城市空间趣味性和体验性,展现开放包容的"醉杭州"欢乐氛围,营造活力街道场景。二是培育首店经济、首发经济。鼓励设立更多品牌首店、旗舰店、体验店等,整合政府、行业协会、企业等资源,搭建国际国内时尚发布和展示的重要平台,吸引一批国际知名品牌和扶持一批原创国货品牌在杭州首发新品,探索支持各大电商平台打造全球新品网络首发中心,成为高端品牌集聚地和首店创新地、策源地。三是营造无边界多维消费场景。鼓励各种业态融合发展,打造夜间经济场景、社区消费场景、开放式生态游憩场景、城市科技场景等多维消费场景,营造全天候、全时段、全领域消费氛围,彰显杭州城市特色韵味。

(五)顺应"双碳"目标,重塑服务业格局

围绕"双碳"目标,强化服务业领域环保约束,引导企业集聚发展,推动服务业走绿色发展道路。服务业集聚区、特色小镇、现代服务业创新发展区等一系列平台载体不仅是服务业高质量发展的重点区域,更是服务业适应"双碳"战略、实现绿色发展的重要支撑,应围绕这些重点区域、重点行业,促进服务业节能降碳。

1. 持续引导服务业集聚发展

当前,服务业尤其是高端服务业仍然呈现高度集聚发展态势,应对规划建设的城西科创大走廊、钱塘江金融港湾、杭州临空经济示范区、杭港高端服务业示范区、会展新城等标志性平台实施资金、土地、人才等要素倾斜政策。创新用地供给方式,推动不同产业用地类型合理转换,探索增加混合产业用地供给,盘活低效存量土地。对于不同类型的服务业平台,采取差异化发展策略。例如,以科技服务为主的科创平台,应着力夯实技术研发中心、成果交易平台、知识产权机构、创业孵化载体等特色服务功能基础,打造一批产业创新服务综合体;以文化创意为主的文创平台,要着力营造创意氛围及补齐各类文化设施,以吸引文化创意产业最重要的要素——具有高度创意活力的人群集聚;以物流服务为主的物流平台,要强化物流园区多式联运体系构建,加强物流设施衔接、信息互联和功能互补,推动物流园区数字化改造升级;以金融商务为主的CBD类平台,不仅要着力集聚各类要素交易市场、金融科技公司、财富(资产)管理机构等国内外知

名金融机构,而且要建设一批高档公寓、酒店、商务楼以及中高档的餐饮、娱乐、休闲、健身等生活配套设施,完善金融商务和生活配套环境。

2. 强化重点领域环保约束

以各类服务业平台为重点,倡导绿色环保理念,推动服务业持续减污降碳。在数字服务领域,淘汰一批能效水平低、功能单一、规模小、效益差、资源浪费严重的数据中心,严控数据中心项目审批,推广综合能源服务,加强制冷系统等非核心用能设备的节能降耗,运用AI技术、湖水、江水等辅助制冷。在商贸旅游服务领域,加快绿色商场、绿色餐饮、绿色酒店创建,引导企业树立绿色经营理念,从基础管理、设备设施、绿色供应链建设、绿色消费引导、资源循环利用、环境保护等方面开展绿色低碳的经营活动,从鼓励采用绿色环保材料和节能低碳交通工具,完善废水、固体废弃物收集处理等多方面推动旅游景区的绿色发展。在物流领域,持续推广绿色物流,鼓励采用节能环保型运输工具和仓储设施,推广集装单元化技术,加快发展再生物流,鼓励包装重复使用和回收再利用,提高托盘等标准化器具的循环利用水平,推动形成集约高效、绿色低碳的物流运输、配送模式。

3. 高度重视节能环保服务业发展

培育环境污染第三方治理企业,鼓励社会资本进入污染治理市场,重点在工业园区开展涵盖初期智能监测、中期智慧管理、后期科学治理等一揽子服务的"环保管家"服务,开展基于大数据的全过程全覆盖诊断、分析、评估、决策,鼓励发展环境诊断、生态设计、清洁生产审核和技术改造等环境服务产业。积极推行合同能源管理、合同节水管理、创新技术联盟等绿色发展服务新模式,培育一批集标准创制、计量检测、评价咨询、技术创新、绿色金融等服务内容于一体的专业化绿色制造服务机构。

(六) 服务业"西进"带动山区共同富裕

临安、桐庐、淳安、建德位于杭州西部山区,是杭州推动实现共同富裕的薄弱区域与重点区域。西部山区资源环境得天独厚,是杭州的生态屏障,服务业"西进"之于西部区县(市)有重要战略意义,既能通过结构升级效应和收入增长效应推动共同富裕,又能在不适合大规模发展工业经济的生态约束下走出更能发挥资源禀赋优势的新路子。

1. 数字服务"西进",发展新业态新模式

以数字技术为代表的新技术不仅使传统产业的生产效率、产品结构、品质内涵得以有效提升,还为西部山区加快产业结构优化调整提供了机遇。推进数字服务融入农业,建设一批数字农业示范园区、数字农业工厂,改造一批数字化种养基地、农产品加工企业和农资生产企业,拓展智慧农业服务、农业科技信息服务等乡村数字服务,鼓励发展电子商务平台、电子商务专业村和电子商务服务企业,以新型电商引流构建优质特色农产品销售网络。推进数字服务融入山区制造业,鼓励大型平台企业通过组织型制造、服务衍生制造、工业互联网平台、共享工厂等服务型制造模式,带动西部区县(市)的中小制造企业融入全市新制造网络。发挥西部区县(市)生态自然景观优美、商务人居税费等成本相对较低优势,鼓励智慧物流、数字娱乐、科技金融、数字健康、总部研发等数字服务新形态向这些区县(市)集聚。

2. 生产性服务业"西进",提升一二产业附加值

将主城区的生产性服务业优势向山区延伸,推动这些区域农业和制造业提档升级。一方面,以生产性服务业推动构建农业全产业

链,积极探索培育集作业、维修、培训、销售等多功能于一体的新型农机社会化服务组织,支持发展农产品营销、品牌策划、农产品电子商务等新型农业服务主体,鼓励供销、农业服务公司、农民合作社等开展农资供应、土地托管(半托管)、代耕代种、统防统治、烘干收储等农业生产性服务业。另一方面,以生产性服务业促进制造业提质增效,四区县(市)的制造业多以传统制造业为主,要积极引入研发设计、商务金融、物流服务、信息服务等生产性服务业资源,加快产业合作与对接,探索具有区域发展特点的"两业融合"路径。

3. 幸福产业"西进",塑造西部山区独特韵味

利用优美的自然景观、特色的农业基地、深厚的文化底蕴和诸多景区村庄,深入推动旅游、文化、体育、健康、养老等幸福产业跨界融合、业态创新。鼓励发展乡村民宿、乡村休闲、乡村康养、乡村运动、乡愁产业、共享经济、美丽夜经济等新业态。抓住第19届亚运会契机,推动马拉松、龙舟、骑行、钓鱼等运动赛事"入乡进村",建设一批房车营地、骑行驿站等健身休闲设施。结合数字赋能,大力营造文化消费、体育消费、健康消费、绿色消费等标识性消费场景,例如建德低空飞行体验场景、桐庐慢生活游憩场景、江南秘境探险场景、美丽乡村康养场景等。围绕城乡居民消费需求进行产品与服务创新,四区县(市)有条件成为幸福产业集聚地、潮流消费新空间,并实现人与自然的和谐发展。

4. 公共服务"西进",打造宜居宜业新空间

围绕婴育、教育、就业、居住、文化、体育、旅游、医疗、养老、救助、交通、家政等领域,推进基本公共服务向西部山区倾斜、向农村下沉,以实现优质公共服务资源统筹共享和同质同标。探索公共交通导向型发展(Transit Oriented Development,TOD)＋服务导向型发展

(Service Oriented Development，SOD)融合发展模式，TOD 和 SOD 来自 20 世纪 80 年代起源于美国的新城市主义理论，该理论主要是针对郊区化"城市蔓延"的松散问题，从城市开发上提出要塑造紧凑、具有活力的社区。TOD 是以公共交通为导向的空间开发模式，在轨道交通兴起后得以大力倡导，旨在使城市开发沿着轨道交通或公交网络沿线的离散节点进行布局；SOD 则是以服务为导向的空间发展模式，通过社会服务设施建设来引导城市开发，政府对行政或其他城市功能设施进行空间迁移，使新开发区域的市政设施与社会服务设施同步形成，进而增强新开发区域的吸引力，该模式更强调政府的主动意识。将文化、体育、医疗等大型公共服务设施沿轨道交通向四区县(市)迁移布局，从吸引人到留住人，再到形成"城与产"，最终构建新兴的宜居宜业的人口与产业集聚区。

(七) 深化世界级城市群服务业协作

具有国际竞争力的城市向来不是孤立的，而是和区域联动共同实现城市群国际化，中心城市的发展与周边城市群都市圈的发展相互支持与依托。在长三角城市群朝着打造具有全球影响力的世界级城市群发展目标迈进的过程中，作为长三角南翼强劲增长极的杭州必须将自身置于世界级城市群整体中，以世界级城市群为依托，增强服务业的影响力与竞争力。

1. 借力上海全球城市打造"杭州服务"特色优势

主动服务支持上海全球城市建设，精准对接上海发展需求，主动承接上海辐射效应，借力提升杭州服务业的发展能级。主动对接上海全球科创中心、上海全面创新改革试验区，深化共建 G60 科创走廊，联合开展科技攻关项目，实现研发成果两地共享、产业化项目两地共推。全面合作对接上海优质教育、高端人才资源，探索在上海设立杭州研究院，着力补齐杭州科技、教育、人才等短板。与上海建设国际文化大都市战略相衔接，在文化遗产保护、非遗传承、文化创意产业发展等领域展开合作。对接上海证券交易所等上海资本市场，积极承接上海现代金融、研发设计、高端中介服务等辐射扩散项目，共同培育高端服务品牌。

2. 强化长三角服务业城市协作

不断提高杭州作为省会城市的服务业发展"首位度"，强化服务业中心城市功能定位，集聚更高级别的服务资源，拓展更广范围的辐射半径。加强杭州与嘉兴、湖州、绍兴、衢州、黄山等地市的服务业合作，打造"杭州都市圈"文化、旅游、科创等优势服务板块。唱好杭州、宁波区域合作"双城记"，加强与宁波海港、宁波跨境综试区的合作，形成服务业联动发展态势。跨区域规划建设体育休闲旅游带，加强与杭黄世界级自然生态和文化旅游廊道建设等的衔接，充分释放区域和都市圈发展潜力。借鉴京津冀城市群的做法，以体育品牌赛事为媒介，与周边城市特别是联合承办亚运会的城市，建立跨区域的赛事乃至会议、会展、节庆、演艺合作关系，通过共享资源共办活动增进区域交流合作，推动形成国际性、全国性、地区性赛事、会议、会展、节庆、演艺举办的"同城"效应，实现优势资源互补。

(八) 构建更加包容开放的制度环境

服务业的高质量发展尤其是新业态、新模式、新产业的诞生，需要更加包容、鼓励创新的氛围，应构建以包容监管与科学治理为导向的政策体系，破除制约服务业发展的体制机制障碍，推动形成与国际通行规则相衔接的服务业制度型开放格局。

1. 破除服务业监管与业务准入障碍

数字经济与服务业的融合发展意味着会涌现出大批突破原有行业边界或业务边界的企业,如无法从制度上进行调整,这些创新活动将缺乏法律保障。探索由细则性、事后处罚式、行业归属性监管向触发式、事前指导式、功能性监管转变,并在分类监管、柔性执法、多元治理等方面加强创新。强化企业底线意识建设,探索施行企业审慎监管和包容式监管,探索对跨界融合新产品、新服务、新业态的部门协同监管,完善监管制度建设的快速响应和精准服务机制。加强业务准入管理的动态调整,在市场准入负面清单管理中为新技术、新业态留下包容空间,推行告知承诺制。率先落实金融、医疗、教育等国家已经明确的开放举措,适度开放科技金融、平台经济、"互联网+医疗"等行业领域的准入限制,下放准入权限。放宽准入领域,降低准入条件,推进国有企事业单位改革,鼓励、支持、引导民营资本、外资进入服务业领域,推动政府向社会组织开放更多的公共资源和领域。

2. 深化服务业各类改革试点

深入推进服务业领域国家级综合改革试点,着眼于体制突破和机制完善,不断解决制约服务业发展的深层次难题。围绕现代物流、科技创新、金融科技、电子商务等领域深入谋划一批可复制推广的改革试点项目。例如,探索开展公共文化设施社会化运营,培育一批优质高效的运营承接主体,加速提升公共文化服务效能;探索支持与境外机构合作开发跨境医疗保险产品,支持医疗机构提供国际医疗保险直付服务;探索数字贸易形态下的跨境支付监管模式和标准规范,开展货物贸易、服务贸易跨境外汇便利化试点,探索银行由事前单证审核转向事后审核。加快落实工商登记制度改革方案,持续推动"证照分离"改革试点、"一照一码"登记制度等,进一步减少服务业前置审批和资质认定事项,对重点领域的服务企业在登记中开通"绿色通道"。探索贸易便利化改革,将服务贸易、"通关+物流"等管理事项纳入"单一窗口"管理,逐步覆盖国际贸易管理全链条,促进国际贸易"单一窗口"标准版功能优化和拓展。

3. 不断规范市场秩序

制定合理的规制政策,建设统一开放、竞争有序的市场体系。针对广泛存在的影响老百姓生活的消费维权热点,要加强行业自律,依托行业协会制定完善行业标准,逐项厘清管理要求、判定标准和监管方法。完善网络消费权益保护机制,加快建立跨区域的消费者权益保护机制,完善和强化侵犯消费者权益的惩罚性赔偿制度。依托"信用杭州"建设,不断完善社会信用体系建设和公民诚信体系建设,完善跨地域、跨部门、跨行业的信用联合奖惩机制,加强信息公开与共享,积极推进诚信建设制度化。完善劳动保障,鼓励发展各类新就业形态,创新"共享员工"合作机制,完善多平台同时就业情况下的社保制度规定。

参考文献

ANNARELLI A, BATTISTELLA C, NONINO F. The road to servitization: how product service systems can disrupt companies' business models[M]. Cham: Springer Nature Switzerland AG, 2019.

ARIU A, et al. The interconnections between services and goods trade at the firm-level[J]. Journal of International Economics, 2019, 116:173-188.

BEVERELLI C, et al. Services trade policy and manufacturing productivity: the role of institutions[J]. Journal of International Economics, 2017, 104(1):166-182.

LIGHTFOOT H, BAINES T, SMART P. The servitization of manufacturing: a systematic literature review of interdependent trends[J]. International Journal of Operations & Production Management, 2013, 33(11/12):1408-1434.

LUNDVALL B A, BORRAS S. The globalizing learning economy: implications for innovation policy[R]. Brussels: Commission of the European Union, 1998.

RIDDLE D I. Service-led growth: the role of the service sector in world development[J]. The International Executive, 1986, 28(1):21-28.

SHELP R. The role of service technology in development[M]. New York: Praeger Publishers, 1984.

曹亚斌,刘芳丽.中国式现代化道路:生成逻辑、显著优势及时代价值[J].学术探索,2023(2):22-30.

陈景华,徐金.中国现代服务业高质量发展的空间分异及趋势演进[J].华东经济管理,2021,35(11):61-76.

邓洲.制造业与服务业融合发展的历史逻辑、现实意义与路径探索[J].北京工业大学学报(社会科学版),2019,19(4):61-69.

丁文珺,张铮.消费升级下服务业发展的趋势、挑战与转型路径[J].学习论坛,2020(5):32-40.

杜平,陈静静,郑涵歆.服务制造化、制造服务化 打造两业深度融合城市范例[J].浙江经济,2022(1):46-49.

郭威.深刻把握现代化经济体系的科学内涵[J].理论导报,2022(5):38-41.

国家发展和改革委员会产业经济与技术经济研究所.中国产业发展报告 2019—2020——推动"十四五"时期产业高质量发展[M].北京:中国财政经济出版社,2020.

何传启.第二次现代化——人类文明进程的启示[M].北京:高等教育出版社,1999.

洪群联.更多依靠市场机制和现代科技创新推动服务业高质量发展[J].中国经贸导刊,2020(13):61-63.

洪群联.推动服务业创新发展的政策建议[J].开放导报,2021(3):65-71.

洪群联.中国服务业高质量发展评价和"十四五"着力点[J].经济纵横,2021(8):61-73,137.

洪银兴.论中国式现代化的经济学维度[J].管理世界,2022,38(4):1-15.

胡鞍钢.中国式现代化道路的特征和意义分析[J].山东大学学报(哲学社会科学版),2022(1):21-38.

黄群慧,贺俊."第三次工业革命"与中国经济发展战略调整——技术经济范式转变的视角[J].中国工业经济,2013(1):5-18.

黄先海,诸竹君.生产性服务业推动制造业高质量发展的作用机制与路径选择[J].改革,2021(6):17-26.

姜长云.服务业高质量发展的内涵界定与推进策略[J].改革,2019(6):41-52.

江小涓,等.网络时代的服务型经济:中国迈进发展新阶段[M].北京:中国社会科学出版社,2018.

江小涓,靳景.数字技术提升经济效率:服务分工、产业协同和数实孪生[J].管理世界,2022,38(12):9-26.

江小涓,孟丽君.服务贸易增速提质与加快构建新发展格局[J].财贸经济,2022,43(11):5-23.

姜晓萍,吴宝家.人民至上:党的十八大以来我国完善基本公共服务的历程、成就与经验[J].管理世界,2022(10):56-69.

蒋三庚.现代服务业研究[M].北京:中国经济出版社,2007.

雷尚君,夏杰长.以习近平新时代绿色发展思想推动服务业绿色转型[J].黑龙江社会科学,2018(3):11-17.

李龙强,罗文东.中国式现代化新道路:历程、特征和意义[J].马克思主义与现实,2021(5):21-28,195-196.

李实,杨一心.面向共同富裕的基本公共服务均等化:行动逻辑与路径选择[J].中国工业经济,2022(2):27-41.

李晓华.数字技术推动下的服务型制造创新发展[J].改革,2021(10):72-83.

李勇坚.中国服务业改革40年:经验与启示[J].经济与管理研究,2018,39(1):23-32.

李正图,姚清铁.经济全球化、城市网络层级与全球城市演进[J].华东师范大学学报(哲学社会科学版),2019,51(5):67-78,237-238.

刘丹鹭.中国服务贸易开放:可能的趋势、影响及对策[J].现代经济探讨,2022(3):70-81.

刘国武,李君华,汤长安.数字经济、服务业效率提升与中国经济高质量发展[J].南方经济,2023(1):80-98.

刘奕.中国服务业空间格局:演化、趋势及建议[J].学习与探索,2017(6):121-126.

刘奕,夏杰长.推动中国服务业高质量发展:主要任务与政策建议[J].国际贸易,2018(8):53-59.

刘志彪.从全球价值链转向全球创新链:新常态下中国产业发展新动力[J].学术月刊,2015,47(2):5-14.

芦千文,丁俊波.农业生产性服务业高质量发展的认识误区和"十四五"推进策略[J].农业经济与管理,2021(2):22-31.

罗能生,罗富政.改革开放以来我国实体经济演变趋势及其影响因素研究[J].中国软科学,2012(11):19-28.

罗荣渠.现代化新论:中国的现代化之路[M].上海:华东师范大学出版社,2012.

马晔风,蔡跃洲.数字经济新就业形态的规模估算与疫情影响研究[J].劳动经济研究,2021,9(6):121-141.

齐卫平.中国式现代化四个维度的理论解读[J].江汉论坛,2023(2):14-19.

任保平,迟克涵.数字经济背景下中国式现代化的推进和拓展[J].改革,2023(1):18-30.

[美]莎伦·佐金,等.全球城市　地方商街:从纽约到上海的日常多样性[M].张伊娜,杨紫蕾,译.上海:同济大学出版社,2016.

史琳琰,张彩云,胡怀国.消费驱动型发展的理论逻辑、生成路径及对中国式现代化的启示[J].经济学家,2023(2):35-44.

孙代尧.论中国式现代化新道路与人类文明新形态[J].北京大学学报(哲学社会科学版),2021,58(5):16-24.

太平,李姣.中国服务业高水平对外开放的困境与突破[J].国际贸易,2022(6):13-19,61.

谭洪波,夏杰长.数字贸易重塑产业集聚理论与模式——从地理集聚到线上集聚[J].财经问题研究,2022(6):43-52.

王雪莹,李梦雪,叶堂林.数字服务业能否助力推进共同富裕?——基于解决发展不平衡问题的视角[J].经济问题探索,2022(10):1-15.

王跃生,马相东,刘丁一.建设现代化经济体系、构建新发展格局与推进中国式现代化[J].改革,2022(10):12-23.

吴福象.双循环格局下中国深度参与全球创新链治理研究[J].河北学刊,2021,41(5):158-170.

吴晓华,郭春丽,易信,陆江源,王利伟."双碳"目标下中国经济社会发展研究[J].宏观经济研究,2022(5):5-21.

习近平.扎实推动共同富裕[J].求是,2021(20):4-8.

习近平谈治国理政(第三卷)[M].北京:外文出版社,2020.

夏杰长.中国式现代化视域下实体经济的高质量发展[J].改革,2022(10):1-11.

于凤霞,高太山,李红升.共享经济与中国服务业转型发展研究[J].东北财经大学学报,2019(6):25-31.

张成刚.就业发展的未来趋势:新就业形态的概念及影响分析[J].中国人力资源开发,2016(19):86-91.

张明志,刘红玉,李兆丞,张英.中国服务业高质量发展评价与实现路径[J].重庆工商大学学报(社会科学版),2022,39(3):24-37.

张月友,董启昌,倪敏.服务业发展与"结构性减速"辨析——兼论建设高质量发展的现代化经济体系[J].经济学动态,2018(2):23-35.

张占斌,王学凯.中国式现代化:理论基础、思想演进与实践逻辑[J].行政管理改革,2021(8):4-12.

朱福林.入世20年中国服务贸易发展基本图景:历程、特征与经验[J].区域经济评论,2022(4):112-122.

后 记

本书是笔者对服务经济领域长期观察思考后形成的第二本学术专著。作为中国式现代化道路中的重要战略变量，服务业的价值意蕴、理论内涵、实践逻辑发生革命性变化，在现代化经济体系中的地位至关重要。从地方经验中凝练出中国式现代化道路服务业高质量发展的理论、趋势与路径，是地方社科工作者的使命使然。由此，以杭州市为案例对象，本书从创新、协调、绿色、开放、共享五个维度对中国式现代化道路中的服务业高质量发展进行全面分析，并从具体到抽象，提炼总结杭州以服务业高质量发展探索中国式现代化道路的价值贡献，以期能对中国式现代化道路的地方路径提供参考价值。

本书系杭州市社会科学院资助出版项目。在本书撰写过程中，得到了杭州市社会科学院领导与同仁们的大力支持，尤其感谢社会学研究所、经济研究所、科研管理处各位老师的支持。此外，还要感谢四川省社会科学院高洁老师、杭州之江经济信息咨询有限公司朱红亚老师、杭州市经济信息中心王凯老师在框架构建、数据搜集、文稿校对等方面鼎力相助，以及上海社会科学院出版社的唐云松副总编、包纯睿编辑给予的悉心帮助。

本书内容参考了大量专著、学术期刊以及网络资料，参考文献难免挂一漏万，在此对所有本书参考过、引用过的作品及作者表示真诚的敬意及歉意。

中国式现代化由诸多各具风格的现代化城市支撑,大国中的城市发展道路必然不尽相同,任何城市的探索都是有意义的。以杭州市为案例来研究中国式现代化道路中的服务业高质量发展虽有借鉴意义,但仍比较片面,未来值得更加全面深入地研究这个议题。受到时间、能力等方面的局限,难免有疏漏和缺憾,期望各位读者给予批评指正。

图书在版编目(CIP)数据

中国式现代化道路中的服务业高质量发展：以杭州为例 / 汪欢欢著 .— 上海：上海社会科学院出版社，2024
 ISBN 978-7-5520-4319-8

Ⅰ.①中… Ⅱ.①汪… Ⅲ.①服务业—经济发展—研究—中国 Ⅳ.①F726.9

中国国家版本馆 CIP 数据核字(2024)第 040630 号

中国式现代化道路中的服务业高质量发展：以杭州为例

著　　者：汪欢欢
责任编辑：包纯睿
封面设计：黄婧昉
出版发行：上海社会科学院出版社
　　　　　上海顺昌路 622 号　邮编 200025
　　　　　电话总机 021-63315947　销售热线 021-53063735
　　　　　https://cbs.sass.org.cn　E-mail:sassp@sassp.cn
照　　排：南京理工出版信息技术有限公司
印　　刷：上海新文印刷厂有限公司
开　　本：890 毫米×1240 毫米　1/32
印　　张：8.5
插　　页：1
字　　数：202 千
版　　次：2024 年 4 月第 1 版　2024 年 4 月第 1 次印刷

ISBN 978-7-5520-4319-8/F·758　　　　　　　定价：58.00 元

版权所有　翻印必究